ポスト・コロナ時代の留学生教育

関西大学留学生別科の挑戦と展望

編著 古川 智樹

著 カイト 由利子　　坪田 珠里
　　池田 佳子　　　　高梨 信乃
　　麻 子軒　　　　　日高 水穂
　　天野 裕子　　　　嶋津 百代
　　永井 可菜　　　　森 勇太
　　一色 舞子　　　　山本 晃彦
　　末吉 朋美　　　　山本 英一
　　津田 真理子

関西大学出版部

目　次

序　文

カイト　由利子

　2012年に設立された関西大学留学生別科（以下「本別科」とする）は，関西大学の建学当時から「国際化」が教育理念として謳われていたことと深い関係がある。関西大学の公式Webサイト内の「関西大学のあゆみ」[1]によると，関西大学が大学へ昇格した1922年，当時の総理事であった山岡順太郎が提唱した「学の実化（じつげ）」つまり，「学理と実際との調和」を求める考え方が示されている。この教育理念は，創立後137年，2022年に大学昇格後100年を経過した今日も，大学の方向性を示す羅針盤として，変わりなく生きているとある。21世紀のグローバライズされた今日では，ごく当たり前の概念，特に「国際的精神の涵養」と「外国語学習の必要」が，100年も前にすでに明確に提唱されていたことは，注目に値する。

　本書のキーワードの１つは，「ポスト・コロナ時代」である。昨今のコロナ禍で，教育実践において―良くも悪くも―大きなインパクトを与えたのは，デジタル技術であると言えよう。しかし，幸い本別科では，設立当初から，すでにデジタルを駆使したICT（Information and Communication Technology）活用のオンライン教育は実践されていた。おかげで，留学生の受入れが困難になったコロナ禍の際も，完全オンライン／ハイフレックス授業などで，カリキュラムを遂行することができたと聞く。このことも，前述の提言と同様に，先見の明を示すものである。

　本書の一部を垣間見ると，「繋がり」が見えてくることに気づく。ここで

1　https://www.kansai-u.ac.jp/ja/about/outline/history.html

は，様々な「繋がり」が紹介されている。まず「研究と実践の繋がり」。教育活動は，ただ教師の経験やビリーフに基づく学習観や教授観・指導観のみならず，常に研究に基づく理論・仮説との関連により成り立つ，つまり人文と科学の融合の営みであると考える。とはいえ，いつ，どのような，また どの程度の関連性があるかは，実は簡単ではなく非常に複雑である。本書第二部の例をいくつか見てみよう。日本語能力を判定するテスト（J-CAT）結果を10年間収集し，その分析結果をカリキュラム構築，見直しへと繋げる取り組みや，教室外の個別学習，e-learningと教室内の学習を繋ぐ授業の再設計の提案がある。また，上級日本語学習者の読解授業で，JiTT（Just in Time Teaching）という指導法を活用し，学習者中心の能動的学習を促進する例の紹介，さらに，作文の授業では，まとめ方（段落構造，話題としてのまとまり）における2点のスタイル差を吟味し，傾向と課題を明確化した分析が示されている。そして，その他実践報告として，反転授業の有効性や評価，非漢字圏日本語学習者へのイメージ動画を使用した漢字学習などがある。

　次に，「学習目標と学習活動の繋がり」。田中（2017）は，学びの主体は学習者であるとし，学習者が「学習内容を吸収することに何の意味も見出さない場合，果たして学習活動に取り組むことは可能だろうか（p.35）」と問う。学習記録を課した本別科の授業では，学習者によるアンケートや教師へのインタビューの報告がある。この記録は，留学生が支援を求めるツールであると同時に，自律学習—学習者が自主的に目標に向かい学習活動に従事する—を促すと結論づけている。

　さらに，「留学生別科現役生と修了生の繋がり」。ベトナムにおける帰国留学生についての事例研究も興味深い。帰国留学生の多くが，親密感と情報交換の場という2点の利益を得ていると報告しており，留学生別科生が課程を修了後も，「繋がっている」アイデンティティを持ち続けることを提唱している。

　最後に，本別科生対象のプログラム自体を少し離れた「留学生別科プロ

グラムと日本語教員養成の繋がり」。関西大学にて日本語教育養成を担っている2学部，3研究科と国際部は，教育実習において本別科と繋がっている。お互いに相互恩恵，つまりウィン・ウィンとなる試みがなされ，実習生にとり「得がたい気づきと学び」が見られる一方，課題も指摘している。

　コロナ禍は，社会と教育に大きい変化をもたらした（佐藤 2021）。そのため，教育面での多くの課題が，ある意味で明確になり，新たな挑戦を突きつけている。佐藤は，文部科学省がコロナ禍中，経済産業省と共同で「未来の教室」を推進していることを報告し，「ICTによる『未来の教室』が，21世紀型の教室」と言えるかどうかと問う。

　ここで，その挑戦を受けるべく，誰が，何を，どのように学ぶかについて，少し考えてみよう。学習者は誰か。学習者は，デジタルネイティブと言われるように，すでにデジタル技術を使いこなせる者である。高橋（2014）は，デジタルネイティブを，「パソコンや携帯電話などの情報機器や通信機器を日常的に利用し，高度なメディアリテラシーを習得しながら，社会化の過程を経た若年層世代（p.52）」と定義づけている。将来本別科に入学してくる学生は，入学以前，ゲームやデジタル教科書を使用し，課題や発表などでは，動画やデジタルコンテンツを活用してきた学習者であろう。よって，これまで通りのホワイトボード，紙媒体の教科書などでは，もしかすると学習活動に積極的に取り組むことに困難を感じるかもしれない。また一方で，カリキュラムにおいても齟齬が生じるかもしれない。学習評価も従来通りでは，おそらく機能しなくなる。例えばマルチモーダルで読解を学習している生徒の読解力をどのように評価するか。バトラー（2021）は，これまでの読解力の測定方法では，とてもデジタル世代のリタラシーは測れないとし，新たなリタラシーの考え方を必要とすると提言している。学習者が教室に持ち込む学習経験などが，これまでとは異なり，教育現場では，それに適切に，柔軟に，対応することが求められる。

　次に，何を学ぶか。言語教育に関して，バトラー（2021）は，デジタル時代の言語能力について，見直しが必要であると主張する。言語能力とは

何かについて，言語について，単なるコードとしての狭義の考えではなく，コミュニケーション能力の提唱（Hymes, 1972）や包括的な四種類の言語能力の提案（Canale & Swain, 1980）は，言語教育・外国語教育などに大きなインパクトを与えた。バトラー（2021）は，それらと関連させながら，非言語能力をも活用し，デジタルな空間で，新たな基礎的言語知識なるものを提唱している。その1つが「自律的言語使用能力」である。つまり，「多くの言語情報を効率よく処理し，その中から必要な情報を取捨選択し，批判的な視点を持ちながら，分析・理解する言語能力（p. 287）」である。

　最後に，どのように学ぶか。コロナ禍での教育実践において，デジタル技術の活用は，大きなインパクトを与えた。中でも，この原稿を執筆中，話題に上がっているのは，対話型AI（人工知能）ChatGPTである。ChatGPTを活用し，対話形式で自分が求める質問をすると，AIが蓄積した膨大なデータから，瞬時で答えを作成する。つまり，レポートや論文などが，クリック1つ，短時間で作成される。教育現場では，ChatGPTにどのように対応するか，あるいはすべきかが議論されている。例を見ると禁止（例えば，ニューヨーク市の公立学校（Michael, 2023）），活用（例えば，アメリカの大学で経営修士号の最終試験を受験させると「合格圏内」に入る）などが報告されている。国内の大学でも，活用基準の設置や注意を促す発表が多く見られる。一例（太田, 2023）を見ると，東京大学では，学内向けのホームページで，生成系AIについて，使い方，注意喚起，試験など，活用の問題と影響などを掲示している。文部科学省も，ChatGPTの学校での取り扱いに関するガイドライン策定を検討中と発表している。

　何を，どのように学ぶかは関連している。上述のように，膨大なデータから自分の問いに対して短時間で回答を得ることができれば，学習者は何を学ぶべきか。伝統的な「知識の一方的な伝達」が学習活動であれば，教師は知識の塊を紐解いて伝えればよかった。しかし，その知識はすでにビッグデータとして蓄積されており，瞬時に引き出すことができる今日，知識を記憶する必要はなさそうだ。しかし，ChatGPTに依存した，ChatGPTの

みによるレポートや論文は，盗作と見なされ，学生の自主的な創作活動で
はないと多くの有識者が指摘し，注意喚起している。太田（2023）は「Chat
GPTは『検索』ではなく『相談』するシステム」とし，さらに「ChatGPT
を使いこなすには，相当の専門的な知識が必要であり，回答を批判的に確
認し，適宜修正することが必要」と述べている。ただ知識を記憶すること
とは異なり，さらに専門的な知識を用い，批判的に考えるとは何を意味す
るのか。学習活動における信頼性や独創性が問われている。

　教師にとっては，少なくとも学生の提出物が盗作でないかどうかを見極
めることが求められ，この活動は，これまで以上に至難の業であろう。あ
るアメリカの大学では，論文作成などにおいて初期段階でのChatGPTの使
用を認めている。しかし，最終版は，ChatGPTからのデータを基に学生が
修正し，加筆した論文の提出を求めるとある。教師は，論文の最終版と同
時に，加筆経緯を示す全てのデータも吟味し，評価することが求められる
ようだ。これまでは前者のみの評価方法であったが，新たな評価基準・評
価方法の再考は，研修などを経なければ不可能であろう。つまり，何を教
育現場で教えるか，知識とは，創造性とは何かなどの大きな課題に対応せ
ねばならず，そして，それが緊急に求められている。

　河田（2014）は，本別科設立に際して出版された書籍（古川, 2014）の中
で，「本書は必ず他大学の『留学生教育』に一石を投ずるもの」と言及して
いる。この10年間の本別科の動きを垣間見ると，その予測は全うされてい
ると考える。これは，古川が第1章にて「本書のように，一つの日本語教
育機関において展開される教育実践研究をまとめた書籍は他にない」と指
摘していることにも明らかである。本別科が，次の5年，10年を目指し，
「繋がり」を連動させ，デジタル技術の教育利用に立ち向かい，これからの
留学生教育活動や外国語教育，国際化の動向にも新たな一石を投ずべく強
く進歩していくだろうと確信する。

　最後に，本別科設立10周年にあたり，設立準備に関わったチームの1人
として，設立10周年記念に心からお祝いを申し上げたい。当時感じたドキ

ドキ感とワクワク感を新たに思う。すなわち，グローバル化の加速で引き
起こされた不透明で混沌とした昨今，刻々と進歩するテクノロジーの発展
などに教育実践や研究が新たに対応できるのか，その挑戦にはドキドキ感
を持ち，そして，このような時においてこそ，数多の力強い「繋がり」が
明らかに見えていることは，次への歩みへのワクワク感である。

参考文献

太田邦史(2023)「生成系AI (ChatGPT, BingAI, Bard, Midjourney, Stable Diffusion等)について」
　　URL: https://utelecon.adm.u-tokyo.ac.jp/docs/20230403-generative-ai（2023年4月17日アクセ
　　ス）
佐藤学(2021)『第四次産業革命と教育の未来——ポストコロナ時代のICT教育』岩波書店.
高橋利枝(2014)「デジタルネイティブを越えて」『Nextcom』vol. 18, pp. 50-59.
田中俊也(編)(2017)『教育の方法と技術——学びを育てる教室の心理学』ナカニシヤ出版.
バトラー後藤久美子(2021)『デジタルで変わる子どもたち——学習・言語能力の現在と未
　　来』ちくま新書.
古川智樹(編)(2014)『留学生教育の新潮流——関西大学留学生別科の実践と研究』関西大
　　学出版部.
Canale, M., & Swain, M. (1980) Theoretical bases of communicative approaches to second language
　　teaching and testing. *Applied Linguistics*, 1(1), 1-47.
Michael, Elsen-Rooney. (2023) NYC education department blocks ChatGPT on school devices,
　　networks. URL: https://ny.chalkbeat.org/2023/1/3/23537987/nyc-schools-ban-chatgpt-writing-
　　artificial-intelligence（2023年4月17日アクセス）
Hymes, D. H. (1972) On Communicative Competence. In: J. B. Pride and J. Holmes (eds)
　　Sociolinguistics. Selected Readings. pp. 269-293. Harmondsworth: Penguin.

第一部

導入編：言語教育の目指すもの

第1章　関西大学留学生別科の変遷と今後の展望

古　川　智　樹

1. 関西大学の国際化戦略の変遷と留学生別科の設立まで

　関西大学は，研究・教育の国際化推進を目指し，1983年に策定された3・3・3構想，1995年のAP構想及び2004年のGK構想などにより国際交流を積極的に推進し，2010年グローバル社会で貢献できる真の国際人を育成することを目標として『Kansai University Global Initiatives: GI構想』を策定した。そのGI構想の基本理念の1つに「優秀な学生のグローバル・リクルーティングとキャンパスの活性化」が掲げられており，新たな国際化構想の一環として，2012年に留学生別科（以下「本別科」とする）が設置された。

　本節では，上記関西大学の国際化戦略の中で，本別科の設置が検討され，設立に至った経緯，本別科の特徴について概説し，今後の展望及び対応すべき課題について述べる。

1.1　関西大学留学生別科設立まで

　関西大学では，1982年に大学の国際交流活動を担う組織として国際交流課が設置され，その翌年の1983年に「3・3・3構想」が策定された。「3・3・3構想」は，「中国語圏を含むアジアで3校，太平洋沿岸の英語圏で3校，その他の地域で3校の各大学と学術交流協定の締結をめざす構想（関西大学国際交流センター，2004:19)」であり，1980年代から関西大学の国際交流活動が本格化していく。

　その後，1989年に同課が国際交流センターへと改組され，1995年には新たな国際化戦略として「AP構想」が発表された。その構想はアジア・太平

洋（Asia & Pacific）を対象としたものであり，「わが国と深いつながりを有する
るアジア・太平洋地域の諸国に所在する大学との，とりわけ学生レベルで
の交流を活性化する（関西大学国際交流センター，2004:19）」構想であった。
　そして，時を経て，2004年に「国際交流の新たな展開：Globalizing Kandai
をめざして（GK構想）」が策定され，「関西大学をグローバライズしつつ，
関西大学が学生や社会をグローバライズする存在となること（関西大学国際
交流センター，2004:19）」を目指し，受入れ留学生に関する事項に限ってい
うと，5年以内に協定校を50校（2004年当時18校），受入れ留学生数を500
人（2004年当時314人）にそれぞれ拡大，外国人留学生等教育の充実を図る
ことを施策とした。そして，その構想の「他機関との連携などその他の諸
施策」の中で，「留学生別科の設置」が初めて言及された。
　その後，関西大学は2008年に新たな教学体制を敷き，「教育推進部」，「研
究推進部」，「社会連携部」，「国際部」の4部を設置し，国際交流センター
は国際部に改組された（関西大学，2009）。また，関西大学の国際化を推進
するため，国際部内に「国際教育センター」「関西大学欧州センター」が設
置された。
　そしてその2年後，GK構想の目標達成を受け，次の国際化構想である
「関大の新たな国際化構想 Kansai University Global Initiatives（GI構想）」が策定
された。このGI構想は，当時の学長より「新たな国際化構想及び留学生別
科設置計画の策定に関する諮問」を受け，2010年3月と7月の2回にわ
たって答申したものであり，この構想の中で「留学生別科」の設置（2012
年4月開設）がより具体的な計画として盛り込まれた。

1.2　日本語・日本文化教育プログラム・留学生別科の設立

　前節の関西大学の国際化構想を踏まえ，関西大学は，柔軟かつ幅広い留
学生の受入れ体制を整え，また，関西大学に在学する留学生の支援を行う
ため，国際教育センターにおいて2012年4月に「日本語・日本文化教育プ
ログラム」を立ち上げた。その「日本語・日本文化教育プログラム」は，

主に大学・大学院への進学を目的とする「進学コース」，進学を目的とせず，中長期的に日本語・日本事情などを学ぶ「語学留学コース（半年〜1年)」，短期間で日本語や日本の文化・社会などについて理解を深めることを目的とする「短期語学研修コース（2週間〜1か月)」，関西大学に在籍する学部・大学院留学生のレポートや論文作成を支援する「学習支援コース」の4つで構成されており，そのうちの「進学コース」を「留学生別科」とした（図1参照)。

　本別科は，「関西大学留学生別科規程」第3条に，「関西大学の学部又は研究科を中心に，国内の大学又は大学院に進学を希望する外国人に対し，日本語，日本事情，日本文化等を教授し，学術活動の基礎となる能力を養うことで，国際的視野に立つ有為な人材を育成することを目的とする」と定め，関西大学の学部・研究科の入学者受入れの方針に沿った留学生を養成し，関西大学の学部・研究科へ優秀な人材を輩出するとともに，キャンパスの更なる国際化を目指し（関西大学国際部，2010)，関西大学の国際化構想の一翼を担うこととなった。また，外国人留学生の本別科から大学・大学院へのスムーズな移行を実現するため，他の日本語予備教育機関で行っている日本語・日本文化教育のみならず，大学・大学院での学術活動の基礎となる能力及び大学・大学院生活において重要な位置を占める情報リテラシーを養成することとした。さらに，関西大学の理念である「学の実化」を具現化するため，そして，『Kandai Vision 150』にある「『考動力』と『革新力』を備えた人材の育成（p.8)」を実現するために，本別科規程の目的

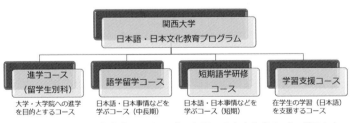

図1　関西大学 国際教育センター「日本語・日本文化教育プログラム」

の中で「国際的視野に立つ有為な人材を育成する」ことも設定している。

2. 関西大学留学生別科の特徴

　本節では本別科の特徴として，その教育課程，及び「入学前から本別科修了後も想定したアーティキュレーションの実現」「ICTを活用した教育実践」「アカデミック・アドバイザー／レジデントアシスタント制度」「日本語教師養成における教育実習の実施」の５つについて述べる。

2.1　関西大学留学生別科の教育課程

　本別科では，大学・大学院進学を目指す外国人留学生が，本別科修了後の進学先で学術生活を送る上で必要となる，日本語運用能力及びアカデミック・リテラシー，その他の基礎的知識（英語，日本事情，理系知識など）を習得するため，それぞれの目的に合った科目を自由に選択し学習できるよう，また，学生の日本語能力に応じた科目を提供できるよう，合計５群，38科目の多彩な授業を展開している（表１参照）。

　まず第１群は「日本語科目」である。日本語科目は言語能力レベル（日本語習熟度レベル）に合わせた４技能（読む・聞く・書く・話す）の習得を目指すクラスである。具体的には，文法，語彙，漢字の日本語の基礎となる知識を習得する「日本語Ⅰ～Ⅵ（総合）」，文章読解，聴解などのインプットを中心とし，日本語理解力を養成する「日本語Ⅰ～Ⅵ（読解）」，そして，作文，コミュニケーションなどのアウトプットを中心とし，日本語運用能力を伸ばす「日本語Ⅰ～Ⅵ（文章・口頭表現）」の３つの科目で構成されている。このように日本語科目に関しては，学生が前述の３つの日本語科目を通して，知識，理解，運用と，言語能力に関わる種々の要素を総合的に学習し，習得できるよう設計されている。そして，日本語科目に関してはクォーター制を導入しており，細分化されたレベル設定を基に，各学生の日本語能力の向上度合に応じた柔軟な履修を可能とする体系的なカリキュラムが組まれている。

　次に第2群は「特別演習科目」である。特別演習科目は，大学・大学院で必要とされる基礎的かつ実践的アカデミック・リテラシーの養成を目的とした「アカデミック日本語クラス」で，論文・レポートの書き方，論理的な展開方法などを学ぶ「アカデミック・ライティング（アカデミック日本語Ⅰ）」，PowerPointを用いたプレゼンテーション技術を学び，高度な口頭表現能力の養成を行う「アカデミック・プレゼンテーション（アカデミック日本語Ⅱ）」，ノートテイキング，講義理解能力養成を中心とした「アカデミック・リスニング（アカデミック日本語Ⅲ）」の3つのクラスが設置されている。また，8月及び2月には，2週間の「日本語集中演習Ⅰ～Ⅲ」をそれぞれ開講しており，大学・大学院の入試に必要な日本語能力試験，日本留学試験の試験対策，及び大学・大学院入試準備として，入学願書の書き方や面接の練習を行っている。

　そして，第3群から第5群は，「日本事情科目」「総合科目」「基礎科目」である。「日本事情科目」は，日本で生活する上で必要となる基礎的知識を学び，様々な体験を通して日本文化や日本社会についての知見を深める科目であり，関西大学学部生・大学院生及び近隣住民・児童との交流学習も取り入れた本別科ならではの教育を実施している。そして，「総合科目」は，日本留学試験の「総合科目」の対策も兼ねた日本及び世界の政治・経済・社会・地理・歴史を学ぶ科目であり，「日本事情科目」に引き続き，日本文化，日本社会を体系的に学ぶ科目となっている。最後に，「基礎科目」は，「英語」，「数学」，「化学」，「物理」，「生物」からなり，日本の大学・大学院で学習するにあたり必要とされる基礎的知識を学ぶ科目となっている。

　以上のように，本別科では，関西大学の学部・研究科で定めている「入学者受入れの方針」に沿うべく，日本語の知識及び運用力の養成，大学・大学院へのアーティキュレーションを実現するアカデミック・リテラシーの養成，英語，数学，社会（歴史，地理，公民），理科（化学，生物，物理）などの基礎知識の養成と，大学・大学院への進学を目指す外国人留学生にとって必要となる授業科目が設置され，各留学生がそれぞれの目的に応じ

て必要な能力を伸ばせるよう，体系的に編成されている。

表1　関西大学留学生別科の科目

第1群	日本語科目（日本語Ⅰ〜Ⅵ（総合／読解／文章・口頭表現））
第2群	特別演習科目（アカデミック日本語Ⅰ〜Ⅲ，日本語集中演習Ⅰ〜Ⅲ）
第3群	日本事情科目
第4群	総合科目
第5群	基礎科目：英語・数学・理科（物理・生物・化学）

2.2　入学前から本別科修了後も想定したアーティキュレーションの実現

　本別科では入学試験に合格した留学生に対し，入学前と入学後の学習環境のスムーズな移行を目指し，関西大学のLMS（Learning Management System: 以下KU-LMS）を用いて入学約3か月前から渡日前教育を実施している。そして，本別科入学後は，日本語科目においては日本語会話ボランティア制度により関西大学在籍の日本人学生との交流の機会が設けられており，学部・研究科での勉学がどのようなものか直接学生目線で質問できる場を設けている。さらに，「特別演習科目（アカデミック日本語科目）」において大学・大学院で必要となるアカデミック・リテラシーを身につけた留学生は，学部・大学院科目の科目等履修制度や高大連携プログラムを利用して専門的知識を学べるため，本別科から大学・大学院へのスムーズな移行ができる体制が整えられている。

2.3　ICTを活用した教育実践

　本別科では，前述のように入学前からオンラインによる渡日前教育を行い，また入学後の本別科の教育ではブレンディッド・ラーニング（Blended Learning）を導入しており，授業内では1人1台のコンピュータの使用を義務化し，課題作成・提出，情報検索・収集を行い，さらに，学習コンテンツ（学習資料，e-learning課題）もKU-LMS経由で提供し，常に授業内外でICTを活用しながら学習を進めるとともに，上記ICTリテラシーの養成も行っ

ている。

　ICTを活用した教育実践に関して，具体的にはe-learning，反転授業（Flipped Learning），e-portfolioを活用した授業実践を行っている。まず，e-learningに関しては，日々の授業の学習項目に関する相当数の問題をKU-LMSにアップロードしており，それらを授業前の予習，授業後の復習課題として活用することによって知識の定着を図っている。次に，反転授業に関しては，事前に収録された講義動画を視聴して授業に参加することを予習課題として課し，授業では教員による知識の伝達を中心とするのではなく，学習者により多くのアウトプットの機会を設け，日本語運用能力の向上に努めている。最後に，e-portfolioに関しては，KU-LMSを活用し，学習者が普段の学習における学習成果や教員からのフィードバックをポートフォリオの中に蓄積・アーカイブ化し，それらを見直すことで自身の学びを振り返り，それらを次の学習に活かす仕組みを構築している。

2.4　アカデミック・アドバイザー／レジデントアシスタント制度

　本別科では，アカデミック・アドバイザー制（担任制）が導入されており，入学した直後から全ての留学生に，留学生別科特任常勤講師がアカデミック・アドバイザーとして付く。学生は入学後，プレースメントテストを受け，日本語クラスレベルが確定した段階で，その後の履修計画をアカデミック・アドバイザーと相談し，志望校合格に向けての今後の学習計画を入学直後から作成する。その後も継続的に週に2回設定されている上記アドバイザーのオフィスアワーを利用し，常に学習の進捗，進路の相談などができる体制を整えている。

　また，留学生が居住する「関西大学国際プラザ留学生寮」ではユニット制を用い，各ユニットに1名のRA（Resident Assistant）を配置しており，授業の内外で日本語を用いる環境を提供している。

2.5 日本語教師養成における教育実習の実施：文学部・外国語学部との連携

本別科では，文化庁文化審議会国語分科会による『日本語教育人材の養成・研修の在り方について（報告）』(2018, 2019) を受け，本学文学部・文学研究科及び外国学部・外国語教育学研究科と連携し，同学部・研究科が持つ日本語教師養成講座における日本語教育実習の構築を2020年度より着手した。関西大学の複数部局が連携し，日本語教育実習のための体制構築を行い，2021年度より，本別科にて教育実習を開始している。詳細については第10章にて述べるが，本別科の入学前教育，及び中級レベル日本語学習者向けの補習授業を日本語教育実習生が担当し，教育実習の機会を持つとともに，本別科生にとっては関西大学の学部生・大学院生との交流の場ともなっており，双方にとって有益な取り組みとなっている。

3. 留学生別科の今後の展望

本節では本別科の今後の展望及び対応すべき課題として，主に「ICTの活用」「登録日本語教員・教育機関への対応」「多様な日本語学習者への対応」の3点について述べる。

3.1 ICT の活用

本別科では開設当初より，ICTを活用した教育が謳われ，2012年当時では，(少なくとも日本語教育機関では) まだ導入している機関が少なかった学習支援システム (Learning Management System: LMS) を導入し，e-learning, e-portfolio を取り入れた教育を行ってきた (古川他 2013, 古川 2015等)。そして，反転授業に関してもいち早く取り組みを開始し (古川・手塚 2015, 2016等)，その取り組みは現在も続いている。また，それまでのICTを活用した教育成果もあって，コロナ禍では遠隔 (オンライン) 授業への切り替えを迅速に行い，授業を一度も止めることなく対応してきた。その他にもICTを活用した教育研究を本別科では行っており (詳しくは第3，4，5，7章参照)，その成果は着実に蓄積されていっている。

　一方で，昨今の情報通信技術・機器の発達は目覚ましく，e-learning や機械学習（Machine Learning）の AI 活用，バーチャル（仮想）空間の教育利用等，すでに多くの取り組みが始まっている。詳しくは第 2 章で述べられているため，本節では今後本別科が取り組むべき教育改善に向けた事例として，学習者の学習履歴（ログ）をビッグデータとして分析し，教育や学習支援に活用する取り組みである，ラーニングアナリティクス（Learning Analytics: 以下 LA）について述べたい。

　緒方（2018: 796）では LA を「情報技術を用いて，教員や学習者からどのような情報を獲得して，どのように分析・フィードバックすれば，どのように学習・教育が促進されるかを研究する分野」と定義しており，そのプロセスは，①教育・学習データの蓄積，②データ分析，③学習者・教員へ分析結果のフィードバック，④フィードバックの効果を評価・改善の 4 つの繰り返しからなるとしている。

　LA は，2010 年代初めごろから教育ビックデータの利活用を目的として LAK（Learning Analytics and Knowledge）や EDM（Educational Data Mining）などの国際会議が開かれるようになり（古川他 2020），様々なテーマで議論及び研究成果発表が行われている。

　日本での取り組み例としては，2016 年に九州大学，2021 年に東北大学が LA センターを設置し，上記 4 つのプロセスを進めた教育研究が行われており，特に九州大学の取り組みに関しては，2013 年入学の新入生より PC の必須化（BYOD: Bring Your Own Device）を始め，学内無線 LAN 環境を整備し，大学全体で LA を導入することになったという（古川他 2020）。そして，2014 年に九州大学では，M2B システム（LMS である Moodle, e-portfolio 機能を持つ Mahara, デジタル教材配信システムの BookQ の 3 つのシステムを連携させたシステム）の運用を開始し，授業外での学生のデジタル教材の学習行動履歴（ログ），授業中におけるデジタル教材の利用状況等を分析し，その分析結果を学生及び教員にフィードバックしており，具体的に，その学習ログの活用については以下のようにまとめている（古川他 2020: 79-97）。

1）学生の学習支援

　　—予習・復習資料の自動作成

　　—学習活動履歴の可視化

　　—オントロジー技術の活用による学習項目の可視化

2）教員・教育機関のための教育支援

　　—個々の学生・クラス全体の学習状況・学習パターンの把握

　　—学生のリアルタイムの教材閲覧状況の把握

　　—学生の成績・ドロップアウトしそうな学生の予測

　本別科では開設以来，LMSを利用し，BYODについても必須化している
ため，その環境整備はできている。ただ，詳しくは，第4章，第6章で詳
述するが，学習履歴（動画視聴ログ）を用いた分析も本別科では始めている
が，機関全体の取り組みには未だ至っていない。緒方（2018）はLAの未来
像について，「大規模な記録を基に，いわゆる，教育ビッグデータに基づく
人工知能技術の活用により，適切な教育・学習環境が提供できるようにな
る」と述べており，今後，本別科の教育課程の全体評価及び改善を行って
いき，日本語教育機関としての質を向上させていくためにも，学習履歴デー
タ取得の環境整備や，個人情報等の（ビッグ）データの取扱規程の整備を
進め，LAを推進する必要があると思われる。

3.2　日本語教育機関の認定制度・登録日本語教員への対応

　本書を執筆している2023年4月現在，2023年2月に閣議決定された「日
本語教育の適正かつ確実な実施を図るための日本語教育機関の認定等に関
する法律案」が通常国会にて提出され審議されている。本案が通れば，主
に以下の2点において新しい日本語教育の枠組みが決定することとなる。

- 日本語教育機関の認定制度の創設
- 認定日本語教育機関の教員の資格の創設

　そして，その新たな日本語教育の枠組みへの対応のため，本別科では次

の対応が必要となってくると思われる。以下，上記法案の詳細な内容やそれ
に至った経緯に関しては紙面の関係上割愛し，今後本別科が日本語教育機
関の認定に向けて行うべき対応に関係する箇所のみを取り上げて述べる（こ
れまでの日本語教育に関する法案成立の背景や経緯については田尻 2019，本廣
他 2022にて詳述しているので，そちらを参照されたい）。

1）日本語教育機関の認定制度への対応

　文化庁（2023）の「日本語教育の質の維持向上の仕組みついて（報告）」
では，日本語教育機関の認定制度創設の目的について以下のように述べて
いる。

> 　我が国に在留する留学生，就労者，生活者としての外国人等に対し，
> その希望，置かれている状況及び能力に応じた日本語教育を受ける機
> 会の最大限の確保を図るため，日本語教育機関において提供する教育
> 課程に教員配置等の教育環境が整備された機関が一定の基準を満たし
> た場合には，それらの教育課程を適正かつ確実に実施することができ
> る機関であることを保証する観点から，国（文部科学大臣）の認定を受
> けることとする。(p.8)

　そして，留学生別科については，進学のための日本語予備教育，海外大
学との協定に基づき招致する交換留学生の一時的な受入れ等，多様な留学
生別科があることに言及しつつも，以下のように，日本語教育機関の認定
対象となると述べている。

> 　なお，認定基準を満たせば設置者の種別や機関の施設種別は問わずに
> 認定を受けられる制度とする。例えば，専ら日本語教育を実施する事
> 業者だけでなく，留学生を対象に専ら日本語教育を実施する大学の留
> 学生別科や，地方公共団体が生活者を対象とした場合や，就労者を対

象とした日本語教育課程を置く団体などについても必要な一定の要件を備える場合は認定対象となることとする。(p.12)

　本別科は進学を目的とする留学生を対象とした日本語予備教育機関である。また，国による「多言語による認定日本語教育機関の情報発信 (p.29)」も検討されていることから，今後の本別科の広報，留学生のさらなる獲得という点から鑑みても，日本語教育機関の認定対象となるための対応を行う必要がある。

　そして，その認定基準に関しては，収容定員，教員配置（適正数），施設・設備等の必要検討事項が記載されているが（認定基準や審査上の観点などは，文化庁文化審議会で審議予定と記載），注目すべきは，「教育課程」の項目である。文化庁（2023）によると，日本語教育機関を教育対象者，教育課程を基に「留学」「就労」「生活」の3つの類型に分け，「留学」類型の機関に関しては，「『日本語教育の参照枠』のB2レベル相当以上を到達目標とする教育課程を置くこと (p.13)」としている。本別科では日本語能力試験，CEFR（ヨーロッパ言語共通参照枠）の能力記述を基準としたカリキュラム設計を行っており，今後「日本語教育の参照枠」を基にした教育課程への変更が必要となる。大幅なカリキュラム設計の変更は必要ないかもしれないが，今後文化審議会で審議されるであろう上記認定基準の詳細を把握し，適切な対応を行っていかなければならないと考える。

2）登録日本語教員（国家資格）制度への対応

　文部科学省（2023）の「日本語教育の適正かつ確実な実施を図るための日本語教育機関の認定等に関する法律案の概要」では，登録日本語教員の「登録」について以下のように述べている。

　認定日本語教育機関において日本語教育を行うために必要な知識及び技能についての試験（日本語教員試験）に合格し，文部科学大臣の登録

を受けた機関（登録実践研修機関）が実施する実践研修を修了した者は，「登録日本語教員」として，文部科学大臣の登録を受けることができる。【第十七条関係】

　そして，文化庁（2023: 8）では「認定を受けようとする日本語教育機関は後述の『登録日本語教員』の配置を必須とすることが要件として求められる」と記載されており，本別科で授業を担当している日本語教員に対しては資格の取得を教育機関として求めることになる。今後5年間の経過措置があることが見込まれているが，その資格取得に向けて，教員による勉強会の設置，各種研修会への参加を早急に検討しなければならない。

　また，教育実習への対応も必要となる。文化庁（2023: 23-25）では，教育実習に関してより詳細な記述をしており，例を挙げると，教育実習を担当する「教員の要件」として，「専任（常勤）の教育実習担当教員を1名以上配置」，「教壇実習指導者は，平成31年審議会報告において示された日本語教師に必要な技能・態度に含まれる実践力を備えた実務経験を有する「中堅」の段階以上にある者（下線は筆者）」とし，「教壇実習」の項目では「原則として5名以上の日本語学習者に対するクラス指導で，実習生1人につき1単位時間（45分）以上の指導2回以上を実施（下線は筆者）」と記載されており，その教壇実習を行う先については，指定日本語教師養成機関[1]の他，認定を受けた日本語教育機関に設置されたコースなどとしている。

　教育実習に関する教育内容は当然ながら，その担当教員の資格，教壇実習の実施機関，時間数に至るまで詳細な記述がされている。本別科では前述のように，本学文学部，外国語学部との連携により，教育実習の体制を整え，実施を開始したところではあるが，今後，登録日本語教員の資格取得要件を満たすためにも，現在の教育実習の内容の検討・改善が必要であ

1　文化庁（2023: 25）では，「指定日本語教師養成機関として想定されるものとしては，日本語教師の養成コース等を置く大学・大学院や，法務省告示校で文化庁への届出を行っている日本語教師養成研修を実施する専門学校，民間教育機関等が想定される。」としている。

ることは明白であると思われる。

　以上のように，留学生別科も日本語教育機関の認定制度の対象となること，登録日本語教員の資格取得に必要な教育実習として認められるためには，その実習を行う教育機関も認定された機関でなければならないこと，さらに，国による多言語での情報発信も行われることから，今後，本別科として上記認定制度に向けた対応を行わなければならないと考える。

3.3　多様な日本語学習者への対応：主に漢字教育に関して

　本別科では，近年の発展途上国における経済成長及び円安傾向により，特に東南アジアからの入学者が増加傾向にあり，これまでの中国，台湾等の漢字圏の学生を中心とする出身地域の構成が変化しつつある。表2を見てもわかるように，2012年の開設から年々その傾向は強くなっており，コロナ禍前の2019年には30％を超えるまでになった。コロナ禍中は非漢字圏の学習者の割合は減少しているが，コロナ禍が収束した以後は再び非漢字圏の学習者も増えてくると思われる。

　本別科では，非漢字圏の学習者の増加に伴い，授業における漢字の扱いについてもより多くの時間を割く必要が出てきており，今後さらに非漢字

表2　留学生別科における漢字圏・非漢字圏の学生の割合

	2012年度	2013年度	2014年度	2015年度	2016年度	2017年度
漢字圏学生 （中国・台湾）	87.9% （29名）	86.5% （64名）	80.2% （69名）	83.5% （76名）	77.6% （83名）	73.6% （89名）
非漢字圏学生 （上記以外）	12.1% （4名）	13.5% （10名）	19.8% （17名）	16.5% （15名）	22.4% （24名）	26.4% （32名）
	2018年度	2019年度	2020年度	2021年度	2022年度	
漢字圏学生 （中国・台湾）	85.5% （94名）	64.1% （75名）	78.3% （90名）	81.6% （71名）	87.9% （80名）	
非漢字圏学生 （上記以外）	14.5% （16名）	35.9% （42名）	21.7% （25名）	18.4% （16名）	12.1% （11名）	

（各年度5月1日時点での数値を示している）

圏の学生が増加した場合，より適切な対応が必要になると思われる。現在，その対処のため，留学生別科特任常勤講師が中心となり，漢字補習等を充実させているが（詳しくは第8章参照），今後の非漢字圏の学生の増加に合わせて非漢字圏学習者に向けた漢字クラスの増設等を検討する必要が出てくると思われる。

4.　おわりに

　本章では，本別科の変遷として，本別科設立に至った経緯と本別科の特徴，そして，今後の展望として，ICTの活用（主にLAに関して），日本語教育機関の認定制度・登録日本語教員への対応，多様な日本語学習者への対応の3点について述べた。特に今後の展望については，いずれも喫緊に取り組まなければならない課題でもあり，今後，本別科が日本語教育をリードする教育・研究機関となるためにも，機関全体で取り組む必要があると考える。

　そして本章の最後に，本書について述べたい。

　2012年4月にICTを活用した革新的な教育を行うことを目標として開設された本別科は，2022年度で10周年を迎え，現在まで様々な教材・カリキュラム開発，教育実践・研究を行ってきた。とりわけコロナ禍におけるオンライン教育への対応を含め，ICTを活用した教育・研究においては多くの実践，研究蓄積があり，その他にも非漢字圏学習者への漢字教育，本学日本語教師養成講座と連携した日本語教育実習等，日本語教育業界が抱える諸課題に積極的に取り組んできた。本書はそれらの実践，研究成果を広く発信するものであり，またポスト・コロナ時代における日本語教育・教員養成のあり方の指針ともなる知見を提供することを目的として発刊されている。このように，1つの日本語教育機関において展開される教育実践研究をまとめた書籍は筆者の知る限りなく，本書が読者のポスト・コロナ時代の日本語教育を考えるきっかけとなれば，幸甚である。

参考文献

緒方広明(2018)「ラーニングアナリティクス：1. ラーニングアナリティクスの研究動向
  — エビデンスに基づく教育の実現に向けて — 」『情報処理』59(9), pp. 796-799.

関西大学(2009)『平成 20 年度事業報告書』

関西大学(2016)『Kandai Vision 150』

関西大学国際交流センター(2004)『国際交流の新たな展開 — Globalizing Kandai をめざし
  て — 』

関西大学国際交流センター(2012)『関西大学留学生別科規程』

関西大学国際部(2010)『新たな国際化構想及び留学生別科設置計画の策定について(答申)
  — Kansai University Global Initiatives; GI 構想 — 』

田尻英三(2019)「外国人労働者の受け入れに係る日本語教育施策 —『日本語教育推進に
  関する法律』成立までの経過 — 」『社会言語学』19, pp. 45-72.

古川智樹, 毛利貴美, 村田晶子(2013)「e ポートフォリオ・システムを活用した渡日前か
  ら始まる日本語教育 — 学習環境面に配慮したアーティキュレーションの構築を目指
  して — 」『留学生教育』18, pp. 65-72.

古川智樹(2015)『留学生教育の新潮流：関西大学留学生別科の実践と研究』関西大学出版

古川智樹, 手塚まゆ子(2015)「日本語教育における反転授業の実践 — 文法教育における
  試みと課題 — 」『第 17 回(2014 年度)日本 e - Learning 学会学術講演会論文集』pp. 25-33.

古川智樹, 手塚まゆ子(2016)「日本語教育における反転授業実践 — 上級学習者対象の文
  法教育において — 」『日本語教育』164, pp. 126-141.

古川雅子, 山地一禎, 緒方広明, 木實新一, 財部恵子(2020)『情報研シリーズ 23 学びの
  羅針盤：ラーニングアナリティクス』丸善出版

文化庁(2023)『日本語教育の質の維持向上の仕組みについて(報告)』日本語教育の質の維
  持向上の仕組みに関する有識者会議　URL: https://www.bunka.go.jp/seisaku/bunkashingi
  kai/kondankaito/nihongo_kyoin/pdf/93849801_01.pdf (2023 年 4 月 10 日アクセス)

文化庁文化審議会国語分科会(2018)『日本語教育人材の養成・研修の在り方について(報
  告)』　URL: https://www.bunka.go.jp/koho_hodo_oshirase/hodohappyo/__icsFiles/afield-
  file/2018/06/19/a1401908_03.pdf (2023 年 4 月 10 日アクセス)

文化庁文化審議会国語分科会(2019)『日本語教育人材の養成・研修の在り方について(報
  告)改訂版』　URL: https://www.bunka.go.jp/seisaku/bunkashingikai/kokugo/kokugo/kokugo
  _70/pdf/r1414272_04.pdf (2023 年 4 月 10 日アクセス)

本廣田鶴子, 島田めぐみ, 杉田千里, 藤光由子, 保坂敏子, 増田朋子, 谷部弘子(2022)
  「日本語教師の国家資格化への諸課題」『日本大学大学院総合社会情報研究科紀要』22,
  pp. 353-364.

文部科学省(2023)「日本語教育の適正かつ確実な実施を図るための日本語教育機関の認
  定等に関する法律案の概要」　URL: https://www.mext.go.jp/content/230217-mxt_hourei-
  000027694_1.pdf (2023 年 4 月 10 日アクセス)

付記

　本章における記述は，国際化に関する関西大学の正式な見解を示すものではなく，あくまで筆者個人による調査結果，見解であることを明記しておきたい。また，関西大学の国際化戦略，国際交流活動は多岐にわたっているが，本章では関西大学留学生別科を中心とした記述に限定していることも断っておきたい。

第2章 ポスト・コロナ時代の留学と言語教育

池 田 佳 子

1. はじめに

　本書が刊行される2024年には，世界はどうなっているだろうか。十数年にわたり言われ続け来た「VUCA社会」だが，この変化の流動性のスピードが年々速くなっているように感じてならない。2023年を軸に，近年の世界や国内事情は本当に大きく動いている。パンデミックのインパクトが様々に表面化してきた。気象変動はますます危機感を煽ることばかりが起こる。国際情勢も，ウクライナの戦況は今終わりが見えず，世界中でインフレが起きた。人災ばかりか，トルコ大地震のような災害も起こった。この21世紀の世界で，テクノロジーは進化し，国境をものともしないコミュニケーションが実現可能となっている一方で，世界は政治的に分断しつつある。

　こういった事情は，また1年を経る中で，それぞれ大きく好転したり，大きなイノベーションが起こったりする可能性も十分にある。新たな「破壊的イノベーション」の登場で，私たちの既存の価値観がひっくり返るかもしれない（すでに人工知能技術の革新と波及がその動きを見せている）。この圧倒的な流動性にさらされる若者世代（Z世代）が，まさに大学等の高等教育機関にこれからどんどんと進学してくる。彼らは，この変化ありきの世界の中で，モノの見方や優先順位，人や社会との関与の仕方といった様々な点において，すでに照準を合わせた特性を持つ。筆者のような少し前の世代が，新しい価値観や社会の動きに順応するのに時間がかかったり，抵抗を感じたりするのとは大違いである。現在進行形の社会が変わりゆくと，その渦中の人間が「過去の出来事」をどう捉えるのかが変わるものである。

本章が取り上げる「ポスト・コロナ時代」としての「現在」の位置づけは，まさにそれを語っている。コロナ禍がいつからいつまでであるかと，おおよその目途を明示できるようになった。そんな「現在」を時間軸として，本章は，この数年間で新たに着目され始めた教育活動（特に国際教育活動としての「留学」），そして多くの留学生[1]の学びの対象である外国語学習・外国語教育の事情の展開に焦点をあてる。そして「ポスト」時代であるこれから，を，この時間軸をあくまでもスタート地点として先を考えていく。本章ではまず言語教育・言語学習に関して論じた後，「留学」を取り上げて考察を述べる。これらを踏まえ，高等教育を中心として，このポスト・コロナ時代にどのようなエコシステムを創造すべきなのか，読者と考えてみたい。

2. ポスト・コロナのタイミングで急激に進化する社会現象

2.1 IT が土台となる Society 5.0 社会の到来：
多言語・複数言語対応の可能性

　Society 5.0 は狩猟社会（Society 1.0），農耕社会（Society 2.0），工業社会（Society 3.0），情報社会（Society 4.0）に続く，新たな社会を指すもので，第5期科学技術基本計画（平成28年度～平成32年度）において我が国が目指すべき未来社会の姿として初めて提唱された。大きな特徴が，仮想空間と現実社会を高度に融合したシステムが日常化することである。Society 4.0 の現代社会では，作業工程の分野ごとの分業化や情報共有による効率化が進んでいるとはいえ，公平な知識共有，情報共有は未だ不十分であり，地方格差，リテラシーレベルが生み出す情報格差など，豊富すぎる情報から真に必要な情報を見つけるための負担が増大しているといった課題も生じている（内閣府HP）。これに対し，Society 5.0 が実現する社会では，IoT 機器によって全ての人とモノが接続され，あらゆる知識や情報が共有化されて

1　日本人学生層・外国人学生層双方をここでは意味する。

いく。また，その使用勝手についても，ユーザー目線のデザインが志向される。昨今目覚ましい展開を見せる人工知能（AI）の活用も手伝い，必要な時に欲しい情報が提供されるようになる世界が，現実化してきた。

ITは人々の多側面の社会活動において不可欠環境である。2021年，UNESCOはインターネットへのアクセスを含めたデジタル格差を是正することは次世代に向けた喫緊に取り組む施策であると発表した[2]。基本的なインターネットへのアクセスの有無にとどまらず，3G・4Gといった適切な速度と安定した情報通信（Meaningful Connectivity）を供給できるインフラは，「基本的な人権だ」とする団体組織もあるぐらいである（The Alliance for Affordable Internet）。世界中のスマホ保持者総数は，2023年に69.2億だとされる（Statistica, 2023[3]）。ネット環境が安定すると，クラウド上やアプリを介した機能を，非常に多くの世界中の人々が用いて生活を改善したり，教育を受けたり，事業を展開したりすることができるようになる。

2.2　言語支援・言語学習のIT化

　上記に述べたようなSociety 5.0へ突入する社会の変化の中で，本書の関心に最も近い側面を焦点化すると，多言語対応・言語支援の機能に誰もがアクセスできるようになることも，その現象の1つとして容易に想定できる。例えば，Zoomは2022年8月に「翻訳された字幕」機能を有料アドオンとして提供開始することを発表した。「翻訳された字幕」機能は，Web会議中の会話をリアルタイムで他の言語にAI自動翻訳し，字幕で表示するというものである。日本語を含む12言語がその対象となっており，今後も対象言語は増えるだろう。多言語支援は，産業界においてもその実現が強く要望されているため，開発のスピードは加速することが予想できる。日本においても，その国内需要は高いだろう。

　言語学習支援も，機械学習（Machine Learning）のAI活用が進む。Chatbot

2　https://news.un.org/en/story/2021/04/1090712
3　https://www.statista.com/topics/2430/smart-homes/#topicOverview

を取り入れた言語学習アプリが，国内外で様々に生まれている。関西大学グローバル教育イノベーション推進機構（IIGE）では，2022年度に試行的にFLOW社と連携し，社のアプリ（図1）を用いた英語学習効果を検証するといった試みを行った。筆者も実際に試したが，アプリ自体の機能は，Botがスムーズに返答してくるし，自分で音声を発話し収録して回答すると，その採点もしてくれるという，機械学習でありながらもインタラクティブな要素が組み込まれており，大変関心深い。これがどんどん学習行動の中で習慣化した暁には，言語教育に携わる生身の人間の講師陣営がすべきことが大きく変わることが予測できる。

　バーチャル（仮想）空間としてバズワードとなっているのが，メタバースである。着目している事例として1つ挙げると，2017年に設立されたImmerse社は，言語教育界の「破壊的イノベーション」と評価され，着目されているスタートアップの1つで，メタバースにおけるソーシャルVR言語学習を手掛けている。VRエンジニア，3Dデザイナー，研究者，言語学習の専門家からなる学際的なチームで，世界初のVR言語教育・学習プラットフォームをともに構築し，世界で有名な語学学校等によって使用されている。Immerseは，スペイン語学習プログラムのリリースを皮切りに，消費者向けのVR世界言語学習アプリをMeta Questストアで開始した。2022年秋にはフランス語の学習プログラムがリリースされ，ドイツ語，日本語，イタリア語の学習プログラムがその数か月後にリリースされた（AR・VR Manazine, 2022）。VRデバイスを用いて，アバターを介してコミュニケーションの場を様々にシミュレーションして言語を学ぶことができ，学習コンテンツも提供してくれる（図2）。

上記のように，仮想空間であるからこそ，

図1　FLOW Speak Englishの
　　　画面（社HPより抜粋）
https://www.flowspeak.io/business

図2　Immerse 社の VR 学習スペースの一画面（AR・VR Magazine から抜粋）

言語環境や場面設定を自由自在に切り替え，3次元の空間感覚を伴いながらコミュニケーションをとる練習ができるというのは，まさに没入型テクノロジーとメタバースを最大限活用した利点であり，教室における教育環境で真似できるものではない。まさしく言語教育のイノベーションとなりうる破壊力を持っていると言っていい。メタバース空間における学習は，学習者にとって効果があるのか，という側面は，今後こういったツールがより波及することで判明してくることだろう。効果検証としてはまだ萌芽期の段階ではあるが，前述のIIGEにおいて，COIL（Collaborative Online International Learning オンライン国際協働学習実践）の授業活動でメタバース（Virbela）を使用し，参加した日本人学生の行動分析を行っている（図3）。VRのHMD（Head Mounted Display）を用いない，ブラウザー上で操作するメタバースの活用ではあるが，参加学生層は非常に活発な発言と行動を見せ，Zoom等のウェブ会議の場よりも効果的にチームビルディングを実現

図3　J-MCP（Japan Multilateral COIL Program）のメタバース使用の様子

し，PBL（Project-Based Learning）をスムーズに遂行できた（Ikeda & Bysouth, 2023）。

　これらのITを用いた（言語）教育は，教室（対面学習）で提供できる言語学習機会・領域の多様性における優位性を持つ以外にも，なぜ推奨されるべきなのかという大きな背景根拠が存在する。本章冒頭で述べたように，Society 5.0社会が到来し，それを担うのが，これから巣立ち社会人となる学習者層である。言わずもがなだが，外国人留学生も，日本人学生で海外に留学する者も，この層に全て該当する。彼らは，国籍や文化を越えて，そして物理的に必ずしも接触することなくバーチャル空間を「オフィス」としてともに行動し事業を行うようになるだろう。コロナ禍において，リモートワークがようやく一般的に認知され，導入も一定程度進んだ。これをWFH（Work from Home）や，WFA（Work from Anywhere）という。WFAは，まさにITそしてICT（Information and Communication Technology）の発達のなせる成果である。そして，このどこでもいつでも繋がり仕事ができるようになると，次に求められるのはWWA（Work with Anyone），つまり誰とでも仕事ができる資質なのである。この全ての能力を涵養することができる環境を，学習段階において享受させることは，次世代の人材層を育成する教育業界にとって「義務」と言ってもいいぐらい重要である。言語学習・言語教育のIT化も，その重要な一端を担っている。

2.3　言語教師の「シゴト」2.0

　ここまでに述べたような状況を踏まえると，言語教育者の「シゴト」は，ポスト・コロナ時代になり，どう変わるだろうか。コロナ禍に遠隔授業の導入が他人事ではなくなり，コロナ禍の収束とも言える2023年になっても，3月末に，次年度に向けて文部科学省から遠隔授業をより積極的に活用するように指導するガイドラインが高等教育機関に向けて発信される（文部科学省「大学・高専における遠隔教育の実施に関するガイドラインについて（周知）」）など，これからも言語教育のIT化は進むばかりである（表1：一部抜粋）。

表1　「大学・高専における遠隔教育の実施に関するガイドラインについて（別添1）」抜粋

> 遠隔教育の利点として，地理的，空間的，時間的制約からの解放が挙げられる。具体的には，学生にとって自分のペースで学修できること，自分の選んだ場所で授業を受講できることに加え，国内外の他大学等の授業を受講できること，通学が困難な状況でも学修機会を確保できること，渡航することなく多国間で国際交流の機会が確保できること等が挙げられる。ポスト・コロナにおける高等教育の在り方を考えるに当たっては，このような遠隔教育の利点や可能性を生かした新しい高等教育の姿を構築していくことが重要である。その際，学修者本位の視点に立ち，面接か遠隔かの二分法から脱却し，双方の良さを最大限に生かした教育の可能性を追求することが重要である。

　この変化を「パンドラの箱の扉」が開いてしまった，と捉えるか，ようやく開いてくれた，と喜ぶかは，読者それぞれの立場があるだろう。筆者の感触としては，国内では後者の層はまだまだ薄いのではないかと思う。国内の教育において，遠隔教育，教育のIT化，しいてはデジタルトランスフォーメーションに対する意識改革はまだまだこれからといった段階にある。

　遠隔（オンライン）授業の波及は，日本においてはコロナ禍が結果としてその大きな促進要素となった。2020年度開始当初は，オンライン授業は対面授業が実施できないから，「やむを得ず」緊急措置的に実施するものだという意識が顕著だった。しかしコロナ禍が長期化しため，大学はオンライン授業を緊急措置として扱うことができなくなり，その過程でようやく対面授業とオンライン授業の関係性は階層的なもの（対面＞オンライン）ではなく，それぞれに利点と特徴があることへの理解が少し進んだ。対面授業は，同じ場所・空間に集い学ぶという社会的活動を行うため，授業時間前後に生まれる雑談や交流の機会，授業中の即応性を伴った質疑応答やフィードバック，顔色や身体行動等の多様なコミュニケーションの機微を参加した者同士が読み取りやすいという利点がある。一方で，同期型のオンライン授業では，オンライン投票で盛り上がったり，ブレークアウト機能，協

働作業アプリの活用で，大勢の学生を集めた授業形態であっても小グループでの意見交換やグループワークを行ったりすることで，学習者の参加度合を向上できる。従来300人，1000人と集めて講義をするような対面授業のクラスではまず想定できなかったことだ。COIL授業も，オンラインだからこそ容易に越境でき，複数の海外大学の学生たちとの協働学習が可能である。また，非同期型／オンデマンド型のオンライン授業では，教員・受講者ともに授業時間の制約が緩和され，何度でも理解するまで繰り返し再生して学ぶこともできるという利点がある。

　文部科学省は2022年11月末，大学等の2022年度後期授業の実施方針等に関する調査結果を公表した。後期授業は99.8％の大学等が「半分以上を対面」，98.5％が「7割以上を対面」で行うと回答した（2022年9月30日時点）。感染症拡大を抑えられている他国・地域ではどうか。オーストラリアの大学では，国内在籍の学生には対面，国外在籍の学生層にはオンラインでの提供（dual-delivery）を導入している。アメリカでも，規模は様々だが，一部の科目または全ての学位を完全オンラインで登録・履修する制度を設け，履修者数は対面での在籍数を大きく超えているケースもある。コロナ禍で得たシーズを活用し，国外の大学教育は変化を遂げている。国内はどうか。オンライン授業の利点への理解はある程度共有されたが，日本の大学教育はその利点を十分生かした新しいカリキュラムを掲げるまでには至らない。まさに，「開きかけたパンドラの箱」状態なのである。どの形態をどのような科目の活動において採用するのがより効果的なのか。この検討をしっかりと行い，適材適所で選択し，ハイブリッド型のカリキュラムを創出する。対面至上主義の日本の大学教育では，いかに「オンライン授業でも対面と同じ経験をもたらすか」に躍起になるが，この考え方に，そもそも履き違えがある。同じ経験を追い求めるのではなく，遠隔でも対面でもその学習体験が「同等の価値」であるように設計すべきなのである。オンラインか対面かというのも，学習効果と達成目標を明確にし，それらを最も能率よく達成する形態はどれか，この基準で判断し仕分けるべきであ

る。学生間の触れ合いや，雑談の機会，講師との交流は，正課内だけでなく，キャンパス生活全体で仕掛け作りができる。オンライン授業による履修単位数の制限は緩和されているため，制度上の縛りが変化を妨げる理由ではない。コロナ禍（災い）が過ぎ，現状復帰をし，いわば小手先だけでやり過ごそうとするマインドセットが，日本の大学教育の変化をスローダウンさせているのである。上記の文科省の告知資料にあるように，「面接か遠隔化の二分法から脱却」した教育のあり方を生み出し実現することが今後求められている。

　このような能力・コンピテンシーを備えた人材の養成が高等教育の本分となるとしたら，本章で焦点化している国際教育（留学活動を特に取り上げる），そして言語教育ではこれらをどう咀嚼し，その人材育成にどう貢献できると考えられるだろうか。外国語教育界において教育に従事してきて，特に国内の状況を鑑みて筆者が感じるのは，言語教育の専門家集団が，こういった教育の大局を反映した上で日々の活動を考える文化の醸成が不十分であるということである。その理由としては，言語教育分野が，いわゆる「専門教育」としての教育カリキュラムとは別物の取り扱い方がなされてきていることを所以とする。

　外国語（言語）は，人間の社会活動，コミュニケーションの根幹である。言語が人の思考を支え，人は他者との関係構築を言語を介した相互行為を通して展開し，様々な偉業までも成し遂げる。言語教育に携わる者は，人の育成に密接に関わっている。この点において，本章が取り上げたような世界事情や社会の変化に最も敏感に反応し，そこに伴走する必要があるのではないだろうか。本章が，言語教育関係者がより前向きな考え方を持つきっかけとなるようであれば本望である。

3.「留学」の意義・意味再考：ポスト・コロナ時代のその価値とは

　「留学」は，よその土地，特に外国に在留して勉強することを指す。この定義では，海外へ渡航し，その地に没入（イマージョン）した生活経験を持

つことが前提となる。この定義を前提に動いていた教育界には，コロナ禍において，急に大きな「障壁」が突如出現した。物理的な渡航を伴う国際交流学習・活動の一切が凍結し，国際教育に従事する層，日本語教育をはじめとする外国語教育に関わる層が世界中で身動きを取れなくなり，コロナ禍の長期化が焦りを生じさせた。また，組織経営としてもリソース・資金不足が影響し，国内外の多くの教育機関でレイオフも多く出た。こういった被害・影響があったことは否めないが，この展開の中で，モビリティ（留学）を伴わない国際教育（国際交流学習）を模索し，国内の教育機関が様々な新しい活動に目を向けたことは，思わぬ喜ばしい副効果であった。

　その一端の証左と言えるのが，「留学」の定義の再解釈，である。コロナ禍の終盤とも言える2022年度に「戦略的な留学生交流の推進に関する検討会」（文部科学省 2022-2023）が立ち上げられた。本検討会の議論では，「留学」「留学生」という枠組みが，より広がりを持った視点から取り扱われ，取りまとめられた意見の冒頭で，「留学生交流」が，「多様な文化や価値観等を持った者がともに学び，ジレンマを克服することも含めコミュニケーションを図ることで相互理解を深め，協働することで新たな価値が創出され，世界にイノベーションが生み出される活動であること」に着目し，渡航留学だけを前提とするのではなく，多様な留学生交流活動とその推進のあり方を話し合うことになった。この「留学」にまつわる多様な意義・意味を重視することは，ポスト・コロナ時代だからこそ，大変重要な視点の転換であると言えるだろう。

　この新しい「留学」の定義では，オンラインを活用した学び（今ではすっかり「オンライン留学」という表現が定着してしまったが）も有機的に取り込むことで，留学経験をもって実現する人材育成の成果を進化・深化させることも議論内に含まれている。本章において紙幅を割いて考察を述べている教育のIT化や，その活用は，ここでも重要な位置づけをなす。

3.1　コロナ禍の留学生受入れの停滞と，直近の傾向

　2008年以降，日本では2020年を目途に30万人の外国人留学生の受入れを目指す「留学生30万人計画」を策定し，各種施策を推進してきた。2019年にはその目標数値を達成していたことも広く知られるところである。しかし，コロナ禍を経て，図4にあるような留学生受入れの激減を経験し，改めてコロナ禍を乗り越えた後の受入れについて，これまでを振り返り新たな戦略を打ち出すタイミングがやってきた。2022年7月には，文部科学省は，新型コロナウイルス感染症の影響で大きく停滞した国際的な学生交流を立て直すため，「高等教育を軸としたグローバル政策の方向性」を策定した。この中では，2027年を目途に激減した外国人留学生・日本人学生の留学を少なくともコロナ禍前の水準に回復させることが目標として掲げられている。

　2023年現在から約数年で，30万人を誘致するという計画である。いみじくも2023年3月17日には，第5回教育未来創造会議において，2033年（10年後）に40万人の受入れを達成するという指標の打ち出しがなされた（第二次提言）。これは，高等教育段階の留学生30万人計画における留学生数の増加ペースを維持しつつも，学部生数に占める留学生の割合をOECD平均

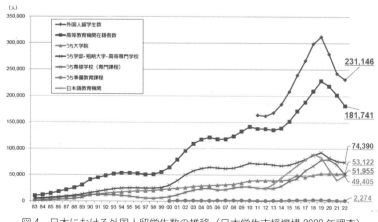

図4　日本における外国人留学生数の推移（日本学生支援機構2022年調査）

と同等の水準まで引き上げ，また，博士課程に占める留学生の割合が世界
トップレベルの大学がある国43カ国の平均と同等の水準とすることを根拠
とした指標となっている。日本が掲げたこの受入れ目標は，その割合が，
非英語圏のドイツ，フランスと同等の水準となることを意味しており、ま
た国内の高等教育機関で受け入れる数は増加が期待されている。図5に，
学校別の在学生に占める外国人留学生割合を示したグラフを示した。30万
人を達成した2019年度であっても，大学教育機関における学部生の占める
比率はわずか全体の3.4％で，まだまだ伸びしろのある領域であることが
わかる。提言の中でも，諸外国と比較をすると，日本の大学，大学院にお
ける留学生割合について，学部段階は約3％，修士課程は約10％，博士課
程は約21％とOECD平均値よりはるかに低いことも指摘されている。

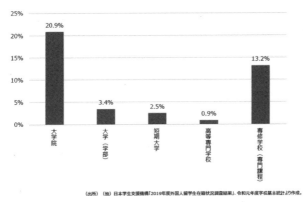

（出所）（独）日本学生支援機構「2019年度外国人留学生在籍状況調査結果」，令和元年度学校基本統計より作成。

図5　学校別の在学生に占める外国人留学生割合（教育未来創造会議資料から抜粋）

　コロナ禍を経た日本の受入れの考え方にはどのような変化があったのか。
前述の提言では，受入れ数を重視するこれまでの指標設定の視点から，(i)質
の高い教育を受けた優秀な外国人留学生の日本社会への定着度向上，(ii)日
本に留学し，帰国した外国人留学生の親日派・知日派としての活躍への期
待，そして(iii)そのネットワークの強化による諸外国との友好関係の強化と

いった，より出口（アウトカム）に着目した受入れの質の向上を図る視点に
転換すべきという観点へと変化したことが読み取れる。また，提言の冒頭
に，留学生に期待する人材像が述べられていることが，非常に印象的であ
る。以下に引用する：

<受入れを通じて育成したい外国人留学生の姿>
①受入れを促進したい留学生
- 高い志を有し，教育研究活動に熱心に取り組む優秀な人材
- 多様な人と協働しながら新たな価値を創出できる人材
- 日本や日本人に強い興味・関心を抱き，母国と日本との懸け橋になるこ
  とを希望する人材
②活躍する姿
- 博士・修士をはじめとするイノベーションを創出し，日本の国際競争力
  を強化する高度外国人材
- 国際頭脳循環に参入し，大学の教育や研究水準を向上する研究人材
- 日本社会の様々な場面で活躍する専門・技術人材
- 日本のよき理解者として母国との懸け橋となる人材

　これまで，「グローバル人材育成」という名の下，国内学生についてはそ
の人材像はまず掲げる目標として記述が幾度となくあり，また各大学機関
においても，どのような国際教育事業においても養成したい人材像を踏ま
えた留学（派遣）を実施することが求められてきた。その一方で，受け入
れる留学生については，これまでこのように明確に人材像が示された指針
や提言はあまりなかったのではないだろうか。卒業後の出口を視野に入れ
た受入れへの転換であるからこそ，この表記が加わっていることは，まさ
にポスト・コロナ時代の留学を示唆するものである。加えて，その人材像
の中に，「多様な人と協働しながら新たな価値を創出できる人材」という項
目があることを，個人的に大変評価したい。外国人留学生というと，日本
においては，そのキャリア形成や人材育成において日本語・日本文化への
十分な理解や，半ば日本社会への「同化」を求めるような受入れ志向がこ

れまで強かったが，そういった偏りが緩和され，日本社会自体が向かうべき多様性豊かな次世代を後押しし，それを担うことが，外国人留学生層に期待されていることが窺える。この点も，大きな転換が垣間見られる側面である。

3.2　ポスト・コロナ時代で促進すべき「留学」とは

　ポスト・コロナ時代となり，オンライン留学など様々なオプションがある中，なぜ，「わざわざ」渡航し「留学」するのか。その経験から求めるアウトカムは，何なのか。この留学の意義をより精査し，必要なリソースを人に投資することが，これからの教育施策には求められる。この解をしっかりと持ち，留学生を受け入れ，また国内の学生たちを渡航留学へと誘っていかなければならない。これは，当該者である学生たち，そしてその保護者層の意識でもあると同時に，日本が世界諸国から求められる説明責任でもある。渡航，つまり飛行機移動を伴う留学が必須となる日本ではあまりこの感覚が芽生えないが，欧州を中心に，気候変動への対策として渡航留学で飛行機移動を必要とするケースを極力避け，電車移動などを選択したり，長期滞在の渡航留学層を優先し，オンライン留学を取り込むことで短期留学を代用したりするといった「カーボン・オフセット[4]」の動きが進んでいる（De Witt & Altbach 2020）。コロナ禍以前から，この環境への配慮に対する動きは始まっていたが，遠隔授業やリモートワークなどの一般的な波及が契機となり，「カーボン・オフセット」の最初の一歩となる「削減努力」活動を，まずどのように工夫を凝らし行っているのかを追求されるのが常となった。コロナ禍前のように，1週間，2週間といった「超短期留学」を，その目的を問わずやみくもに加速させることは，以前のように国際教育を真の意味で進化させていることとして評価されないのである。

4　カーボン・オフセットは，日常生活や経済活動において避けることができないCO_2等の温室効果ガスの排出について，まずできるだけ排出量が減るよう削減努力を行い，どうしても排出される温室効果ガスについて，排出量に見合った温室効果ガスの削減活動に投資すること等により，排出される温室効果ガスを埋め合わせるという考え方を意味する。

　この状況を踏まえて，留学する理由は，何であるべきなのか，本章では少し考察してみたいと思う。ヒントとして，高等教育機関を経て，社会人となった層を受け取る側，つまり産業界がその人材育成の場として大学に何を期待しているのかという点を少し参考としてみたい。図 6 は，2022 年に発表された「採用と大学改革への期待に関するアンケート調査」の結果の一部抜粋である（内閣官房教育未来創造会議資料 2023）。産業界が求める人材の資質と比べて乖離があるという「現実」を，日本は突きつけられている。図 6 から，日本国内の新入社員層の 6 割は海外で働く意欲に欠けているという衝撃的な事実が判明する。一方で，留学経験があると，海外勤務には比較的前向きで，「どんな国・地域でも働きたい」「国・地域によっては働きたい」と答えた比率は76.5％になったと報告がある。

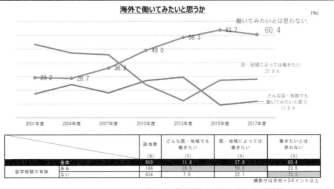

図 6 （内閣官房教育未来創造会議資料 2023 資料から抜粋）

内閣官房教育未来創造会議資料より
https://www.cas.go.jp/jp/seisaku/kyouikumirai/sozo_mirai_wg/kaisai.html

　今一つ，同じ参考資料からの抜粋を以下の図 7 に挙げておきたい。日本財団の18歳人口層への意識調査結果であるが，諸外国（先進国だけではな

い）と比較して，自身について答えた結果において，社会課題に対する関心が顕著に低く，「自分は責任がある社会の一員だと思う」層が少ないということが判明している。

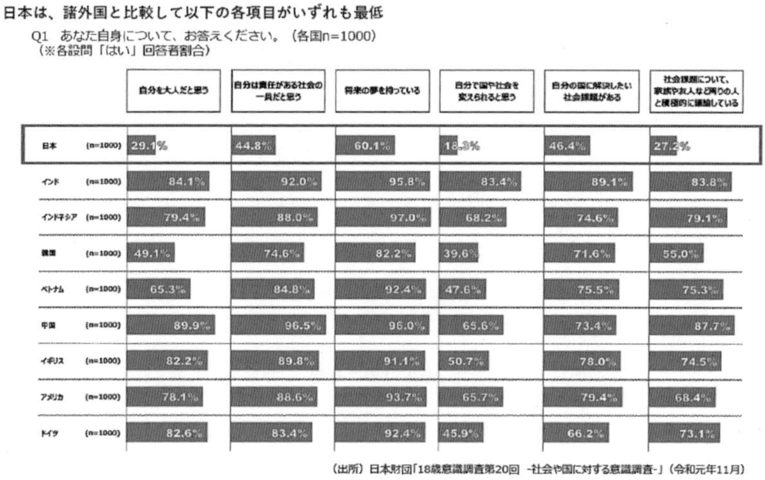

日本は、諸外国と比較して以下の各項目がいずれも最低
Q1　あなた自身について、お答えください。（各国n=1000）
（※各設問「はい」回答者割合）

	自分を大人だと思う	自分が責任がある社会の一員だと思う	将来の夢を持っている	自分で国や社会を変えられると思う	自分の国に解決したい社会課題がある	社会課題について、家族や友人など周りの人と積極的に議論している
日本 (n=1000)	29.1%	44.8%	60.1%	18.3%	46.4%	27.2%
インド (n=1000)	84.1%	92.0%	95.8%	83.4%	89.1%	83.8%
インドネシア (n=1000)	79.4%	88.0%	97.0%	68.2%	74.6%	79.1%
韓国 (n=1000)	49.1%	74.6%	82.2%	39.6%	71.6%	55.0%
ベトナム (n=1000)	65.3%	84.8%	92.4%	47.6%	75.5%	75.3%
中国 (n=1000)	89.9%	96.5%	96.0%	65.6%	73.4%	87.7%
イギリス (n=1000)	82.2%	89.8%	91.1%	50.7%	78.0%	74.5%
アメリカ (n=1000)	78.1%	88.6%	93.7%	65.7%	79.4%	68.4%
ドイツ (n=1000)	82.6%	83.4%	92.4%	45.9%	66.2%	73.1%

（出所）日本財団「18歳意識調査第20回 -社会や国に対する意識調査-」（令和元年11月）

図7　社会課題を解決する意識が諸外国に比べて弱い
（日本財団調べ：令和元年　教育未来創造会議資料から抜粋）

　自分の国の社会問題に関する意識だけではなく，環境問題といった世界で抱える問題について「自分事」として捉える視点も十分に醸成されていない。電通グループ横断でSDGsに関するプロジェクトを推進する「電通Team SDGs」のもと，全国10～70代の男女計1,400人を対象に実施したSDGsに関する認知度合い調査（図8）によると，20代では2021年度で名前だけではなく，内容まで含めて知っているのは25％，2022年度に認知度が向上しても31.5％と，社会解決の取り組みに繋がるまでに至らない層が多いことがわかる[5]。

5　この調査では，2022年度調査の10代の目覚ましい認知度の向上も顕著である。本調査の中では，教科での取り扱い等の他，メディアで多く取り上げられたことがこの結果に繋がっていることが示されている。

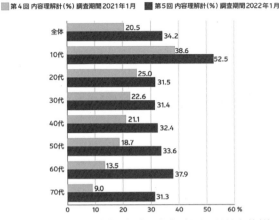

図8　年代別 SDG 内容理解度の変化（2021-2022 年比較）
（電通調査結果から抜粋）

　これらの調査結果は，多くのヒントを示唆している。これから必要とされているのは，世界の社会課題に目を向け，その理解とともに解決に取り組もうとする実践力を持つ人材であり，その育成が強く望まれている。この目的を効果的に達成することができる渡航留学は，今こそ，より一層推奨されるべきであり，そのような留学の経験において有益な活動を行うことができるよう，その環境の支援を行政・教育・産業界等が連携し実現させるべきであると言えるだろう。

4.　おわりに

　本書全体は，受入れ外国人留学生の事情が主な趣旨となっているが，本章ではあえて「留学」の方向（日本国内から国外への留学なのか，その逆なのか）を定めず論考を進めてきた。日本国内の国際教育分野では，「留学生教育」が特別な区分として極めて線引きされ，そこで行われる教育（日本語教育，キャリア教育等）についてもその領域内でのみ議論されることが多い。この傾向は，筆者のように「留学生」にその国籍の区分をせず様々な教育活動に関わっている立場から言わせると，その見分を自ら狭めてしまって

いるように見えて仕方がない。外国人留学生の教育も，国内学生の教育も，人材育成課程であることに変わりはない。冒頭にも述べたように，社会がこんなにも流動的で，またボーダレスな動きを必要とする時代において，育成すべき人材の資質，涵養すべき能力は，突き詰めるところ差異はないはずである。人材育成は，高等教育において教育の基盤形成をなす大事なミッションである。このミッションを同じくする分野間のより有機的なコミュニケーションと協働がなくては，外国人留学生の教育自体も進化・深化しないだろう。ポスト・コロナ時代とは，多次元において越境し，そして多様なプレーヤーが共生・共存し，そして物事を創造する，つまり「共創」する時代となる。私たちは，この時代に見合った教育者，教育機関，そして次世代の人間を育てる社会の担い手である必要がある。この視点をより多く，そして広く関係者と対話し共有していくことも，今後はより必要となるだろう。その視点を持って，コミュニティ全体で，言語教育のこれから，そして留学のこれからを考え，自らもスキルアップ・バージョンアップしながら，結果として良い変化を生み出していきたいと願ってやまない。

参考文献

電通（2022）．ニュースリリース4月27日発行　URL：https://www.dentsu.co.jp/news/item-cms/2022016-0427.pdf（2023年4月2日アクセス）

内閣府「Society 5.0」　URL：https://www8.cao.go.jp/cstp/society5_0/（2023年4月2日アクセス）

日本学生支援機構（2023）「2022（令和4）年度外国人留学生在籍状況調査結果」　URL：https://www.studyinjapan.go.jp/ja/statistics/zaiseki/data/2022.html（2023年9月25日アクセス）

文部科学省（2023）「大学・高専における遠隔教育の実施に関するガイドラインについて（周知）」　URL：https://www.mext.go.jp/content/20230328-mxt_kouhou01-000004520_1.pdf（2023年9月25日アクセス）

文部科学省（2023）「戦略的な留学生交流の推進に関する検討会とりまとめ（本文）」　URL：https://www.mext.go.jp/content/20230529-mxt_kotokoku01-000025878-2.pdf（2023年9月25日アクセス）

文部科学省（2022）「高等教育を軸としたグローバル政策の方向性～コロナ禍で激減した学生交流の回復に向けて～」　URL：https://www.mext.go.jp/b_menu/houdou/kagaku/2022/mext_00002.html（2023年4月2日アクセス）

AR・VR Magazine（2022）. Immerse Raises $9 Million To Scale Its VR Live Language Learning App. 2022-03-11. URL：https://arvrmagazine.com/immerse-raises-9-million-to-scale-its-live-language-learning-app/（2023 年 4 月 2 日アクセス）

De Witt, H. & Altbach, P.（2020）. Time to cut international education's carbon footprint. University World News. URL：https://www.universityworldnews.com/post.php?story=20200108084344396（2023 年 4 月 2 日アクセス）

Ikeda, K. & Bysouth, D.（2023）. International Education and Metaverse - Digitally Accelerated Method for COIL. the 2023 APAIE conference. URL：https://tcc.eventsair.com/QuickEventWeb sitePortal/apaie-2023/program/Agenda/AgendaItemDetail?id=6c8a8258-d3b2-4962-8db8-4814f738586e（2023 年 3 月 23 日アクセス）

The Alliance for Affordable Internet（2022）. Meaningful Connectivity for Rural Communities: Geographic Barriers & Policy Strategies for Digital Inclusion. Alliance for Affordable Internet. URL：https://a4ai.org/wp-content/uploads/2022/03/MC-Rural-Report-English.pdf（2023 年 4 月 2 日アクセス）

第二部

教育実践編 1 ：
留学生に対する日本語教育と
外国人材育成

第3章 日本語予備教育機関における日本語学習者の日本語能力分析
―J-CAT による分析を通して―

麻　　子　軒

1. はじめに

　関西大学留学生別科（以下「本別科」とする）では2012年4月の設立以来，日本語の教育効果を測定するために，定期的に在籍学生を対象にJapanese Computerized Adaptive Test（以下，J-CATとする）という日本語能力を判定するテストを実施している。原則的に，入学時に最初の測定を行い，その後当該学生が修了するまで半年おきに実施することにしている。本稿では，2012年度春学期から2022年度春学期，約10年間のJ-CATの実施結果を基に，年度別や在籍年数などの観点から，学生の日本語能力の推移を分析し，今後カリキュラムを改善するための知見を得ることを目的とする。

2. 関西大学留学生別科の概要

2.1　学期制と在籍規程

　関西大学では1年間に春学期と秋学期の2つの学期があるが，本別科では，後述する「第1群：日本語科目」はさらに1つの学期の前半と後半に分かれ，それぞれ1レベル分の授業を実施している。言い換えれば，半年間で日本語クラスが2レベル上がり，入学時最もレベルが低いクラスに配置された学生でも1年後には4レベル上がり，日本語能力をN1レベル以上に底上げするインテンシブコースになっている。

　本別科での在籍期間は原則的に1年間だが，進学目的に限って，一定の

49

成績と出席率を条件に，半年単位の延長が2回まででき，最長2年間の在籍が可能である。

2.2 カリキュラムと開講科目

本別科では，開校時の2012年度から表1のカリキュラムを導入している。ただし，一部春学期か秋学期しか開講しない科目もある。

表1 カリキュラムと開講科目

分類	開講科目
第1群：日本語科目	日本語Ⅰ～Ⅵ（総合），日本語Ⅰ～Ⅵ（読解），日本語Ⅰ～Ⅵ（文章・口頭表現）
第2群：特別演習科目	アカデミック日本語AⅠ・AⅡ・AⅢ・BⅠ・BⅡ・BⅢ，日本語集中演習Ⅰ・Ⅱ・Ⅲ
第3群：日本事情科目	日本事情Ⅰ・Ⅱ
第4群：総合科目	総合科目Ⅰ・Ⅱ
第5群：基礎科目	英語Ⅰ・Ⅱ・Ⅲ，数学Ⅰ・Ⅱ，物理，化学，生物

開講科目は大きく，日本語の言語能力の習得を目指す「第1群：日本語科目」，大学・大学院進学に必要なアカデミックスキルを養成する「第2群：特別演習科目」，日本で生活するための知識を身につける「第3群：日本事情科目」，日本留学試験の総合科目対策を行う「第4群：総合科目」，日本留学試験の数学・理科科目及び大学で必要な英語力を学習する「第5群：基礎科目」に分かれる。

上記の科目で，日本語の4技能「聞く・話す・読む・書く」に関わる言語能力の学習と直結しているのは第1群の日本語科目である。その開設クラスはレベルが低い順から1～6クラスあり，レベル基準はおおよそ表2に示した通りである。レベルの参考基準として，OPI・JLPT・CEFRを用いた。

表2　日本語クラスのレベル基準

レベル	OPI	JLPT	CEFR
1クラス	Novice Mid〜High	N4	A2〜A2+
2クラス	Intermediate Low	N3	A2+〜B1
3クラス	Intermediate Mid	N2	B1
4クラス	Intermediate High	N1–N2	B1〜B1+
5クラス	Advanced Low〜Mid	N1	B2
6クラス	Advanced〜Superior	N1（150点以上）	B2+〜C1

2.3　本別科における J-CAT の位置づけ

　J-CATとは，インターネットで受験できる日本語能力を測定するテスト
で，聴解・語彙・文法・読解の4セクションに分かれ，各セクションそれ
ぞれ100点満点で，合計400点の配点になっている。総得点とレベルとの対
応関係は，表3に示す（JLPTとの対応は，筆者加筆）。

表3　J-CAT 総得点とレベルの対応表（今井 2015: 79 より一部加筆）

J-CAT	Proficiency Level	JLPT
−100	Basic（初級）	N4〜N5
101−150	Pre-Intermediate（中級前半）	N3
151−200	Intermediate（中級）	N2〜N3
201−250	Intermediate-High（中級後半）	N2
251−300	Pre-Advanced（上級前半）	N1
301−350	Advanced（上級）	
351−	Near Native（日本語母語話者相当）	

　新入生には入学時にプレースメントテストとしてJ-CATを受験させ，そ
の得点に加え，作文と面接の結果を総合的に考慮し，受講クラスを決定す
る。その後，在籍中は半年おきに同テストを実施している。開校初年度の
春学期を除き，新入生は原則的に日本語能力によって2〜5クラスのどれ
かに配置される。なお，本別科の入学基準がJLPTレベルN4以上になって
いるため，1クラスは基本的に開講しない。

3. 調査概要

　本稿では，時系列による学力の推移を分析することが主な目的であるため，J-CATを通算2回以上受けた学生を対象にする。なお，途中で休学し，その後復帰した学生は，日本語能力の推移を一貫して観察することが困難だと思われるため分析から除外した。

　J-CATは基本的に入学時に初回を実施し，その後半年おきに実施することになっているが，以下のイレギュラーなパターンが存在することに注意が必要である。

　1つ目は，J-CATが有料化された2020年度までは事前に新入生のレベルを把握するために，学生が入国する前にも実施していたことである。こちらのデータ（2020年度までの7月と12月実施分）は試験監督をしていないため，学生の実際の日本語能力が反映されていない可能性があり，分析から除外した。

　2つ目は，2019年度まで，2回目以降のJ-CATは各学期開始時に実施していたのだが，1）長い休暇を挟んだため，直前の学期末までの学習成果が正確に反映されない，2）学生が直前の学期で修了した場合は，次の学期開始時には在籍していないので測定できない，など問題点があったため，2020年度より「学期開始時（4月と9月）」ではなく，「学期終了時（1月と7月）」に実施することに変更したことである。今回の分析では，「n学期目終了時」と「n＋1学期目開始時」は便宜上，どちらも「n学期目終了時」の学習成果が反映されたものと見なし，両者を区別していないが，実質上全く同条件でないことに注意が必要である。

　3つ目は，2020年度の春学期は新型コロナウイルス感染症の影響により，休学者が多く，サンプル数が例年より少ないことである。今回は全年度のデータを揃えたいためにこれを分析から除外していないが，外れ値による影響が存在する可能性がある。

　4つ目は，2017年度以前，記録として残ったのは総得点のみで，セクションごとのデータがないことである。そのため，セクションごとの分析は，

それ以降の年度に対して行うことになる（ただし，2019年度秋学期もセクションごとの点数が欠損している）。

　以下，4節ではJ-CATの総得点，5節ではJ-CATのセクションごとの得点に関する分析結果を述べる。

4．総得点の分析

4.1　年度別学力分析

　本節では，2012年度春学期から2022年度春学期まで，約10年間のJ-CAT総得点データを年度別という観点で分析する。表4は各回測定した平均総得点を年度別に示したものである。空欄があるのは，当該年度のデータが存在しない（在籍学生がいない）ためである。なお，前述したように，2回目以降の実施時期を「学期開始時」から「学期終了時」に変更したのが2020年度であるため，4学期目終了時（5回目）のデータが取れたのは，2018年度春学期以降入学の学生のみである。

　まずは2012〜2022年度の推移を見よう。次の表4から，2012〜2013年度（開校当初）の入学時点の得点が172〜191点（平均175.5点）と相対的に低く，その後2014年度以降が平均的に200点以上になっており，開校して3年目から比較的日本語能力が高い学生が集まってきていることがわかった。最初の2年間の進学実績が知られ，学校全体の評価の向上に繋がった可能性がある。

　次に，伸びの幅を比較しよう。入学時と2回目の差分に注目すると，比較的点数が低かった2012と2013年度の新入生は，半年間の学習を経て平均的に約43点の成長があった。一方，3年目（2014年度）以降の新入生の伸びは平均して約32点と，それよりも下回っていることが観察された。これは，レベルが低い学生は成長のペースも速いことと関係していると思われる。なお，2016年度より反転授業が導入され，それより前と後の点数の伸びを比較すると，後者の方が逆に小さくなっているが，これは元々入学時の学力が異なるためだと思われる。入学時の学力が高ければ，その分成長

のペースも緩やかになるため，この要因を考慮に入れると，反転授業の前
と後の成績に顕著な差は認められないことになる。逆に考えれば，反転授
業は伝統的な授業と同等，またはそれに劣らない教育効果を有していると
も解釈できそうである。

表4　年度から見た J-CAT 平均総得点と差分

年度	入学時	2回目(差分)	3回目(差分)	4回目(差分)	5回目(差分)
2012 春	157.9	209.6(51.7)	202.2(-7.4)	213.9(11.7)	
2012 秋	179.8	216.0(36.2)	235.5(19.5)		
2013 春	191.3	234.2(43.0)	263.0(28.8)		
2013 秋	172.9	214.4(41.5)	221.5(7.2)		
2014 春	204.1	230.4(26.3)	200.0(-30.4)	232.0(32.0)	
2014 秋	203.2	233.3(30.1)	253.6(20.4)		
2015 春	197.3	237.1(39.8)			
2015 秋	185.6	219.9(34.3)	238.1(18.2)	253.0(14.9)	
2016 春	214.8	244.6(29.8)	259.3(14.7)	281.2(21.9)	
2016 秋	213.5	244.4(30.8)	247.5(3.2)	262.5(15.0)	
2017 春	212.5	244.4(31.9)	249.0(4.6)	242.0(-7.0)	
2017 秋	209.1	245.5(36.3)	257.2(11.7)	223.0(-34.2)	
2018 春	211.2	242.5(31.3)	254.0(11.5)	240.8(-13.3)	282.3(41.5)
2018 秋	202.1	234.5(32.4)	251.7(17.2)	259.8(8.1)	255.0(-4.8)
2019 春	187.4	228.6(41.2)	241.0(12.3)	266.1(25.2)	255.4(-10.7)
2019 秋	214.2	240.4(26.2)	258.2(17.8)	261.9(3.7)	208.0(-53.9)
2020 春	220.4	248.6(28.2)	267.3(18.7)	219.0(-48.3)	217.0(-2.0)
2020 秋	216.7	248.1(31.4)	257.9(9.9)	260.6(2.6)	251.0(-9.6)
2021 春	216.5	246.0(29.5)	261.8(15.8)	271.0(9.2)	
2021 秋	197.5	238.3(40.7)	254.5(16.2)		
2022 春	212.9	248.1(35.2)			

　3回目以降の差分は，年度によって在籍人数が少ない年もあり，外れ値
による影響が出やすいため，中央値やデータのばらつきが視覚的に確認で
きる箱ひげ図で検討することにする。図1は，表4のデータを基に，入学

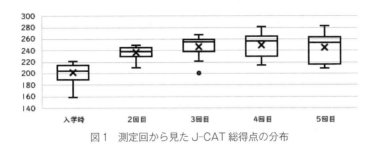

図 1　測定回から見た J-CAT 総得点の分布

時から 5 回目までの平均総得点などの情報を示したものである。

　中央値（箱内の横線）で見れば，最初の半年間の「入学時→ 2 回目」では約 32 点の伸びが見られ，そして「2 回目→ 3 回目」で約 14 点，「3 回目→ 4 回目」で約 8 点と，順調に成長していくが伸びが少しずつ鈍くなり，「4 回目→ 5 回目」では逆に約 7 点下がっていることが観察された。この現象は，点数が比較的高い学生が 1 年〜 1 年半の在籍期間を経て進学し，残った一部は学力が進学レベルまで届いていない学生が多いことと関係していると思われる。実際，4 〜 5 回目の在籍人数は 1 〜 3 回目のそれよりも少ないことが確認された。もちろん，学力が高いにも関わらず，より良い進学先を目指すために意図的に在籍期間を延長する学生もいた。これは，4 回目以降，平均値（箱内の×印）と中央値の差が離れていることと，ばらつき（箱の大きさ）が相対的に大きくなっていることからうかがえる。

4.2　在籍期間別学力分析

　本節では，在籍期間の長さと学力の関係を検討する。図 2 は，在籍期間による総得点の推移を表したものである。なお，「1 〜 2 学期在籍」「2 〜 3 学期在籍」のように，区分に重なりが存在するのは，入学後 J-CAT の実施が「n 学期終了時」から途中「n ＋ 1 学期開始時」に変更となったため，在籍期間を厳密に区別することが困難だからである。

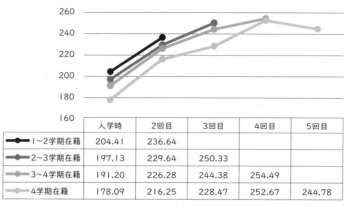

	入学時	2回目	3回目	4回目	5回目
1~2学期在籍	204.41	236.64			
2~3学期在籍	197.13	229.64	250.33		
3~4学期在籍	191.20	226.28	244.38	254.49	
4学期在籍	178.09	216.25	228.47	252.67	244.78

図2　在籍期間から見た J-CAT 平均総得点の推移

　図からわかるように，1～2学期在籍の場合，学生の総得点が入学時の204.4点から236.6点まで成長し，平均的に32.2点の伸びが確認された。2～3学期在籍生の成長は「入学時→2回目」で32.5点，「2回目→3回目」で20.7点となっている。3～4学期在籍生は，成長幅が順に35.1点，18.1点，10.1点であり，そして4学期在籍の学生の場合はそれぞれ38.2点，12.2点，24.2点，-7.9点の伸びが見られた。

　全体的に，在籍期間が長い学生は，入学時の点数も低い傾向にあることが観察された。これは，スタートラインが後ろにあると，進学できるレベルに達するまでにはその分時間を要することで説明できるだろう。ただ，4～5回目は在籍学生数の学力差が激しく，実際に標準偏差が高くなっていることも確認されたため，解釈の際に注意が必要である。

　また，在籍期間が長い分，成長はするものの，伸びとしては「入学時→2回目」で30～40点，「2回目→3回目」で10～20点，「3回目→4回目」で10～20点，「4回目→5回目」で-7点と，成長が少しずつ鈍くなっていることが見て取れる。注目すべきは，4学期目まで在籍期間を延ばしても，これ以上顕著な成長がそれほど期待できないという点である。モチベーションが下がり，逆に点数が低くなる可能性がある。

　なお，初回の伸び（入学時から半年後の伸び）に関して，在学期間が長い
ほど大きいことがわかった。これらの学生は低いレベルの2～3クラスか
らスタートしたため，最初の伸びが目立ったのは成長曲線による伸びのペー
スに関係していると思われる。

4.3　入学時クラス別学力分析

　本節では，入学時のレベルと，それ以降の学力推移の関係を検討する。
図3は，入学時クラス（2～5クラス）の違いによる総得点の推移を表した
ものである。6クラスから始まった新入生は初年度の春学期しかいないた
め，分析から除外した。

　2クラスからスタートした学生は，入学時から5回目の平均総得点がそ
れぞれ152.3点，191.2点，215.4点，230.6点，232.8点となっており，差
分が「入学時→2回目」で38.9点，「2回目→3回目」で24.2点，「3回目
→4回目」で15.2点，「4回目→5回目」で2.2点と，最終的に入学時に比
べて80.4点の成長があった。以下，詳細は省略するが，3クラススタート
の場合，入学時からの伸び値がそれぞれ35.0点，17.1点，14.3点，6.8点
であり，合計73.2点の伸びが確認された。そして，4クラススタートの伸
びは33.5点，7.7点，9.3点，9.5点であり，5クラススタートは17.6点，

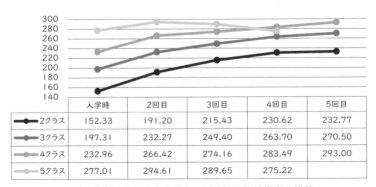

	入学時	2回目	3回目	4回目	5回目
2クラス	152.33	191.20	215.43	230.62	232.77
3クラス	197.31	232.27	249.40	263.70	270.50
4クラス	232.96	266.42	274.16	283.49	293.00
5クラス	277.01	294.61	289.65	275.22	

図3　入学時クラスから見た J-CAT 平均総得点の推移

-5.0点，-14.4点と，それぞれ入学時より60.0点と-1.8点の成長が見られた。

　まとめると，2〜5クラススタートの学生が本別科の学習を経て，最終的にそれぞれ80.4点，73.2点，60点，-1.8点の成長が観察され，5クラス以外は安定して点数を伸ばしていくことがわかった。成長の幅は，低いクラスから始まった学生ほど大きいのだが，最終回の総得点を見ると2〜5クラスがそれぞれ232.8点，270.5点，293.0点，275.2点と，4クラス以外，上のクラスの点数を上回るという逆転現象は見られなかった。4クラススタートの平均得点が5クラスのそれよりも上回ったのは，5クラスの進学できるレベルまで達している学生が早い段階で離脱したことによると思われる。また，2クラスからスタートする学生を除き，本別科での学習を経て最終的に総得点を平均250点（上級前半レベル）以上まで引き上げられることも明らかになった。

　もう一点注目すべきは，2クラススタートの学生は理論的に半年後，4クラススタートの学生と同等のレベルになるはずだが，点数を見るとあと一歩届かないことである。この現象は，他のクラスにも見られる。下クラススタートの継続生が学習を続けても，同クラスの新入生に追いつけない現象が起こる可能性がある。

　以上検討したのはクラス単位の平均値だが，これより個人単位で観察してみよう。表5は，個人単位で見た各成長の最大値・最小値である。分析には入れないが，参考までに初年度しかデータが存在しない6クラスも示した。

表5　個人単位から見た J-CAT の成長幅

	2クラス	3クラス	4クラス	5クラス	6クラス
最終回最大値	326	323	346	350	341
最終回最小値	78	161	112	204	240
成長幅最大値	186	132	137	103	71
成長幅最小値	-57	-46	-29	-26	15

　表から，2〜3クラススタートの学生は最大320点前後まで，4クラス以上からスタートした場合は最大350点前後まで成長できることがわかった。成長の幅は2クラススタートが186点と最も多く，5クラススタートが103点と最も少なく，3〜4クラススタートがその中間の132と137点である。これは低レベルの方が成長ペースが速いためだと思われる。

　なお，6クラス以外，どのレベルにも点数が逆戻りしている（成長幅がマイナス）現象が存在することにも注目すべきであろう。在籍期間が長くなることによるモチベーション低下などの要因も考慮に入れる必要があると思われる。

4.4　進路別分析

　本節では，学生の最終進路と総得点の関係を検討する。表6は，進路別ごとにJ-CATの平均値や標準偏差などの要約統計量を示したものである。

表6　進路別から見たJ-CATの要約統計量

	帰国	就職	専門学校	大学	大学院	日本語学校	日本滞在
平均値	239.1	242.0	234.1	247.3	263.6	199.7	228.5
最大値	338.0	322.0	321.0	346.0	350.0	309.0	272.0
最小値	92.0	125.0	155.0	83.0	112.0	98.0	178.0
標準偏差	44.0	42.5	39.5	42.3	41.5	86.3	32.9

　平均値で見ると，最終進路が大学院の場合が263.6点と最も高く，その次が大学の247.3点である。最も点数が低かったのは，日本語学校へ進学した学生である。こちらの道を選んだのは大学・大学院へ進学するための学力が足りず，日本語学校の進学コースで再挑戦を狙っているパターンが多かった。帰国・就職・専門学校はその間に位置づけられている。日本滞在は，結婚や家族などの関係で日本の在留資格を取得したパターンだが，こちらも点数が低い傾向にある。

　次に，関西大学へ進学するために必要な学力を観察しよう。表7は，2012

年度から2022年度の10年間で学部と大学院へ進学した学生の点数を基に整理したものである。

表7　関西大学へ進学した学生のJ-CAT要約統計量

	関大学部	関大大学院
平均値	266.1	266.8
最大値	307.0	314.5
最小値	204.0	198.3
標準偏差	28.7	29.5

　平均値から見ると，学部に進学するには266.1点，大学院に進学するには266.8点必要であることがわかった。両者にあまり差がない上に，少し点数が低いようにも見える。これは，学部・研究科によって要求される日本語能力が異なる上，途中から日本語能力を出願条件に入れたところもあり，年によって合格点が大きく変化しているためだと思われる。これは，最大値と最小値に100点ほどの差が存在することからもうかがえる。

　もう少し詳細な分析をするために，年度による考察も行うことにした。図4は，関西大学の学部と大学院へ進学した学生のJ-CAT平均総得点を，年度ごとに示したものである。全体的に，最初の5年間に比べて，近年合格に必要な点数が上がったように思える。まず，学部の方に注目すると，2017年度以降はほぼ毎年280点前後の学力が求められることがわかる。大

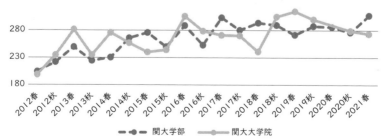

図4　関大学部と大学院へ進学した学生のJ-CAT平均総得点の推移

学院の方でも，2018春の極端に低かった点数を除き，2016年度以降は平均的に280点台の学力が要求される。

5.　セクションごとの得点分析

5.1　時系列×セクション別の学力分析

　本節では，セクションごとの得点記録が残っている2017年度以降のデータを対象に，学習者における各項目の成長について時系列という観点で分析を試みる。図5は，入学時から各回のJ-CAT点数をセクションごとに提示したものである。

　図から，入学時の得点は「文法」が最も低く，「聴解」が最も高いことがわかった。そして，どのセクションも「入学時→2回目」が最も大きく伸び，その後成長が少しずつ鈍くなる。5回目の測定は「文法」以外，逆に点数が低くなっているが，これも前述したように，長く在籍している学生のモチベーション低下と関係しているだろう。

　成長率で観察すると，最も効率よく伸びた項目は「文法」である。これは，「文法」が「語彙」と比べて，記憶しなければならない情報量が比較的少なく，相対的に短期間で引き上げることが可能だからであろう。「語彙」に関して，成長率は「文法」ほどではないが，4回目までは安定して成長している。言い換えれば，コツコツ勉強を続けていれば，確実に点数が上

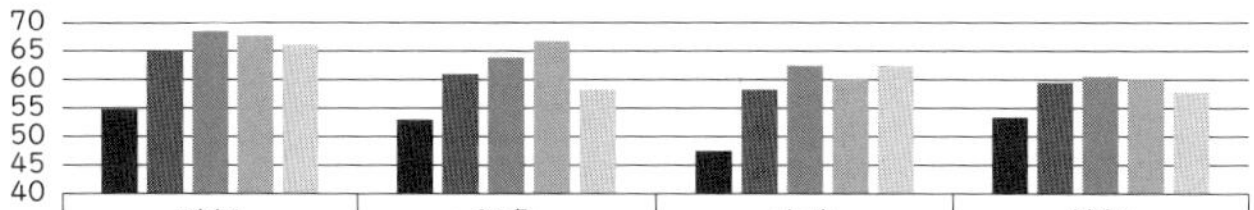

	聴解	語彙	文法	読解
■入学時	54.74	52.99	47.48	53.42
■2回目	65.05	60.97	58.20	59.47
■3回目	68.44	63.86	62.41	60.52
■4回目	67.70	66.73	60.08	60.03
■5回目	66.20	58.29	62.42	57.87

図5　時系列×セクション別から見た学力推移

がる項目である。「聴解」は，授業で毎日インプットがあるため，耳がその分日本語に慣れており，3回目までは順調に伸びている。一方，「読解」は最終的に4～7点しか伸びておらず，その理由は漢字圏の学生が漢字だけを頼りに読んでいるからかもしれないが，いずれにせよ，これは「読解」の教材や指導法に改善する余地があることを示唆している。志賀（2022）でも，「読解」が伸び悩んでいる現象が言及されており，「読解」は日本語教育においてある程度共通する課題なのであろう。

5.2　入学時クラス×セクション別の学力推移

　本節では，入学時クラスと各項目の成長との関係を観察する。図6は，各クラスの入学時及び最終回のJ-CAT点数をセクションごとに提示したものである。

　スタートラインが異なるので，全体的に2クラスから順に点数が高くなっていくという当然の結果になっているが，ここで注目したいのはセクションごとに見た，入学時と最終回の差である。図から，5クラススタートの学生以外，「文法」が入学時の最大の弱点であることが見て取れるが，最終回の平均点を見ると，2クラススタートの「文法」だけが他のクラスと比べて最後まで改善されないまま終わってしまうことがわかる。これは，最

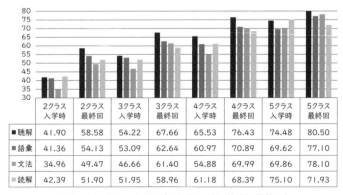

	2クラス入学時	2クラス最終回	3クラス入学時	3クラス最終回	4クラス入学時	4クラス最終回	5クラス入学時	5クラス最終回
■聴解	41.90	58.58	54.22	67.66	65.53	76.43	74.48	80.50
■語彙	41.36	54.13	53.09	62.64	60.97	70.89	69.62	77.10
▨文法	34.96	49.47	46.66	61.40	54.88	69.99	69.86	78.10
▨読解	42.39	51.90	51.95	58.96	61.18	68.39	75.10	71.93

図6　各セクションの平均点分布（入学時と最終回）

初から活用変化の基礎が身につけていない学生が一部2クラスに入ってお
り，そして，これらの基礎知識はN2以降の文型も要するため，習得してい
ない状態でクラスを上がっても，複雑な文型を理解できない悪循環に陥っ
ているのだと思われる。

5.3　出身国×セクション別の学力分析

本節は，出身国が漢字圏かどうかによって学生を2つのグループに分け，
それぞれ各セクションの点数を観察する。図7は，その結果を示したもの
である。

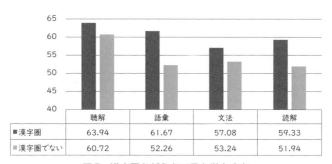

	聴解	語彙	文法	読解
■漢字圏	63.94	61.67	57.08	59.33
■漢字圏でない	60.72	52.26	53.24	51.94

図7　漢字圏かどうかで見た学力分布

漢字圏の要因による影響は，「語彙」に最も現れ，その次が語彙と文法の
知識を両方駆使する「読解」である。「聴解」は文字表記とあまり関係しな
いため，最も影響が小さいと考えられる。この結果は，非漢字圏の学生は
日本語能力が低いことを意味しているものではなく，漢字学習のサポート
をどのようにすればよいかを考えるためのデータと捉えるべきだと思われ
る。

6.　終わりに

本稿では，本別科2012年度春学期から2022年度春学期まで，約10年間
のJ-CATデータを分析した。

その結果，入学後最初の半年間で平均的に32点の成長が期待され，その後は14点，8点と少しずつ成長幅が減少し，最終的には点数が低い学生群が残った影響もあり，逆に成長平均値がマイナスになるという，成長曲線の典型が確認された。また，1年間でN1レベルまで引き上げるインテンシブコースではあるが，2クラススタートの学生以外，修了時には平均的に250点（上級前半）まで引き上げられることもわかった。なお，学力が高い学生は在籍期間も短い傾向にあり，逆にスタートラインが後ろにある学生は進学するまでにその分時間を要することもうかがえた。ただ，4学期目まで在籍期間を延ばしても，これ以上顕著な成長が見込めないことが多い。

　問題点として，下クラススタートの学生が学習を続けても，理論的に到達すべきレベルに届かず，同クラスの新入生よりも点数が低いことが挙げられる。また，最も下の2クラスには，文法の基礎知識がない学生が一部いると思われ，上のクラスに上がっても悪循環で高度な表現を習得できていない可能性がある。最後に，「読解」の点数が最も伸び悩んでおり，カリキュラムの見直しも今後の課題として考えられる。

参考文献

今井新吾（2015）「J-CAT（Japanese Computerized Adaptive Test）」李在鎬（編）『日本語教育のための言語テストガイドブック』pp. 67-85, くろしお出版

志賀里美（2022）「恵泉女学園大学における私費留学生の日本語力の推移と課題：『J-CAT』の結果より」『恵泉女学園大学紀要』33, pp. 121-136.

付記

　筆者が本別科に着任前のデータに関する分析および解釈は，古川智樹先生，末吉朋美先生より貴重なご意見をいただきました。感謝の意を申し上げます。当然のことながら，本稿における不備は全て筆者に帰するものです。

第4章 ブレンディッド・ラーニング環境における e-learning 教材の利用に関する研究
──SCAT による分析を通して──

天　野　裕　子

1.　はじめに

　関西大学留学生別科（以下,「本別科」とする）では，１年で初級修了レベルから日本語能力試験N1取得レベルまで養成することを目的としており，その効果性などからブレンディッド・ラーニングを導入し（古川 2015b），実践を行ってきた。ここでいうブレンディッド・ラーニングとはe-learning教材を用いた教室外での個別学習と，教室（あるいはオンライン）での一斉授業をブレンドしたものを指す。一斉授業の時間を有効に使えるというだけでなく，伝統的な対面（一斉）授業と比較して文法の成績に向上が見られたこと（Bataineh et al. 2019），e-learning問題の利用率や利用頻度が到達度テストなどの学習成果に関連していたということが，これまでのブレンディッド・ラーニング研究で報告されている（池田 2010; 礒江等 2007; 古川 2015a）。

　ブレンディッド・ラーニングのe-learning教材を用いた個別学習では「個別最適な学び」の実現が可能であるが，学習者がいつ，どこで，どのように学習を進めるのかが自由であるからこそ，自身で学習計画を立てて遂行することが重要になる。しかしながら，コースが進むにつれ，学習者のe-learning教材の利用が低下していくという問題が複数報告されており（木下 2020; 竹村 2013），学習者による学習管理の難しさがうかがえる。本別科においても同様の傾向が見られ（古川 2015b），現場では課題達成率は高

いものの，授業終了後の締め切り直前にまとめて教材を終わらせただけで，当該クラス受講中にはe-learning教材に取り組まなかったという学習者も見られた。そのため，本別科では，この問題に対処すべく，学習者がe-learning問題を用いる有用性を認識できるように授業を再設計した。

　本章は，本別科におけるブレンディッド・ラーニングの実践や授業再設計について報告し，再設計後の調査によって，e-learning教材利用の継続に繋がる要因や阻害する要因，学習者の教材利用法を明らかにすることを試みたものである。

2.　ブレンディッド・ラーニングの実践と授業再設計

　本節では，本別科で実践している「総合（文法・語彙・漢字）」の授業のブレンディッド・ラーニングについての概要に加え，2020年度春学期に行った授業再設計の概要について述べる。

2.1　ブレンディッド・ラーニングの実践概要

　本別科の「日本語科目」は日本語能力に応じて6レベルに分けられており，1コマ90分の授業が1日3コマ行われる（「総合（文法・語彙・漢字）」「読解」「文章・口頭表現（会話・作文）」。週に5日授業が行われ，約2か月（全35回）で1つのレベルが終了することになるが，このうち，レベル2〜5の「総合」でブレンディッド・ラーニングの実践を行っている。なお，予習で用いる文法導入のための動画や確認問題，復習のためのe-learning教材は全て関大LMS[1]にアップロードしており，予習後の確認問題以外は学習者が好きなタイミングで利用可能である。

　図1にブレンディッド・ラーニングの進め方を示した[2]。まず，学習者は

1　関大LMS（Learning Management System）は関西大学で導入されている学習管理システム。
2　2020年秋学期より，新型コロナウイルスの流行のために日本国内に入国できないまま学習することになった学習者もいたが，全員が日本国外から関大LMSにアクセスすることが可能であったことから，ブレンディッド・ラーニングの進め方を変更することはなかった。

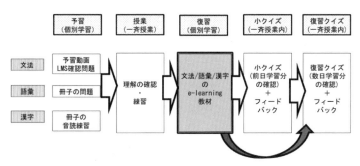

図1　留学生別科でのブレンディッド・ラーニングの進め方

文法の導入動画，配布した冊子，LMS に提示した PPT の資料などを用いて文法・語彙・漢字の意味，使い方の予習を行う。

　文法予習動画については，2021年度までは動画を LMS にアップロードしていたが，2022年度からは関大 LMS に動画プラットフォーム「Panopto」が連携されたため，これを利用するようになった。Panopto の導入で，学習者は動画へのメモ・タイムスタンプ追加，倍速視聴などの機能が利用できるようになったが，教員側も視聴履歴を詳細に，容易に確認できるようになった。

視聴者		表示回数とダウンロード回数 ▼	配信した時間（分）	平均配信時間（分）	完了率
WebClass	A	2	7.4	3.7	100
WebClass	B	2	14.6	7.3	100
WebClass	C	1	7.7	7.7	100
WebClass\	D	1	7.6	7.6	100
WebClass	E	1	7.5	7.5	100
WebClass\	F	1	9.5	9.5	100
WebClass\	G	1	7.4	7.4	100
WebClass\	H	1	5.4	5.4	77
WebClass\	I	1	13.3	13.3	100
WebClass\	J	1	8.8	8.8	96

図2　Panopto の視聴履歴の統計画面の一部

　図2は7分20秒の動画の視聴履歴の統計画面の一部分である。学習者Aは2回動画を見ているが，平均配信記録が3.7分，表示回数が2であるた

め，2倍速で2回視聴したであろうことがわかる。一方，学習者Iは配信した時間が13.3，表示回数が1であるため，ほとんどの箇所を0.5倍速で1回視聴したであろうこと，また，学習者Hは完了率が77であるため，途中で離脱してしまったことがわかる。このようなデータが教室においても容易に確認できるようになったことで，動画を視聴していない，途中で離脱した，倍速で視聴したといった学習者たちの理解度が低い場合は，その場で動画の視聴方法を見直すように声かけを行うことも可能になった。

　各自で予習を済ませた後の一斉授業では，教員たちは文法の動画の視聴率，確認問題の実施状況，冊子の回答状況などから学習者たちの理解度の確認をしつつ，練習を行っている。

　授業終了後は個別学習の復習パートである。LMSには復習用として1日の授業範囲ごとの文法・語彙・漢字のe-learning教材を準備している。1日分の文法・語彙・漢字ごとに，問題が40問程度あり，そこからランダムに10問出題される。学習者たちは，このe-learning教材をコース終了までに最低1回実行するように指示されており，課題達成率が成績に含まれることを知らされている。

　授業再設計前は1回の授業ごとに小クイズ（小テスト）を行い，約10回の授業ごとに復習クイズ（到達度テスト）を行っていた。しかしながら，特に復習クイズは出題の形式なども異なり，e-learning教材との関連性が乏しい状況であるために，学習者がその有用性を認識できず，コース中に利用していないものと考えられた。

2.2　授業の再設計概要

　前節で挙げた問題を解決すべく，2020年度の授業の再設計では復習クイズとe-learning教材を関連付けることで教材の有用性を認識させ，学習者がスパイラル（反復）学習を行えるようにした。図1の「復習」から「復習クイズ」の矢印にあたる部分の強化を狙ったわけである。

　授業再設計後は，7日間を一区切りとし，授業再設計前と同様に1回の

授業ごとに小クイズ（小テスト）を行った上で，6日分の授業が終了するたびに復習クイズを行うことにした。e-learning 教材との関連付けのため，復習クイズの設問はe-learning教材から抽出した。例えば，文法の問題40問×6日分＝240問の中から，30問を抽出する。学習者はe-learning問題に取り組むほど，復習クイズの内容が理解できるようになる。

　このようにして再設計を行った後，2020年度〜2021年度にレベル2〜5を受講した学習者のべ359名の課題達成率平均は95.8％であった。コース中にLMSのログを観察していたところ，コース終了直前にまとめてe-learning問題に取り組む学習者もかなり減少していた。しかしながら，依然としてコース終了までに達成率100％にならない学習者や，復習クイズ前に取り組まない学習者も見られた。

　そのため，e-learning教材の有用性が認識できているか，利用の継続に繋がる要因や継続を阻害する要因は何か，学習者がどのように教材を利用しているのかを調査することにした。

3. 調査

　本節では，授業再設計後に行ったアンケート調査とインタビュー調査の概要とその分析結果について報告する。

3.1　アンケート調査概要

　調査対象者は，2021年秋学期にレベル5（上級前半程度）に在籍していた日本語学習者38名である。そのうち，1名のみがベトナム語話者であり，それ以外は全て中国・台湾出身の中国語話者であった。また，調査当時は新型コロナウイルスが流行して日本に入国できない者がいたため，日本国外から授業を受けている学習者と日本国内で授業を受けている学習者が混在している状況だった。

　アンケートはMicrosoft Formsで作成し，調査対象者が上級日本語学習者であることから，使用言語は日本語のみにした。

アンケートは大きく2つの部分に分かれる。1つ目は調査対象者の基本属性等を把握するための部分で，日本語学習の目的，本別科修了後の希望進路，日本語科目以外で受講している授業，授業以外での学習時間等を問うた。2つ目はe-learning教材の使用に関する部分で，「e-learning教材をいつするか（複数選択式）」「e-learning教材がどのように役立つと思うか（複数選択式）」「e-learning教材の問題の量（5段階評価）」「e-learning教材の問題の難易度（5段階評価）」「e-learning教材の問題点やいい点（自由記述式）」という5つの質問を設定した。次節では，これらの質問項目のうち，「e-learning教材をいつするか（複数選択式）」「e-learning教材がどのように役立つと思うか（複数選択式）」という2項目の結果のみ抜粋して報告する。

3.2　アンケート調査の結果と考察

図3は学習者がe-learning教材をどのように役立つと認識しているのかという質問に対する回答である。

「翌日の小テスト対策（25人）」や「復習テスト対策（30人）」が高く，特にe-learning教材と復習テストとの関連から，復習テスト対策に役立つと認識されていることがわかる。また，「自分の理解度の確認（29人）」「知識を定着させるための練習（29人）」も高く，学習者はe-learning教材が自分の学習管理にも役立つと認識していることが示唆された。

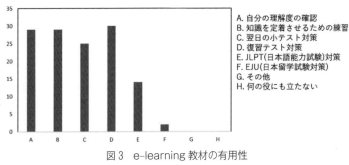

図3　e-learning 教材の有用性

　続いて，図 4 は e-learning 教材をどんなタイミングで使用しているか尋ねた結果である。「授業の後（24 人）」「復習クイズの直前（21 人）」に使用する学習者が非常に多かったが，最も多かったのは「授業の前（30 人）」であった。これは予想外の結果であったが，予習した文法などの知識を確認したい，課題達成率が成績に入るため忘れないうちに e-learning 教材を終わらせたい，などの理由があると思われる。

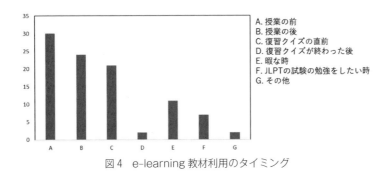

図 4　e-learning 教材利用のタイミング

　さらに，図 3 と図 4 両方から，授業の成績とは関係なく，日本語能力試験対策として教材を利用していた学習者が一定数いたことも明らかになった。

　以上のように，アンケート調査の結果，学習者は e-learning 教材が復習テスト対策だけでなく，自分の学習管理にも役立つと認識しており，様々なタイミングで教材を利用していることがわかった。

3.3　インタビュー調査概要

　続いて，e-learning 教材をよく使用する学習者たちとあまり使用しない学習者たちが具体的に何を考えて教材を使用していたのか，あるいは，使用しなかったのかを知るために，インタビュー調査を行った。

　調査対象者は，レベル 5（上級前半程度）の日本語学習者 4 名であり，レベル 5 のコース修了時に課題を 100％達成した学習者から 2 名，達成でき

なかった学習者から2名を調査対象者に選んだ（表1参照）。4名のうち，A・C・Dはコロナ流行のために入国ができず，調査時も日本国外から授業に参加しており，Bはコース参加当初は日本国外から授業に参加していたが，半年経過後に入国，調査時は日本国内で授業に参加していた。レベルVの授業期間終了後にそれぞれの学習者に1回30分程度の半構造化インタビューを行った。使用言語は全員上級日本語学習者であったため日本語である。

表1　調査対象者概要

	インタビュー実施時期	クラス	進路	課題達成率	教材の平均実行回数	復習クイズ平均点数
A	2021年8月	Ⅳ→Ⅴ	大学	100%	5回	99.2
B	2021年8月	Ⅱ→Ⅴ	大学	100%	1回	91.4
C	2022年1月	Ⅲ→Ⅴ	大学	88%	1回	89.6
D	2022年1月	Ⅲ→Ⅴ	大学院	70%	1回	87

　半構造化インタビューの質問事項は「どういう時にe-learning教材をしているか」「e-learning教材を利用している際に，わからない問題があったらどうするか」，「e-learning教材の量，難易度はどうか」に加え，「教員が声かけなどをする必要があったと考えるか」である。古川（2015b）の本別科アンケート調査では，「どうすれば学習者がe-learningの練習問題をするようになるか」という質問に対し，「先生が毎日確認する」が最も多い回答であった。また，礒江等（2007）は授業外でのe-learning教材について，学習者のみに利用を任せると実効性が低下し，学習効果が得られないと述べている。そのため，本調査においても調査対象者たちが教員の介入を必要だと考えていたのかどうかを確かめることにした。

　得られたデータは文字化し，SCAT（Steps for Coding and Theorization）によって分析した。SCATは小規模な質的データの分析にも有効とされており，分析の過程も明示的な分析法である（大谷 2008；大谷 2011）。分析の手続きと

して，まず，得られたデータ（テクスト）を分割してExcelの表に記入した。それを基に「〈1〉テクスト中の注目すべき語句」,「〈2〉テクスト中の語句の言いかえ」,「〈3〉それを説明するようなテクスト外の概念」,「〈4〉そこから浮き上がるテーマ・構成概念」の4ステップを経ることで，明示的に概念化を行った（表2参照）。その後，抽出された概念からストーリーラインを記述し，それらを断片化することで理論記述を行い，さらに追究すべき点・課題の記述を行った。

表2　SCATによる分析例

テクスト	〈1〉テクスト中の注目すべき語句	〈2〉テクスト中の語句の言いかえ	〈3〉左を説明するようなテクスト外の概念	〈4〉テーマ・構成概念
これは成績に入るから。入りますから。	成績に入るから	e-learning教材をする理由，成績を上げたい	取り入れ的調整	学習意欲，好成績欲求

3.4　分析結果と考察

本節では，まず〈4〉を全て紡いでできたストーリーラインを示し，それを基に得られた4つの理論について記述し，考察を行う。

3.4.1　ストーリーライン記述

以下は，得られたストーリーラインであり，下線部は前段階までに抽出された概念を示す。

好成績欲求[3]がある学習者は，e-learning教材への信頼感から教材を利用している。その過程では，利用時期や回数の選択や，つまずきの対処法などの学習管理を行うことができていた。また，量・レベル・操作性・教材の多様性には満足感が見られた。その一方で，LMSへの繋が

3　調査対象者は全員進学への強い希望があり，小クイズや復習クイズで良い成績を取りたいという欲求があった。この欲求を筆者は「好成績欲求」と命名した。

りにくさ，学習ニーズとのミスマッチ，フィードバックの乏しさがe-learning教材への不満となっており，特に繋がりにくさは学習意欲の阻害となっている。また，自身で学習管理が行えているという自負から教員の介入は不要という学習者がいる一方，時間が不足して教材が利用できないという学習者もいる。

3.4.2 理論記述

続いて，ストーリーラインを断片化することで得られた理論は以下の通りである。

① 教材に取り組めば成績が上がるというe-learning教材への信頼感があれば，好成績欲求がある学習者はe-learning教材を利用する。

② e-learning教材利用の過程では様々なストラテジーを用いる。

③ 量・レベル・操作性・教材の多様性など学びやすさの保証がe-learning教材利用の継続に繋がる。

④ インターネットの繋がりにくさが学習意欲の阻害要因となっているのに加え，学習時間の不足もe-learning教材利用の継続を困難にしている。学習ニーズとのミスマッチ，フィードバックの乏しさは不満に感じていても，学習意欲の阻害には繋がらない。

3.4.3 考察

最後に，分析で得られた記述について「好成績欲求」「学習ストラテジー」「e-learning教材の設計」「学習環境」の観点から考察する。

(1) 好成績欲求

好成績欲求は，課題達成率が90％を切っていたCとDも含め，調査対象者全員に見られた。Cは以下のように述べた。

それ（e-learning教材）は問題をするのは，私にとって試験のために，毎

日の語彙とか漢字とか，それをするのは一番有効ですね。試験の時，毎日の練習の問題も出たことがあります。同じ問題もあります。だからこそ試験のために，勉強するために問題をするのは大事だと思いますが，でもその問題の完成度（課題達成率）も成績に入りますね？（括弧内は筆者補足）

　このように，学習者たちは課題達成率が直接成績に反映されるという理由だけでなく，e-learning 教材への取り組みが確実に成績向上に繋がるのだと e-learning 教材を信頼しており，この信頼感が教材の利用継続に繋がっていたと考えられる。

(2) 学習ストラテジー

　一般的に学習ストラテジーとは，学習を容易にするために学習者が選ぶ行動や思考を指す。e-learning 教材の利用にあたり，教員は特に指導やアドバイスを行っていなかったが，調査対象者たちは様々なストラテジーを用いながら e-learning 教材を利用していることがわかった。

　例えば，「利用時期の選択」については「授業前の予習として使う (A)」，「復習クイズまで毎日する (A)」，「復習クイズが近づいたらする (B，C)」，「日本語能力試験が近づいたらする (D)」という 4 種類の発言が見られた。

　A は今回の調査対象者たちの中で最も熱心な e-learning 教材の利用者だと言ってよい。コース修了時の e-learning 教材平均実行回数は B～D の平均実行回数 1 回を大きく上回り，5 回であった（表 1 参照）。A は予習の段階から e-learning 教材を利用し，復習クイズの日まで毎日 e-learning 教材の問題を解き続けるのだと述べた。

　一方，コース修了時の課題達成率が 70％だった D であるが，成績に関わらない時期に JLPT 対策の対策として e-learning 教材を利用していたと述べており，インタビュー後に確認したところ，確かにコース修了後に LMS の使用ログが残っていた。アンケート調査と同様，本別科の成績とは関係が

ないところでも自身の目的に合わせてe-learning教材を利用している学習者がいることが明らかになった。

　また，課題でわからない問題があった場合のストラテジーについて，Aは「答えが出た後，先生の説明やテキストを見るということです。」，Bは「教科書を見て，そしてインターネットで探します。もしその2つの方法をして使って意味がわかりませんなら，先生に聞く。」と述べており，知識を補うためのストラテジーも複数使い分けていたことがわかった。

　このように，学習ストラテジーに関する様々な発言がA～Dの全員に見られた。課題達成率による差異は見られず，CもDもe-learning教材を信頼しており，利用を阻害した原因は他にあった。この点については後に述べる。

　最後に，自身で様々なストラテジーを使っているためか，教員の介入については全員が必要ないと述べている。以下，Dの発言を引用する。

　　確かに「Dさん，なぜ昨日やってないです」と聞いて，えっと，もっ
　　と真面目にしてかもしれませんけど，ちょっとストレスが出たという
　　感じ。（略）えー，真面目かどうか学生自身の問題ですから，先生から
　　なぜ宿題をやっていないということはちょっと私にとってちょっとめ
　　んどくさいと思います。

　古川（2015b）の調査結果は，学習者たちがe-learning教材の利用を上げるために「教員の管理」「罰を与える」「義務化」が必要であると考えていることを示している。インタビュー調査時はe-learning教材の課題達成率が成績に反映されていたため，「義務化」は行われていたが，教員の細かな管理や課題を達成しないことへの罰は行われていなかった。しかしながら，そのような状態であっても，2.2節で述べたように，2020年度～2021年度の全体の課題達成率平均は95.8％となっており，今回のインタビューの調査対象者たちも教員の介入の必要性は感じていないようであった。Dのよう

に教員に声をかけられることでむしろストレスを感じる学習者もいることから，介入は慎重に行うべきであろう。

(3) 学びやすい e-learning 教材の設計

　授業ではメインテキストは市販の教科書を使っているが，問題数があまり多くない。Cは「授業の教科書は例文は少ないですから，でも，LMSの問題は変わる（問題の種類がいろいろある），それはいいと思います。」，Bは「レベルもちょうどいいです。毎日の勉強したものについての問題ですね。だから，難しさもちょうどいい。」と述べており，学習内容に合わせた問題が数多くあること，レベルや量が適切であること，またLMS自体の操作性が容易であることが，学習意欲を阻害せず教材利用の継続に繋がっていたとわかった。

　一方で，学習ニーズとのミスマッチ（例えば，アウトプットの学習をしたいなど）やフィードバックの乏しさに関する発言も見られたが，今回の調査では学習意欲の阻害には繋がっていなかった。

　ニーズのミスマッチについては，Aがe-learning教材の問題として以下のような発言をしている。

　　　実用の時（アウトプットの時）は，新しい単語を使う数はやはり少ないです。新しい，あの「容疑者」という言葉はあの話す時，「疑った人」と言いやすい。あの「容疑者」というもっとレベルが高い言葉は，話す時使いにくいです。（括弧内は筆者補足）

　本別科において，「総合（文法・語彙・漢字）」の授業はJLPT対策の位置づけにあり，アウトプットは「文章・口頭表現（会話・作文）」で練習を行っている。学習者たちもそれは理解しているため，e-learning教材を利用する意欲の阻害には繋がっていなかったのであろうが，「総合（文法・語彙・漢字）」でインプットした知識を「文章・口頭表現（会話・作文）」でのアウト

プットに繋げる仕組みについては今後検討したい。

　また，e-learning教材のフィードバックの乏しさについての発言がAとD
から見られた。現在のところ，一部の問題には詳細な解説があるが，正答
しかわからない問題もある状態である。個別学習を充実させるために，詳
細な問題の解説を早急に充実させる必要がある。

(4) 利用継続を阻害する学習環境

　今回の調査期間は，日本国外の学習者が多い期間だったため，こちらが
想定していたよりも，LMSへのアクセスがスムーズにいかなかった学習者
がおり，それが特に学習意欲を低下させていた。特にLMSへのアクセスに
難があったのはCである。

　　　途中までしてネットの状況が悪いので，エラーが発生しました。問題
　　　はすぐに消えました。だから，点数も良くない。まだしていない部分
　　　は0点になった。だからこそ，例えば5つの問題をした。でもその時
　　　エラーが発生したら，5点になりました。後ろの5つの問題はしてい
　　　ないとなりました。それはちょっといやだね。

　Cはe-learning教材の10問の問題を解いている最中に，エラーのために問
題が半分しか解けず，5点という記録が残ったと述べている。コース開始
時にLMSへの接続テストは行っており，コース中に全くアクセスができな
かったわけではないが，日本国外からの学習者が多かった時期は，アクセ
スが容易な学外の類似したサービスの利用も検討すべきであったかもしれ
ない。

　また，Dは大学院進学希望者であり，研究計画書の作成などにも取り組
んでいたためになかなか時間が取れず，e-learning教材が利用できないと発
言していた。学習者それぞれ状況が異なるが，本別科の学習者は日本語科
目以外にもアカデミック日本語や基礎科目（数学，化学，英語など）の授業

を受けているため，負担になりすぎないような配慮は必要である。

4.　まとめと今後の課題

　本章では，本別科でのブレンディッド・ラーニングの実践について報告し，アンケート調査とインタビュー調査の結果から，学習者たちがブレンディッド・ラーニング環境においてどのように e-learning 教材を利用しているのかを明らかにした。

　授業再設計後，授業の前後，復習クイズの直前など，それぞれの知識を確実なものにするために学習者たちは e-learning 教材を利用していることがわかった。復習クイズとの関連付けによって e-learning 教材の有用性が認識できる設計が実現でき，e-learning 教材の利用の継続に繋がったと考える。しかしながら，今回のインタビュー調査の調査対象者は，e-learning 教材の達成率が90％を切っている者も含めて全て好成績欲求が強い学習者たちであった。これは本別科が大学・大学院進学に特化した教育機関であるためであろう。好成績欲求が低い学習者学習者についても同様に教材の利用が継続されるかという点については，動機づけなどの関連と併せてさらに調査を行いたい。また，教員の介入の必要性や e-learning 教材利用と学習成果との関連の解明についても今後の課題とする。

参考文献

池田伸子(2010)「ブレンディッドラーニング環境における e ラーニングシステム利用の効果に関する研究 ── 立教大学初級日本語コースを事例として ── 」『ことば・文化・コミュニケーション：異文化コミュニケーション学部紀要』2, pp. 1-12.

礒江美貴子・安京鎭・市瀬雅之(2007)「日本語教育における LMS の利用 ── 文字・語彙の学習について」『梅花女子大学文化表現学部紀要』4, pp. 91-101.

大谷尚(2008)「4 ステップコーディングによる質的データ分析手法 SCAT の提案 ── 着手しやすく小規模データにも適用可能な理論化の手続き」『名古屋大学大学院教育発達科学研究科紀要(教育科学)』54, 2, pp. 27-44.

大谷尚(2011)「SCAT: Steps for Coding and Theorization ── 明示的手続きで着手しやすく小規模データに適用可能な質的データ分析手法 ── 」『感性工学』10(3), pp. 155-160.

木下直子 (2020)「センター最前線 学習効果を高めるブレンデッド・ラーニングの導入を目指して：日本語初級 e-learning 教材 "Steps in Japanese for Beginners" の開発」『早稲田日本語教育実践研究』8, pp. 5-12.

竹村徳倫 (2013)「moodle を活用した初中等日本語教師への初級日本語研修と課題——インドにおける教師研修でのブレンディッドラーニングの試み——」『国際交流基金日本語教育紀要』9, pp. 121-133.

古川智樹 (2015a)『日本語教育におけるブレンディッドラーニングの有効性の検証』平成24年度〜26年度科学研究費補助金若手研究(B)研究成果報告書 (24720243)

古川智樹 (2015b)「日本語教育におけるブレンディッドラーニングの実践」古川智樹編『留学生教育の新潮流　関西大学留学生別科の実践と研究』第5章, 関西大学出版部, pp. 49-64.

Bataineh, K., Banikalef, A., & Albashtawi, A. (2019). The effect of blended learning on EFL students' grammar performance and attitudes: an investigation of Moodle. Arab World English Journal, 10 (1), pp. 324-334.

付記

　本論文は第31回小出記念日本語教育学会年次大会（2022.6.25開催）において発表したものを加筆修正したものである。

第5章 JiTTを取り入れた読解授業の日本語教育実践

永 井 可 菜

1. はじめに──関西大学留学生別科における読解授業と課題

　関西大学留学生別科（以下「本別科」とする）では，大学・大学院への進学を目標とした留学生を対象に各種授業を開講しており，そのうち日本語科目は「総合（文法・語彙・漢字）」，「読解」，「文章・口頭表現」の３つに分けられる。本研究の対象とした読解の授業は，日本語習熟度が上級前半（日本語学習時間の目安750時間，JLPT目標N1レベル）のクラスで，学習目標は「幅広い話題について書かれた新聞や雑誌の論説，評論など，論理的に複雑な文章や抽象度の高い文章などを読んで構成や内容を理解することができること。論理的思考を必要とする文章を読んで話の流れや詳細な表現意図を理解することができること」である。

　教材は『テーマ別 上級で学ぶ日本語〈三訂版〉』の第9課から第15課まで（1コマ90分×全28回）を扱う。授業の進め方は，表1に示した通り，1つの課を4回に分けて進める。1〜3回目までは本文の精読が中心で，語彙と文型の確認，文作成の練習，各段落の要約を行う。予習課題は，教材の「あたらしい言葉」の一覧に記載されている語彙と，文中のわからない語彙の意味を調べ，ノートに書いてくるように指示をする。そして，復習課題，いわゆる宿題は，文作成シート（Wordで作成した学習文型の産出練習問題）で，学習管理システム（Learning Management System: 以下LMS）を使用して，提出確認から添削，返却までを行う。4回目の授業は，宿題冊子として配布している課ごとの問題の答え合わせを行い，本文全体の意味理解

ができているかどうかの確認をする。また，本文全体の要約は，授業中に扱えなかった場合に限り，希望者にはLMSでの提出を認め，添削を行っている。

　しかし，昨今のコロナウイルス感染拡大の影響を受け，授業のハイフレックス化（同一内容の授業を対面とオンラインで同時に実施する形態）が進み，教室に来ていない学習者の課題の達成状況や理解度を把握することが困難になった。特に，予習として課していた「語彙の意味調べ」は，教師が机間巡視等でノートを確認する機会や，学習者同士で見せ合う機会がなくなったためか，熱心に取り組もうとする意識が薄れているように感じた。例えば，辞書の一番上に記載されている意味だけをノートに書き写して課題を終わらせたことにしたり，授業中に指名されて初めてスマートフォンを取り出し，意味を検索したりする学習者が目立つようになった。確かに予習をしてこない学習者にも，様々な理由があるだろう。だが，ある学習者の「授業中に，他の人の回答や説明を聞けば最終的に本文中の語彙の正しい意味を知ることができるから，自分でわざわざ調べなくても良い。自分が指名された場合は，すぐにインターネットで調べられるから問題ない」という発言に危機感を覚えた。従来型の授業では聞くことのなかった発言に，学習者の意識が変化していることを再認識した次第だ。これがいわゆるオ

表1　従来の読解授業の進め方

	(例) 第9課「一茶の目」(『上級で学ぶ日本語 三訂版』)			
	1回目 第1段落	2回目 第2・3段落	3回目 第4・5段落	4回目 まとめ
予習	語彙の意味調べ			語彙・文法の問題冊子
授業	精読，語彙・文型の確認，文作成練習， 各段落の要約			本文の内容に関する確認， 問題冊子の答え合わせ
復習 (LMS)	文作成シート（学習文型の産出練習）の提出			全体要約文の提出 （希望者のみ）

ンライン授業の弊害と言われる典型であろう。オンライン授業は，インターネット環境さえあれば，どこにいても出席できるという利点があるが，その物理的な距離がいつの間にか学習者を心理的にも孤立させ，さらには，学習意欲の低下に繋がってしまっているのではないかと考える。

　そこで，教師の一方向的な説明になりがちな授業時間の使い方を見直し，学習者主体の能動的な学習（Active Learning）の時間を増やしたいと考えた。教師が説明する時間を必要最小限にし，学習者同士のディスカッションなど，授業に参加しているという実感を得られる時間を増やせば，心理的な距離は保たれ，学習者の意識が変わると考えたからである。

　表1に示した通り，従来の読解授業の進め方は，教師主導の精読が中心であった。しかし宮谷（2005）は，学習者が行う音読や語の意味を確かめながら読む精読は，日常的な読むという行為に必要な"推測しながら読む力"と全く異なる性質を持つものだと指摘する。確かに，日常生活においても，文字や単語から文章，次に段落，そして全体という流れで理解を進める精読（ボトムアップリーディング）は必要だ。しかし，学習者に求められる"推測しながら読む力"を育てるためには，精読だけではなく，読み手が持っている知識を活用する読み方（トップダウンリーディング）の訓練も必要である。

　そこでまず検討したのが，反転授業（Flipped learning）である。本別科では，2014年から総合科目の文法授業において，LMSを活用した授業の反転化を行っており，古川・手塚（2015, 2016）は，上級日本語学習者に対する反転授業の実践を通して，一定の成果が見られたことを報告している。しかし，外国語学習における読解授業では，文法項目のように学習項目のひとつひとつが明確に独立しているものではないため，学習者全員が授業前に本文の解説動画を視聴して，内容理解を済ませてくることは非現実的である。

　また，学習者が語彙の意味を調べる際の辞書の使用について調査したクリスティナ・フメリャク寒川（2020）は，「辞書で調べる前の段階で，わか

らない部分を辞書に載っている言語単位に切り出すのが難しいこと」や，「わからない語句を辞書に入力する段階で，漢字の読み方を間違えて目的の漢字が出てこなかったり，うまく手書き入力ができなかったりして，辞書への入力が難しいこと」，「辞書に載っている複数の語義のうち，どれが文脈に合う意味なのかを選ぶのが難しいこと」，「英語で書かれている辞書を使う場合，英語の意味を誤って理解すること」が，学習者が辞書を使っても正しく意味を調べられない要因であると述べている。

　本別科の読解授業の場合，予習として課している「語彙の意味調べ」の範囲は，学習する課のはじめに「あたらしい語彙」として，本文から切り出された状態で一覧表示されており，漢字には振り仮名もあるため，語の切り出し方や読み方がわからないことが原因で意味を調べられないという可能性はないと考えられる。だが，一覧表示されていることで，本文を無視した検索をしてしまっている可能性は否定できない。上級の読解文では，多義語の数も増える。それらを正しく理解するためには，前後の文を見て，辞書に載っている複数の意味の中から最もふさわしいものを探したり，すぐに辞書を引かず，その未知語の意味を自分なりに推測したりする習慣を身につける必要がある。また，上級になるにつれて増える抽象的な表現や慣用表現等を正しく理解するためには，その国の文化や言語的特徴の違いが表れることも学習者自身が認識していなくてはいけないだろう。そのためには，語彙の意味を調べる際，改めて文章全体に目を向けるよう学習者に促す必要がある。

　石黒（2019）は，読解授業に求められる指導方法について，次のように述べている。

　　学習者がふつうに読めているところに指導は不要です。学習者がつまずいているところだけを取りだし，手当てすればよいのです。学習者の「つまずき」を取りだすのに役に立つのが誤読です。学習者がどのように誤読しているのかを知れば，その対策はおのずと見えてきます。(p.5)

　つまり，限られた授業時間内に，能動的な学習の時間を捻出するために
は，学習者が予習の段階で本文全体に目を向け，語彙の意味をできるだけ
正しく理解できるような仕組みを作り，またそれと同時に，教師は学習者
の誤解やつまずきを見逃さず，的確にフィードバックをすることが求めら
れる。

　このようなことを背景に，本研究では，授業前に学習者の既有知識やつ
まずきを探り，授業中に，より柔軟で的確なフィードバックを可能にする
ジャストインタイムティーチング（Just-in Time Teaching: 以下JiTT）と呼ばれ
る指導法を実践することにした。

2．JiTT とは

　JiTT は，インディアナ大学パデュー大学インディアナポリス校（通称
IUPUI）の物理学の教授，Gregor M. Novak, et al. (1999) によって構築された
指導法で，その理論的基盤の主たるところは，学習者中心の能動的学習に
ある。そして，その背景にはコミュニケーション能力の育成やチームワー
ク能力の向上が重視されるようになった教育現場で，テストの合格点にば
かり意識が向いてしまう学生たちの取り組む姿勢を改めようとする教師の
思いがある。

　次の図1は，JiTTの進め方を示したもので，フィードバックループ（Feed-
back loop）と呼ばれる。ディスカッションなどの教室活動がより充実したも
のになるようにインターネット上で事前学習課題を行うということがJiTT
の大きな特徴であり，教室外の学びと教室内の学びが循環する設計になっ
ている。

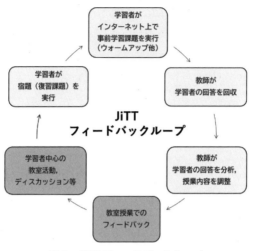

図1　JiTT フィードバックループ
（Gregor M, Nobak（1999）をもとに筆者が作成）

　まず，学習者は授業前にインターネット上でウォームアップ（WarmUps）
やパズル（pazzle）と呼ばれる事前学習課題を提出する。これは，教室活動
を豊かにするためのものであり，次のような特徴をもったものが良いとさ
れている。

JiTTの優れたウォームアップの特徴
　① 教室での討論に向けて，学習者から豊富な回答を引き出すこと
　② 簡単に調べることができない答えを要求すること
　③ 学習者に既有知識と経験を思い出すことを推奨すること
　④ 学習者が自分独自の答えを導き出し，基盤概念の説明を含めて自分の
　　 言葉で説明することを要求すること
　⑤ 質問に明示されていない情報を補うことを学習者に求めるために，十
　　 分なあいまいさが含まれていること

（グレガー・M・ノバク他 2020：p.421）

　次に教師は，インターネット上で回収した各学習者の回答を確認する。
授業の前に，学習者の理解度を把握し，ふさわしい指導方法を検討することで，授業中に適切なフィードバックを行うことが可能になる。また，収集した回答を基に，ディスカッションなどの能動的活動を行い，それらを評価していくことでより深い学びに繋がると考えられている。つまり，学習者は教室外の学びに対しても，協働学習やフィードバックの機会が与えられるのである。授業に参加する前の予習が必須である点は，一見，反転授業（Flipped learning）と同じであるように思えるが，基礎学習を目的とした動画の視聴という受動的な予習形態ではなく，学習者自身が自らの考えを自分の言葉で発信し，それが教師やクラスメイトに共有されるという点で異なっている。

　現在，IUPUIのウェブサイト上には，JiTTの事前学習に関する一部の資料や効果的な指導方法についての記事が公開されている。また，日本でもJiTTの有用性を明らかにしようとする動きは徐々に広まっており，落合他（2022）は，高校物理の授業において実践を試行し，研究を進めている。だが，これまで生物学や化学などの理系科目での実践報告はあるものの，語学分野での実践はほとんど見られない。

　JiTTは，第一章で述べたようなオンライン授業の問題点を，オンラインの利点によって解消することができる指導方法ではないだろうか。オンライン上で行う事前学習を通して，見えにくくなってしまった学習者の取り組みが可視化され，学習者がつまずいている点を事前に発見できることは，授業時間をより充実させることに繋がるはずである。

　したがって，本研究では，本別科に在籍する上級前半の日本語学習者を対象とした読解授業においてJiTTの実践を行い，従来の読解授業との比較を通して，LMSを活用した事前学習の有用性を探る。また，JiTT実践後に行ったアンケート調査の結果を報告する。

3. 授業設計と作成物

3.1 授業設計

　表1に示した従来の読解授業にJiTTを実装するにあたり，その特徴とも言える事前学習の内容を検討した。

　まず，従来型の授業で予習として行っていた「語彙の意味調べ」では，辞書で調べても複数ある語義の中から適切な語義を選択できない，あるいは，選択することを諦めてしまっていることが問題であった。また，前述したように，文章全体を見て意味を予測する力を養うためには，学習者に文章全体に目を向ける工夫を施す必要があると感じた。望月（2021）が主張するように，学習者が使用語彙を増やすためには，文型同様に折に触れて練習する機会を持つことが大切である。そこで取り入れたのがディクテーションである。ディクテーションは，教師あるいは音声教材から聞き取った音を文字化する活動だが，単純に音を聞き取るだけでなく，音と文字を一致させて書く力や音から意味を理解する力，文章を予測して聞く力などが要求されるものである。授業前に少なくとも1回，ディクテーションを課題として実行することで，切り出された語彙の意味を調べるだけではなく，文中の使われ方に意識を向ける機会を作ることにした。聞き取れなかった際は，前後から推測したり，繰り返し音声を聞いたりして，解答する必要が生じる。そうしているうちに，学習語彙の正しい発音やアクセント，イントネーションの習得も期待できると考えた。また，LMSでは，学習者が自身の課題の実行回数や正答率をいつでも確認することができ，Z世代にはオンラインゲームの感覚で学べる方法として効果的なのではないかと予想した。

　次に，適切なフィードバックを可能にするための方法として考えたのが，LMS上の掲示板機能の活用である。掲示板に，次回の授業で学習する課の導入となる問いを立て，学習者の回答を授業前に集めることは，フィードバックループを機能させる上で非常に重要であった。本来，掲示板は，教師から履修者に連絡事項を伝達するものであるが，履修者全員が同一ペー

ジを閲覧し，さらには設定次第で学習者も文章を書き込めるという特徴を活かせば，教師が授業前に学習者の予習状況や既有知識を任意の時間に確認することが可能になるのではないかと着想した。Dropbox 等の外部のクラウドサービスを利用することも考えたが，可能な限り学習者の負担を減らし，全員が使い慣れた環境のもとで実践を行いたいという思いから，いずれの事前学習も LMS 上で実行できるようにした。

　望月（2021）は，日本語教育における読解授業の目的は大きく分けて 2 つあり，日本語の使い方を身につけることと，読み取る力を身につけることだと述べ，授業の構成が「読むときはいつも 1 人，教えるのはいつも教師，というパターンに縛られてはいないだろうか」と指摘している。このことを踏まえ，本実践では，学習者自身が自分の言葉で他者に伝え，それを学習者同士が即時共有し，自国との共通点や相違点に気づくきっかけを作ることができるような事前学習課題として，掲示板という方法を選択した。確かに，学習者に「気づき」が起こるかどうかは個人差があると予想されるが，近年の第二言語習得の研究分野では，学習者の認知プロセスにおける「気づき」の重要性が主張されており，「気づき」を促す指導が求められているように思う。さらに，舘岡（2020）は，文の内容と読み手自身の経験とを結びつけて議論したり問題提起したりする行為が，より深く文の内容に関与することになり，また，仲間と話し合いながら読むことで，他者の経験談から自分の過去の記憶や経験が引き出されたり，多角的な観点が加わったりして，1 人では至ることのできない理解や思考の進化を促す，と協働で読むことの利点を述べている。

　したがって，本実践では，ディクテーションと掲示板への書き込みという 2 種類の事前学習を組み込むことにした。前節の図 1 で示したフィードバックループに，本研究の実践内容を重ねると次の図 2 のように示すことができる。次節では，2 つの事前学習課題の作成過程と，それぞれの具体的な内容について述べる。

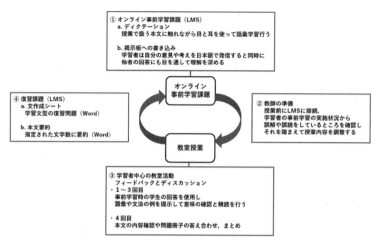

① オンライン事前学習課題 (LMS)
　a. ディクテーション
　　授業で扱う本文に触れながら目と耳を使って語彙学習行う

　b. 掲示板への書き込み
　　学習者は自分の意見や考えを日本語で発信すると同時に
　　他者の回答にも目を通して理解を深める

オンライン
事前学習課題

④ 復習課題 (LMS)
　a. 文作成シート
　　学習文型の復習問題 (Word)

　b. 本文要約
　　指定された文字数に要約 (Word)

② 教師の準備
　　授業前にLMSに接続，
　　学習者の事前学習の実施状況から
　　誤解や誤読をしているところを確認し
　　それを踏まえて授業内容を調整する

教室授業

③ 学習者中心の教室活動
　フィードバックとディスカッション
　・1〜3回目
　　事前学習時の学生の回答を使用し
　　語彙や文法の例を提示して意味の確認と精読を行う
　・4回目
　　本文の内容確認や問題冊子の答え合わせ，まとめ

図2　本研究で実践した JiTT のフィードバックループ

3.2　作成物

3.2.1　ディクテーション

　ディクテーションに使用する音声は，教材『テーマ別 上級で学ぶ日本語〈三訂版〉』準拠のCD音源を使用した。まず，1回の授業で扱う範囲ごとに音源を分割編集した。課題1回分の音声は，標準速度で再生した場合，最も短いもので50秒，最も長いもので2分22秒である。次に，教材が各課で指定する新しい語彙や表現を中心に1回あたり平均15問の穴埋め問題を作成した。最後に，音声の再生と解答の入力がLMSの同一画面上で完結するように問題画面を作成した。学習者は添付された音声ファイルを再生しながら，問題文の括弧に入る言葉を入力する。解答の正誤判定は，対象語がカタカナ語の場合は，カタカナだけを正答とし，それ以外は，平仮名または適切な漢字と送り仮名が正答となるように設定した。解答終了後，学習者の画面には，正答率と間違えた問題の正答が表示され，学習者は自分が納得できるまで繰り返し問題に取り組めるようにした。

　なお，Google ChromeでLMSを立ち上げた場合は，音声の再生速度を変更

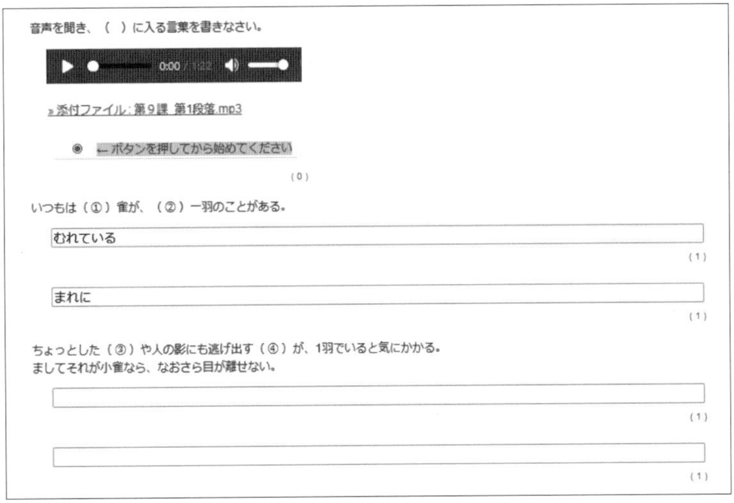

音声を聞き、（　）に入る言葉を書きなさい。

▶ ──● 0:00 / 1:22 ◀) ──●──

» 添付ファイル：第 9 課 第 1 段落 .mp3

　　　◉ ─ボタンを押してから始めてください

（0）

いつもは（ ① ）雀が、（ ② ）一羽のことがある。

むれている

（1）

まれに

（1）

ちょっとした（ ③ ）や人の影にも逃げ出す（ ④ ）が、1 羽でいると気にかかる。
ましてそれが小雀なら、なおさら目が離せない。

（1）

（1）

図 3　実際のディクテーション課題の画面

することも可能だが，学習者が使用する端末は個人の所有する物であるた
め，使い方を紹介するにとどめ，特にブラウザーの指定はしなかった。

3.2.2　掲示板

　次に，掲示板に投稿する問いの作成方法を説明する。1 回の事前学習課
題として問いかける質問は 1 〜 2 問とした。読解教材『読む力』の著者で
ある奥田（2011）によると，学習者が「言葉の意味は分かるのに，（文章が）
言いたいことがわからない」ときの原因には 4 つあり，「文章自体に問題が
ある」場合，「文章のテーマや話題について，読み手にあまり知識や経験が
ない」場合，「読み手に語彙・表現の知識と文または談話（文章）の文法知
識が足りない」場合，「読み手の文章の理解力（認知処理能力）が低い」場
合だと述べている。掲示板の問いを作成するにあたり，特に重視した点は，
2 つめの原因として挙げられている「文章のテーマや話題について，読み
手にあまり知識や経験がない」という点である。また，非漢字圏の上級学

習者を対象に読解の困難点を分析した守時（2020）は，学習者が一般的なイメージと異なったイメージを持っていたことが原因で，文章を理解できなかった例を挙げ，「文中に表現されている語句の意味が理解でき，文の構造が把握できても，文が表している意味が文脈や現実とどのように関係しているかがわからないと，文が表している意味を適切に理解することは難しい」と述べている。

したがって，掲示板を使用した事前学習は，第２節に示したJiTTの優れたウォームアップの特徴を参考に，文章のテーマや話題に関する知識・経験を補完する内容になるよう思案し，作成した。具体的には，本文の正しい理解に結びつくような下調べの要素がある質問，登場人物の感情を読み取る上で重要な鍵となる個人的な経験を問う質問，日本語特有の慣用表現やオノマトペ等の意味を具体的な例と結びつける質問等である。個人情報

第9課（第1段落）【6/9】

永井　可菜

① あなたが「守りたい」「助けてあげたい」と思うもの（あるいは人）は、何ですか。
それはどうしてですか。

② 俳句（はいく）について調べてください。そして、1句（いっく）紹介してください。

例）俳句を詠んだ人：正岡子規（まさおかしき）
「いくたびも　雪の深さを　尋（たずね）ねけり」
意味：病気で外に出られないけれど、外のことが気になって、
雪がどのくらい積もっているか、何度も聞いてしまいます。

参考：
小林一茶について知りたい人は、小林一茶記念館の公式ウェブサイトをチェック！
http://www.issakinenkan.com/about issa/

第9課（第2-3段落）【6/10】

永井　可菜

① あなたが人を応援したいと思うときは、どんな時ですか。
具体的に教えてください。

② あなたの知っている人の中に、「無謀だ」と思うことをした人はいますか。
それについて、簡単に教えてください。

例）鏡を使わずに3分でメイクを完成させようとするYoutuber

» 返信する　» 編集・削除する

図４　実際の「掲示板の問い」の画面

保護の観点から，学習者の回答は，履修者全員と担当教師にのみ公開されるよう設定した。ただし，個人的な経験を問う質問に関しては，学習者自身が他人に知られたくないと感じた場合，必ずしも書かなくて良いと説明した。また，学習する課に関連する情報が含まれる公式ウェブサイトがある場合は，URLを記載して紹介した。

4. 調査概要

　本調査は，従来の読解授業と JiTT 実践後の比較を通して，LMSを活用した事前学習の有用性を探ることが目的である。表2は，従来型の読解授業に JiTT を実装させ，学習者の授業前，授業中，授業後の学習活動がどのように異なっているのかを示したものである。

　JiTT 実践授業の対象者は，本別科に在籍する日本語習熟度が上級前半の学習者80名（従来型授業の学習者48名，JiTT 実践授業の学習者32名）で，実践期間は2021年度秋学期後半（11月30日～22年1月28日），2022年度春学期

表2　従来型の読解授業と本研究における JiTT を実装した読解授業の比較

	従来型の読解授業	JiTT 実装の読解授業
授業前	個人に任された語彙の意味調べ	LMS上で行う事前学習 • ディクテーション（推測して読む力の強化） • 掲示板への書き込み（知識活性化・情報の共有）

受動的な学び　➡　能動的かつ協働的な学び

	従来型の読解授業	JiTT 実装の読解授業
授業中	教師主導の一方向的な説明と学習 • 精読/文法確認/文作成練習/要約	学習者中心の対話型の活動 • 学習者に合わせたフィードバック • 本文に関する話し合い • 精読/文法確認/文作成練習/要約
授業後	文作成課題をLMSに提出 要約文をLMSに提出（希望者）	文作成課題をLMSに提出 要約文をLMSに提出（希望者） 次回授業までに事前学習に取り組む

前半（4月6日〜6月1日），同年度春学期後半（6月10日〜7月30日）の3学期間である。

　本調査の要となるLMS上の事前学習課題は，いずれも授業予定日の3日前からアクセスできるように設定し，当日の朝8時45分（1時限目開始の15分前）を課題実行の締め切りとした。ただし，授業を終えた後は，アクセス権限を再度付与し，いつでも自主学習に役立てられるよう配慮した。教師は，毎授業前に学習者の実行状況と書き込まれた内容を確認してから授業に臨み，可能な限り適切なフィードバックと能動的な学習の時間を設けることに努めた。なお，これまで復習として課していた文作成シートと宿題冊子，4日目の本文要約についてはJiTT実装後も継続した。

　調査は2種類行った。1つめは，学習成果を測定するための調査である。この調査は，本別科が定期的に日本語の習熟度を確認するために，年に2回（春学期後半と秋学期後半）実施している"インターネット上で行う適応型の客観テスト"Japanese Computerized Adaptive Test（以下J-CAT）の得点データを使用して分析することにした。J-CATは，一般的な日本語能力を測定するためのもので，「文字・語彙」，「聴解」，「文法」，「読解」の4つの項目で構成されている。本調査では，対象となる学習者の読解項目の得点を比較材料とした。次の表3は，J-CATの実施時期と受験者数を示したものである。できるだけ信頼度の高いサンプル数を確保するため，JiTT実践前は過去3回分のデータ，JiTT実践後は全2回分のデータを使用した。

表3　J-CAT実施時期と受験者数

	従来型授業（JiTT実践前）			JiTT実践後	
実施時期	2020年7月（春後半）	2021年1月（秋後半）	2021年7月（春後半）	2022年1月（秋後半）	2022年7月（春後半）
受験者数	18名	17名	13名	15名	17名

　2つめの調査は，JiTTの実践授業を行った2022年度春学期の学習者34名（前半17名，後半17名）を対象に行ったアンケート調査である。事前学習課

題や，授業中に行ったディスカッション（能動的学習）に対する意識を調査するための質問項目を設定した。

5. 結果と考察

5.1 学習成果分析

　まず，対象となる学習者80名のJ-CAT読解項目の得点を抽出し，被験者のデータに外れ値がないかどうかを判定するため，スミルノフ・グラブス検定を行った。その結果，JiTT実践前のデータに1名（90点），実践後のデータに2名（20点と91点）の外れ値が検出された。以下の図5は，JiTT実践前と実践後のJ-CATの読解得点を示した正規分布図である。しかし，本調査の対象者は，すでに本別科のクラス分けテストによって，事前に日本語上級レベルと判定された学習者であることや，J-CATが受験者の能力に合うように問題項目の難易度を調節する性質を持っているテストであることから，90点と91点を取った上位群2名の外れ値を異常値と認めないことにした。しかし，極端に得点が低かったJiTT実践後の1名（20点）の外れ値は，過去にクラス分けテストによって上級レベルと判定されていることを踏まえると，テスト受験時に何らかの原因があったと予想されるため，異常値として除外することにした。したがって，t検定では，JiTT実践前48名と実践後31名のデータを使用する。

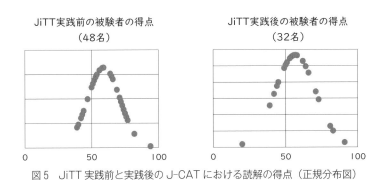

図5　JiTT 実践前と実践後の J-CAT における読解の得点（正規分布図）

次に，上に見た異常値を除いたJ-CATの結果を表4に示す。JiTT実践前は平均点59.167（標準偏差12.163），実践後は平均点57.968（標準偏差12.603）であった。

表4　J-CAT（Reading Score）の結果概要

	N （対象者数）	Mean （平均点）	Std. Deviation （標準偏差）
JiTT実践前	48	59.167	12.163
JiTT実践後	31	57.968	12.603

t 検定を行った結果，JiTT実践前と実践後に，有意差は見られなかった（$t(77)=.422$, $p=.674$, $n.s.$）。すなわち，JiTTの実践は，学習者の能力向上に効果を示さなかったということである。しかしながら，JiTT実践前後の平均点の差は小さく，この結果をもってJiTTの効果を否定することはできないだろう。J-CATの得点に効果が現れなかった原因として考えられるのは，まずJiTT指導法が限られた時間の中で問題を正確に解けるようになるための指導法として考案されたものではないという点である。本研究では，受動的になりがちな読解授業の中に能動的な学習の機会を増やしたいという思いから，JiTTの実践を試みた。授業前に事前学習課題を行うことで，フィードバックループと呼ばれる循環型の学習環境を作り出し，学び続ける力を鍛えていこうという趣旨である。しかし，この循環型の学習を習慣化させ，その成果を生み出すには時間がかかると予想される。また，授業で使用した教材に収録されている文章は，「学習者が自らの意見を伝えようと主体的に取り組む課程において日本語の総合力を伸ばす」という目的で作成されたものであり，教室では，文法や漢字などの学習と合わせて時間をかけて精読を行う。しかし，読解の試験で求められる読む力というのは，精読する力ではなく，与えられた文章の中から，必要な情報を短時間で見つけ出すものであり，その性質は異なっている。したがって，読解の試験において高得点を目指すためには，JiTT指導法だけでは補いきれない部分

があると言える。大学や大学院への進学を目標としている本別科の日本語学習者には，試験で結果を出すことも求められている。JiTT 指導法を通して，他者と協働しながら，主体的に学び続ける力を養いつつ，入学試験の対策となりうる指導方法と組み合わせていく必要があると考える。今後も引き続き，授業設計を検討し，長期的な調査を行っていく必要がある。

5.2　アンケート調査

　JiTT 実践期間終了後に，オンラインで行ったアンケートの結果を報告する。調査対象者34名のうち 1 名が履修辞退， 3 名が未回答であったため，30名の回答を有効とした。

　まず「事前学習が読解授業の内容を理解する上で役に立ったかどうか」についてであるが，ディクテーション（図 6 ）は，全体の73%が肯定的な評価をしている。主な理由には「音声が聞けるので想像できる」「漢字の読み方を確認できる」「語彙が印象に残りやすい」「重要なキーワードを知ることができる」「聴解力も育つ」という回答があった。語彙学習の際，語彙だけを見るのではなく，文章にも意識を向けてほしいという願いから，ディクテーションを取り入れたわけだが，これから学習する文章を音声として読み上げられることで，強制的に一度は授業前に本文の内容に触れることになる。「変わらなかった」「あまり役に立たなかった」という評価も多少あるが，ある程度肯定的に評価されていることから見ると，意味のある語彙学習の機会を作り出せたと言えるのではないだろうか。また実際に，授業を進行した教師側も，事前に学習者の実行履歴を確認することで，学習者のつまずきに合わせた語彙の説明が的確にできるようになり，授業中の説明時間も短縮できたと実感した。学習者の反省の声としては，「ほかにも宿題が多いので，（ディクテーションを行う意図を無視して，実行回数をこなすためだけに）教科書を見ながら答えを入力してしまった」というものがあった。もう 1 つの事前学習課題である「掲示板への書き込み（図 7 ）」に対する肯定的評価は，ディクテーションよりも高く77%であった。「クラスメ

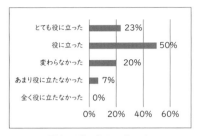

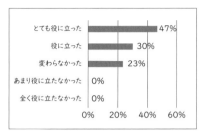

図6 ディクテーション	図7 掲示板

イトと意見交換ができる」「貴重な文化交流の機会になった」「普段考えな
いことを考える機会が得られる」という理由からは，教師主導の一方向的
な授業ではなかなか実現できない学生同士の学び合いが事前学習の段階か
ら可能になっていることがうかがえる。コロナウィルスによってソーシャ
ルディスタンスをとることを余儀なくされた学生たちにとって，教師だけ
でなくクラスメイトとのつながりを感じることができる喜びは，大きかっ
たに違いない。またその他には，「正しい言葉の使い方ができるようにな
り，日本語で自分の考えを述べる練習になった」「文章の内容と自分の経験
を重ねて考えるので，文章理解の役に立った」という回答があった。否定
的な評価には，「時間がかかるので，時々回答が締め切りに間に合わなかっ
た」「経験が少ないので，答えられなかった」という意見があった。

　いずれの事前学習課題も，宿題の量が多いことや宿題をする時間がない
ことが原因で実行が難しかったという意見があったため，今後は課題の量
を調整することも検討しなくてはいけない。

　事前学習全体の評価（図8）としては，従来型の授業形態と比べ，80％
の学習者が「授業がわかりやすくなった」と回答している。また，JiTT実
践によって可能になった授業時間内のディスカッション（図9）も同様に，
80％が「授業がわかりやすくなった」と回答しており，読解授業において
も能動的学習の機会を作り出すことで，学習者の学びが深まることがわかっ
た。しかし，従来と「変わらなかった」という回答が決して少なくないこ

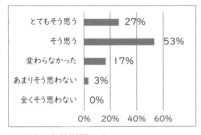

図8　事前学習によって
　　　授業がわかりやすくなったか

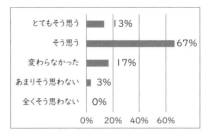

図9　ディスカッションによって
　　　授業がわかりやすくなったか

とからも，事前学習の効果を感じてもらうことができなかった20%の学習者には，事前学習の意図や趣旨がきちんと伝わらなかった可能性も含め，効果の実感に繋がる改善策を考える必要がある。

6.　まとめと今後の課題

　本研究では，上級前半の日本語学習者を対象とした読解授業において，2種類の事前学習課題（ディクテーションと掲示板への書き込み）を導入し，JiTTの実践を行った。学習成果の調査では，JiTTの実践前と実践後のJ-CATの平均点に有意な差は見られなかったが，アンケート調査からは，従来型の読解授業と比べ，事前学習が読解の本文を理解する上で役に立ち，JiTTによって授業がわかりやすくなったという肯定的な意見が得られた。

　コロナウイルスの感染拡大を受け，近年ICT（Information and Communication Technology）が教育と切り離せないものとなったことは言うまでもない。日本では，小学生が背負うランドセルにタブレット端末が収納できるように改良されたものも増えてきた。今後は，生まれた時からIT製品に囲まれて育つデジタルネイティブと呼ばれる人々が，質の高い教育を求めるようになる。現在はまだ語学分野でのJiTTの実践研究の数は少ないが，JiTTが時代に求められているICTの活用と，すでにその効果が注目されている能動的学習が同時に叶う指導方法である点から見ると，取り組んでいくべきものだと考える。

本実践では，事前学習課題としてディクテーションと掲示板への書き込みという方法を選択したが，授業内容に合わせた課題をさらに工夫していくことで，汎用性はあるだろう。ただし，JiTTは，学習者の事前学習が遂行されなければ，意味をなさない。日々の課題が多いと感じている学習者に対し，JiTTの目的をきちんと理解してもらい，完遂させる必要がある。また，教師は適切なフィードバックをするための準備として，常にLMS上の学習者の回答に気を配っておく必要がある。

　そのため，今後は，より良い事前学習課題の内容と分量を検討しつつ，調査期間及び調査対象者数を増やし，読解授業におけるJiTTの有効的な活用方法を探っていきたい。

参考文献

石黒圭編(2019)『日本語教師のための実践・読解指導』くろしお出版

奥田純子(2011)『読む力 中級』くろしお出版

落合道夫・久保田真一郎・平岡斉士・中野裕司(2022)「JiTTを用いた学習者の能動性を高める指導法の研究 ―― 高校物理での実践 ―― 」日本教育工学会2022年秋季全国大会

クリスティナ・フメリャク寒川(2020)「日本語学習者の読解過程における辞書使用」野田(編)『日本語教育学研究8 日本語学習者の読解過程』第9章，ココ出版，pp.165-182.

グレガー・M・ノバク他著，鈴木克明監訳(2020)『学習者中心の教育を実現するインストラクショナルデザイン理論とモデル』北大路書房

舘岡洋子(2020)「協働作業として行う日本語学習者の読解」野田(編)『日本語教育学研究8 日本語学習者の読解過程』第11章，ココ出版，pp.205-223.

古川智樹・手塚まゆ子(2015)「日本語教育における反転授業の実践 ―― 文法教育における試みと課題 ―― 」『第17回(2014年度)日本e-learning学会学術講演会論文集』25-33.

古川智樹・手塚まゆ子(2016)「日本語教育における反転授業実践 ―― 上級学習者対象の文法教育において ―― 」，『日本語教育』164号，126-141.

松田浩志，亀田美保(2016)『テーマ別 上級で学ぶ日本語〈三訂版〉』研究社

宮谷敦美(2005)「読むための日本語教育文法」『コミュニケーションのための日本語教育文法』167-185.

望月雅美(2021)『どう教える?「読解・会話・作文・聴解」の授業』アルク

守時なぎさ(2020)「非漢字系上級学習者の読解困難点」野田(編)『日本語教育学研究8 日本語学習者の読解過程』第4章，ココ出版，pp.63-81.

Gregor M. Novak, et al. (1999) *Just-In-Time Teaching: Blending Active Learning with Web Technology.* Upper Saddle River: Prentice Hall.

第6章 日本語予備教育を受ける日本語学習者の作文に見られる構造的特徴とその問題

一　色　舞　子

1.　はじめに

　本稿では日本の高等教育機関への進学を目的とし，日本語予備教育を受ける日本語学習者（以下，学習者）による作文の構造的特徴とその問題点について論じる。その上で，日本語予備教育における作文指導の課題について言及する。

　日本の高等教育機関へ進学するためには，大学あるいは大学院での勉学や研究で成果を上げられる水準の日本語能力が求められる。例えば，多くの大学の外国人留学生入学試験では「日本留学試験（以下，EJU）」が採用されており，EJUの日本語科目は「読解」と「聴読解・聴解」，「記述」の3領域から構成されている。それ以外にも各機関独自の小論文が課される場合もあり，日本語文章表現力は進学のために必要な日本語能力の1つであるだけでなく，進学後のレポート・論文作成の際にも必須の能力である。したがって，日本語予備教育機関においても，文章表現科目は学習者の進路に関わる重要な教育項目のうちの1つであると言える。

　本稿では，日本語予備教育を受ける学習者による作文の構造を問題としているが，その観察を通して，いわゆる「改行一字下げ」で示される「段落」と「一定の話題としてのまとまり」に対する学習者の認識を中心に考察する。例えば，「改行一字下げ」で示される形式的なまとまりとしての段落を分割するにあたって，それが一定の話題での区切りと一致しているか，それともずれが見られるかということである。また，各段落の内容面の均

衡性が考慮されているかも見ていきたい。

　なお，本稿においては，漢字や語，文法，文体等の表現上のエラーは問題として扱わないこととする。また，本稿では段落を「改行一字下げ」で示される形式的なまとまりと定義しているが，学習者によっては，改行していても一字下げが見られない場合や，中には段落間に一行空けが見られる場合もある。しかし，本稿ではあくまで学習者による作文の構造的な特徴に主眼を置くため，段落は改行箇所のみを目安とし，一字下げがないものや一行空けがあるものも段落として分割されているとみなす。また，学習者によっては「読点（,）」を「句点（。）」のように使用している場合もあるが，そこで文の区切りがあると見なせる場合は句点であると判断した。逆の場合も同様である。中には句点抜けも見られるが，終止形で止まっているなど，そこで文の区切りがあると認められる場合は，文末と見なすこととした。

2. 先行研究と本研究の位置づけ

　石黒（2017）では，日本語学習者による作文の文章構成と，その作文が有する説得力の高さとの関係を論じている。石黒（2017）では，佐久間（1999）による文章型の類型を用い，書き手の伝えたいメッセージを表す主題文を含む中心段の位置が文章の説得力にどのような影響を与えるのかを分析・考察している。

　石黒（2017）において援用されている佐久間（1999）による文章型の類型は次の通りである。佐久間（1999）では，現代日本語の文章構造類型に関する先行研究諸説を再検討し，主題文を含む中心段が文章の冒頭部に位置するものを「頭括型」，結尾部に位置するものを「尾括型」，展開部に位置するものを「中括型」，冒頭部と結尾部に位置するものを「両括型」，文章の2か所以上に複数の主題文を含む中心段が分散して位置するものを「分括型」，文章中に主題文を含む中心段がなく，背後に潜在するものを「潜括型」とし，以上の六類型に分類している。

　また，石黒（2017）では，文章構成については段落分けの観点からも検討しており，段落分けは一定の話題のレベルで区切るようにし，段落構成に一貫性を持たせること，話題のまとまりを明確にすることの重要性を指摘している。

　本稿では，石黒（2017）において重要性を指摘されている段落構成の一貫性，つまり，「改行一字下げ」により示される段落分割と一定の話題での区切りの対応関係という観点から，日本語予備教育を受ける学習者の作文を考察することにより，学習者の段落分割における認識を明らかにすると同時に問題点を見出し，作文指導をする上での課題について言及する。

3.　調査の概要

　本稿では，2021年4月から7月に行われた「アカデミック日本語BⅠ」という大学院進学希望者対象の文章表現科目を受講する学習者14名と，2021年9月から2022年1月に行われた「アカデミック日本語BⅢ」というEJU対策科目を受講する学習者10名の計24名から収集した作文データを用いる。作文の課題は3.2で詳しく述べるが，「ファースト・フードと家庭料理を比較し，それぞれの良い点や悪い点などを説明して，「食生活」についての意見を600字程度で書く」というものである。作文の記述環境についても後述する。

　なお，今回は対面・非対面による作文調査と同時に，フェイスシートによる背景調査と，作文入力フォームによるアンケート調査も行った。背景調査では学習者の属性や言語環境，これまでの総合的な日本語学習状況について，アンケート調査では作文の記述環境と作文に関わる学習歴について回答してもらった。これらの調査により得られた学習者の詳細な情報については，以後必要に応じて触れることとする。

3.1　調査の対象者

　調査対象である学習者の背景情報は以下の表1の通りである。2020年か

らの新型コロナウイルス感染症拡大により，調査当時の「アカデミック日本語BⅠ」及び「アカデミック日本語BⅢ」はともに対面とオンライン併用のハイフレックス型授業で行われた。背景情報において日本への入国状況や授業への出席方法を追加したのは，対面で受講する学習者の他，未入国のままオンラインで受講する学習者，また入国しているものの本人の希望

表1　学習者の背景情報

番号	母語	クラス	進路	入学年月	入国状況	出席方法	J-CAT
01	中国語	BⅠ	大学院	2020年9月	済（20年10月）	対面	297
02	ベトナム語	BⅠ	大学院	2020年9月	済（18年9月）	主に対面	261
03	中国語	BⅠ	大学院	2021年4月	未	オンライン	288
04	中国語	BⅠ	大学院	2020年9月	済（20年10月）	対面	270
05	中国語	BⅠ	大学院	2021年4月	未	オンライン	311
06	広東語	BⅠ	大学院	2020年4月	済（20年11月）	主に対面	303
07	中国語	BⅠ	大学淡	2020年9月	済（19年8月）	対面	242
08	中国語	BⅠ	大学院	2021年4月	未	オンライン	294
09	中国語	BⅠ	大学院	2020年4月	未	オンライン	263
10	中国語	BⅠ	大学院	2020年9月	済（21年1月）	主に対面	295
11	中国語	BⅠ	大学院	2020年4月	済（21年1月）	主に対面	268
12	中国語	BⅠ	大学院	2021年4月	未	オンライン	254
13	中国語	BⅠ	大学院	2021年4月	未	オンライン	298
14	中国語	BⅠ	大学院	2020年9月	未	オンライン	228
15	中国語	BⅢ	学部	2021年4月	未	オンライン	271
16	中国語	BⅢ	学部	2021年4月	未	オンライン	277
17	中国語	BⅢ	学部	2021年4月	未	オンライン	283
18	中国語	BⅢ	学部	2021年9月	済（20年11月）	主に対面	273
19	中国語	BⅢ	学部	2021年4月	未	オンライン	267
20	中国語	BⅢ	学部	2020年9月	済（21年1月）	オンライン	169
21	中国語	BⅢ	学部	2020年9月	済（20年12月）	オンライン	246
22	中国語	BⅢ	大学院	2020年9月	済（20年12月）	主に対面	243
23	英語	BⅢ	学部	2020年9月	済（20年12月）	主に対面	312
24	中国語	BⅢ	大学院	2020年9月	未	オンライン	217

によりオンラインで受講する学習者が混在していたという受講状況による
ものである。

　最右列のJ-CAT[1]は調査時期に最も近い時期に実施したJ-CATの得点であ
る。「アカデミック日本語BI」を受講していた学習者の場合は2021年7月
実施のJ-CATの得点であり、「アカデミック日本語BⅢ」を受講していた学
習者の場合は2022年1月実施のJ-CATの得点である。

　次の文章表現に関する学習歴は、それぞれ次のような項目の学習歴を示
している。表2の「構成」「段落」「文体」「である」はそれぞれ学習項目を
示しており、「内容」は今回のアンケート調査における各学習項目の学習歴
に関する質問内容である。次の図1は大学院進学希望者の学習歴、図2は
大学学部進学希望者の学習歴を示している。なお、（日）は国内外の日本語
クラスでの文章表現に関する学習経験、（母）は母語で受けた教育での文章
表現に関する学習経験である。今回のアンケート調査では、文章表現に関
する各学習項目をどの時期に学習したか回答してもらった。

表2　文章表現に関する学習内容

項目	内容
構成	「構成（序論，本論，結論）」について習ったか
段落	「段落」について習ったか
文体	「＜話しことば＞と＜書きことば＞の違い」について習ったか
である	「＜である＞という文のスタイル」について習ったか

　大学院進学希望者の場合、国内外の日本語クラスでの文章表現に関する
学習項目のうち、「段落」と「文体」については、早い学習者で大学入学前
から学習しており、「構成（序論，本論，結論）」と「である体」については、

1　J-CAT（Japanese Computerized Adaptive Test）は、日本語学習者を対象とした日本語能力の判
　定をインターネット上で、時間・場所の制約なしに実施できるアダプティブテスト（適応型
　テスト）である。聴解、文字・語彙、文法、読解の4セクションから構成されており、各セ
　クションはそれぞれ100点満点で、計400点となる。

半数以上が日本語予備教育機関（留学生別科）入学後に初めて学習していることがわかる。一方，母語で受けた教育での文章表現に関する学習項目「構成」「段落」「文体」については，大学入学前の教育において学習済である者が多数を占めていることがわかる。

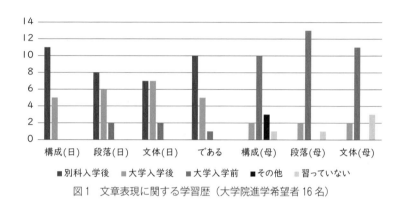

図1　文章表現に関する学習歴（大学院進学希望者 16 名）

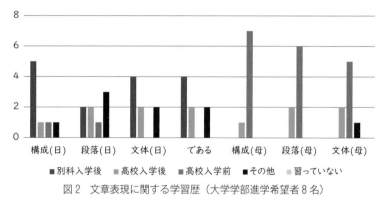

図2　文章表現に関する学習歴（大学学部進学希望者 8 名）

　大学学部進学希望者の場合，国内外の日本語クラスでの文章表現に関する学習項目のうち，「構成」や「文体」，「である体」については半数ほどが日本語予備教育機関（留学生別科）において初めて学習したことがわかる。一方，母語で受けた教育での文章表現に関する学習項目「構成」「段落」「文体」については，多数の学習者が高校入学前の段階ですでに学習済である

ことがわかる。以上の学習歴については，以後，各学習者の作文を例示す
る際に改めて個別に言及する。

3.2　調査の内容

　前節でも言及したが，今回扱う作文データは，大学院進学を目指す学習
者を対象とした文章表現科目である「アカデミック日本語BⅠ」と，「記述」
を含むEJU対策を行う「アカデミック日本語BⅢ」を受講する学習者による
作文である。当該作文の課題は，多言語母語の日本語学習者横断コーパス
「I-JAS」における非対面による任意作文調査として行われた作文タスクの
1つであるエッセイ作文と同様の課題である。I-JASの任意作文調査と同様
に，以下の表3にあるプロンプト[2]により提示し，各科目の授業中に作文の
記述を開始したが，授業終了後等，授業時間外に記述することも認めた。
記述時間は特に制限せず，最初から最後まで継続して作成する必要もない
ことを指示したが，記述に要した時間は各自計測して合計時間数を作文入
力フォームに記入するよう指示した。

表3　作文調査のプロンプト

《エッセイ》
「私たちの食生活：ファースト・フードと家庭料理」
日本の新聞社が「私たちの食生活」というタイトルで，エッセイを募集して
います。最優秀作品には，賞金3万円が与えられます。
◆課題◆「私たちは日常生活で，ファースト・フードと家庭でゆっくり味わ
う手作りの料理を食べています。ファースト・フードと家庭料理を比較し，そ
れぞれの良い点や悪い点などを説明して，『食生活』についての意見を600字
程度で書いてください。」

　作文記述の使用機器も特に制限せず，国内版作文入力フォームと海外版
作文入力フォームの直接入力版とファイルアップロード版を用意し，各自

2　「I-JAS」における非対面による任意作文調査では，プロンプトに翻訳を付しているが，本調
　査で使用したプロンプトは日本語のみであり，学習者の母語による翻訳は付していない。

の作文記述環境に合わせて選択し，各フォームを通して提出するよう指示した。「I-JAS」の任意作文調査と同様に，参考資料やウェブサイトの使用も制限しなかったが，日本語母語話者や日本語教師に尋ねたり，助けを求めたりしないよう指示した。

　前述の通り，授業中に作文の記述を開始し，対面で授業に出席していた学習者の場合は監督者（筆者）がいる状況で調査が行われたが，オンラインで出席していた学習者の場合は完全に監督できる状況ではなく，また，授業後など授業外に記述することも認めていたため，対面かオンラインかに関わらず，監督者のいない状況で作文を記述していた可能性がある。したがって，ウェブ上の記事や文章等をそのままコピーしている可能性もあり，完全に統制が取れていない状況で記述された作文データであることを断っておく[3]。

　EJU対策科目である「アカデミック日本語BⅢ」では，全30回の授業回数のうち，6回を「記述」対策に充てていた。1授業時間90分のうち，冒頭で「記述」問題の注意事項や構成のヒントを全体で共有し，1回分の試験で提示されている課題2題を，1題あたり制限時間30分以内，400字から500字程度で書き，残り時間で解答例の分析や，2人1組でのピア・リーディングを行った。なお，対面授業出席者の場合は実際の試験と同様に解答用紙に手書きし，オンライン出席者の場合はMicrosoft Wordで記述し，制限時間終了後に提出させた。

　一方，大学院進学希望者対象の文章表現科目である「アカデミック日本語BⅠ」は，論文の書き方の基本から研究計画書の書き方，希望する指導教員へのメールの書き方，口頭試問の練習，志望理由書の書き方，小論文の執筆で構成されており，毎授業ではないが，意見文や研究計画書，志望理由書等の課題を課した。提出締め切り日時は課題提示から約1週間後に設定し，文章の作成時間は制限せず，出席方法に関わらずMicrosoft Wordで作

3　ただし，剽窃チェッカーにより明らかに既存の記事や文章をコピーしたと判断したものは今回の調査から除外した。

成し，提出させた。

　調査対象者である学習者が受講していた両科目は上記の通り進めていた。ただ，今回の調査では，作成時間や作成環境，使用機器が制限されていない状況，かつ日本の新聞社が主催するエッセイのコンテストに応募する作文を書くという，授業とは異なる状況であった。

4.　調査結果

　本節では，今回の調査結果について述べる。まずは，作文を記述する際にかかった所要時間と参考資料及びウェブサイトを示す。作文記述の際の所要時間と参考資料及びウェブサイトは，いずれもアンケートに回答した学習者の自己申告によるものである。

4.1　作文記述の所要時間及び参考資料とウェブサイト

　所要時間の平均は，「アカデミック日本語BⅠ」受講者が59.3分，アカデミック日本語BⅢ受講者が44.9分であり，「アカデミック日本語BⅢ」受講者の方が平均15分ほど早く完成させていた。「アカデミック日本語BⅠ」を受講する学習者の場合，半数の7名が40分以内に完成していたが，30分以内に記述し終えている学習者は今回の調査ではいなかった。また，残りの半数の学習者が50分以上かけて記述しており，中には2時間以上かけて記述している学習者も2名いた。

　一方，「アカデミック日本語BⅢ」を受講する学習者の場合は45分以内に完成している学習者が10名中7名であり，うち30分以内に完成している学習者は3名いた。「アカデミック日本語BⅠ」を受講する学習者と比較すると，「アカデミック日本語BⅢ」の受講者の場合は，授業内で1課題につき30分という制限時間内に書き終える訓練を積んでいるためか，早めに書き終えた学習者が多いことがわかる。

　次に，作文記述の際に参考にした資料及びウェブサイトである。全体のうち，半数の14名が参考にした資料及びウェブサイトは「ない」と回答し

た。受講科目別に「ない」と回答した学習者の内訳を見ると,「アカデミック日本語BⅠ」の場合は14名中7名,「アカデミック日本語BⅢ」の場合は10名中8名であった。双方の授業実施方法の違いが今回の作文記述に影響を与えていると言えるかについては,調査協力者が少数ゆえ安易に結論づけられないが,前述の作文記述の所要時間も合わせて勘案すると,「アカデミック日本語BⅢ」を受講する学習者の場合,普段授業で行っているように,各種資料やウェブサイトを参考にせず,比較的短時間で書き終えた者が多かったと言える。

　なお,参考にした資料及びウェブサイトが「ある」と回答したものについては,「goo辞書」等各種辞書サイトを参考にしたと回答した学習者が6名,辞書アプリが2名,翻訳サイトが1名,その他ウェブサイトが3名,書籍1名,不明1名であった。

4.2　学習者による作文の構造のタイプ

　本節からは,前節の通り記述された学習者による作文の構造のタイプについて考察する。前述の通り,「改行一字下げ」で示される「段落」と「一定の話題としてのまとまり」に対する学習者の認識を明らかにするため,段落の分割と一定の話題での区切りの対応関係,また,各段落の形式面あるいは内容面の統一性や均衡性を中心に観察する。

4.2.1　予想される構成スタイル

　今回の作文タスクの課題は「家庭料理」と「ファースト・フード」の良い点と悪い点を比較した上で,食生活についての意見を述べるというものである。したがって,まずは2種の食事スタイルについて,いくつかの観点からそれぞれの良い点と悪い点を論じていくことになる。田中・阿部(2014)では,「比較・対照」のマクロ構成として,次の図3及び図4を提案している。田中・阿部(2014)によると,Itemというのは「比較対象」のことで,今回の課題で言えば,Item Aは「家庭料理」,Item Bは「ファース

ト・フード」，または双方を入れ替えたものとなる。また，Elementというのは「比較観点」のことであり，今回の課題の場合，例えば双方の「良い点」と「悪い点」をElementとすることも可能であるが，より具体的に「健康面」，「費用面」，「利便性」等をElementとして挙げることも可能だろう。田中・阿部（2014）では，図3のタイプⅠを「Block style」，図4のタイプⅡを「Point-by-point style」と呼び，タイプⅠはItemやElementが少ない場合に使われ，ItemやElementが多い場合にはタイプⅡが適していると解説している。今回の課題の場合，Itemは2種であり，指定の字数が600字程度ということから，Elementもそこまで多く挙げられないことが予想される。よって，タイプⅠの方が論じやすいと思われるが，今回収集した作文データもタイプⅠで書いている例が多くを占め，タイプⅡで書いている例は1例のみであった。もちろん，下記の各タイプに当てはまらない構成スタイルをとっている例も観察された。

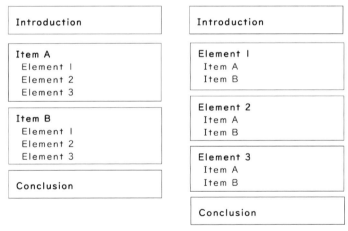

図3　タイプⅠ（Block style）　　図4　タイプⅡ（Point-by-point style）
田中・阿部（2014）p.92より抜粋

　さらに，田中・阿部（2014）では，ItemやElementを並べる順序について

も言及している。例えば，図3，図4でItemやElementがそれぞれ，Item A，Item B及びElement 1，2，3の順になっているが，それぞれの並び順を全体で統一することが読みやすさの条件の1つであると述べている。以下，田中・阿部（2014）で提示された構成のタイプ及び各要素の述べ方の統一性を適宜参照し，学習者による作文の構造的特徴を見ていく。

4.2.2 学習者による作文の段落構造

　学習者によって「改行一字下げ」で示された段落数は表4の通りである。3段落が2例，4段落が最も多く11例，5段落が7例，6段落が1例であった。なお，1段落と10段落が各1例あったが，表4では除外した。また，プロンプトで示された課題から大きく逸脱した内容で書かれた例も表4から除外した。作文の構成としては，少なくとも「序論・本論・結論」を表せる3段落以上で書くのが適切であると言える。したがって，600字程度の作文で1段落や10段落という極端な段落構造で書いた学習者に対しては指導が必要となる。今回は段落型の分類から除外したが，一段落の例は【単段落型】，10段落の例は【多段落型】として分類できる。

　多くの例において1段落目に書かれている「導入」というのは，作文内容の予告や論点提示，背景説明等がなされている部分の総称である。次の2段落目以降ではプロンプトによって指定されている「家庭料理（家）の良い点と悪い点」，「ファースト・フード（F）の良い点と悪い点」について書かれているが，表4の通り，どちらか一方の食事スタイルについてしか述べられていない例や，両食事スタイルについて述べられているものの，良い点あるいは悪い点のどちらか一方についてしか述べられていない例も散見される。つまり，内容面において均衡性に欠ける段落構造となっている例である。

　一方，4段落目以降に着目すると，4段落構造を採用している例の場合は，最終段落である4段落目において食生活についての「意見」が書かれている。5段落構造を採用している例の場合は，最終段落である5段落目

で「意見」を述べる前に，4段落目において自らの意見とは逆の立場である意見への「反論」が書かれている例（番号02）もあるが，そのような例は1例のみであり，多くの場合は2段落目から4段落目にかけての段落分割において一貫性がないため，結果的に5段落になっている例（番号02，05以外の例）であると考えられる。その他，「導入」が数段落に分割されている例（番号05，22）や，「意見」を述べた後に作文を締めくくる「まとめ」の段落を設けている例（番号08），明確に「意見」を述べずにそのまま作文の締めくくりとして「まとめ」の段落を設けている例（番号22）も見られた。

表4　学習者による作文の段落構造

段落数	番号	1段落目	2段落目	3段落目	4段落目	5段落目	6段落目	計
3	06	導入	F良／悪	家良 意見				2
	14	導入 F良／悪	家良	意見				
4	01	導入	F良	F悪	意見			11
	23	導入	F良	F悪	意見			
	04.24	導入	F良／悪	家良	意見			
	12	導入	F良／悪	家良／悪	意見			
	09	導入	家良／悪	F悪／良	意見			
	15	導入	家良／悪	F良／悪	意見			
	10	導入 意見	家良	F良／悪	意見			
	17	意見	家良／悪	F良／悪	意見			
	21	意見	〈健康面〉家良／F悪	〈利便性〉F良／家悪	意見			
	03	F良	F悪	家良／悪	意見			
5	19	導入	F良	F良	F悪	意見		7
	13	導入	〈健康面〉家良	〈利便性〉家悪／F良	〈精神面〉F良 ／〈健康面〉F悪	意見 理由:〈健康面〉家良		
	02	導入	F良／悪	家良／悪	反論	意見		
	05	導入	導入	家良	F良	意見		
	11	導入 意見	家良	F良	F悪	意見		
	16	意見	家良／悪	F良／悪	F良	意見		
	08	〈味〉F悪／家良 〈健康面〉F悪／家良 〈利便性〉家悪	意見 理由:〈健康面〉F悪	F良／悪	意見	まとめ		
6	22	導入	導入	導入	家良	F良／悪	まとめ	1

表4の学習者による作文の段落構造を分類すると，表5の通りとなる。基本的な文章構成である「序論・本論・結論」に合わせ，表4における「導入」を〈序論〉とし，「両食事スタイルの良い点と悪い点」について書かれた部分は〈本論〉とした。また，食生活についての「意見」は〈結論〉とし，その後に締めくくりを担う段落がある場合はその部分を〈総括〉とした。

　まずは【3段落型】であるが，前述の通り，今回収集した学習者による作文データのうち【3段落型】のものは2例のみであった。両者ともに〈本論〉の段落にまとめて書くべき内容が〈序論〉あるいは〈結論〉にも部分的に書かれており，形式的な段落の分割と一定の話題での区切りが一致していない例であった。食生活についての「意見」，つまり〈結論〉については両例ともに最終段落である3段落目に書かれているため，「尾括型」であると言える。

　次の【4段落型】は①から③までの3タイプの構造が見られた。4-①は〈結論〉が最終段落にある「尾括型」で8例見られた。次の4-②は〈結論〉が冒頭の1段落目と最終段落にある「両括型」で2例見られた。最後の4-③は〈序論〉はないが〈結論〉が最終段落にあるので「尾括型」として分類される。今回は1例のみ見られた。【4段落型】は合計11例であり，今回収集した作文データの中で最も多いタイプであった。

　一方，【5段落型】は①から④までの4タイプの構造が見られた。5-①は「尾括型」であり，5-②は「両括型」であるが，これらのタイプは〈本論〉部分が三段落に分割されているタイプである。次の5-③は〈序論〉が複数の段落に分割されている「尾括型」であり，5-④は〈結論〉が複数の段落に位置する「分括型」である。【5段落型】は合計7例であり，今回収集した作文データの中で【4段落型】の次に多いタイプであった。

　今回1例のみ見られた【6段落型】は〈序論〉が三段落に分割されており，作文の締めくくりとして最終段落である6段落目で〈総括〉が述べられている。「意見」が明確に述べられている〈結論〉部分がない例であるた

め，「潜括型」であると判断される。

　次節からは【3段落型】と【4段落型】，【5段落型】から一例ずつ取り上げ，各作文例の段落構造上の特徴と問題点について考察する。

表5　学習者による作文の段落構造の分類

【3段落型】
3-①　序論-本論-結論
【4段落型】
4-①〈序論〉-〈本論A〉-〈本論B〉-〈結論〉
4-②〈結論〉-〈本論A〉-〈本論B〉-〈結論〉
4-③〈本論A〉-〈本論B〉-〈本論C〉-〈結論〉
【5段落型】
5-①〈序論〉-〈本論A〉-〈本論B〉-〈本論C〉-〈結論〉
5-②〈結論〉-〈本論A〉-〈本論B〉-〈本論C〉-〈結論〉
5-③〈序論a〉-〈序論b〉-〈本論A〉-〈本論B〉-〈結論〉
5-④〈本論A〉-〈結論〉-〈本論B〉-〈結論〉-〈総括〉
【6段落型】
6-①〈序論a〉-〈序論b〉-〈序論c〉-〈本論A〉-〈本論B〉-〈総括〉

4.2.2.1　【3段落型】の例

　番号06の学習者は，大学院進学を希望する「アカデミック日本語BI」受講者である。J-CATは303点であり，日本語レベルは上級前半である。母語は広東語であり，当時の入国状況は入国済で，授業は主に対面だが，たまにオンライン出席をしていた。学習状況としては，母語で受けた教育において，文体については大学入学前に学習していたが，その他の構成や段落については学習していないと回答している。また，日本語クラスで受けた教育については，構成，段落，文体，「である」体全て日本語予備教育機関（留学生別科）入学後に学習したと回答している。一方，作文記述に関しては，記述時間が2時間であり，総文数が21文，総文字数が578字である。また，参考にした資料及びウェブサイトについては「goo辞書」と「日本語NET」，「OJAD」と回答している。

　例を見てわかる通り，番号06の学習者の作文例は「一字下げ」がされて

おらず，段落間に「一行空け」が見られる。本稿においてはそれをそのま
ま記載しており，「改行一行空け」を段落の区切りと見なすこととする。

　なお，作文例における下線は筆者による加筆であり，意見表明部分を下
線で示している。以下に挙げる例に関しても同様である。

〈番号 06 の作文例〉

> 時代の流れとともに，私たちの食生活も大きく様変わりしている。かつて人々が家で
> 食事をしたが，ファースト・フード市場が急成長しているに伴い，ファースト・フー
> ド文化は雨後の筍のように世界に広がっていて，家庭料理の地位が下がりつつあるそ
> うだ。
>
> ファースト・フード企業は短時間で調理し，注文してからすぐ食べられる手軽い食品
> や食事を提供していて，この世代の偉大な発明だと言われている。確かに，ファース
> トフードレストランさえあれば，誰でも速い，安い食事が取れる。仕事や勉強が忙し
> く，料理をする時間がない人にとって，ファースト・フードは生活に欠かせないもの
> だろう。しかし，ファースト・フードは便利で美味しい一方で，問題点もある。例え
> ば，ファースト・フードの生産過程に甘味料や着色料など食品添加物がたくさん使わ
> れている。長期に添加物まみれのファースト・フードを大量に撮るなら，健康が損な
> われ，癌や糖尿病の発症が増えるきらいがある。
>
> それに対して，家庭料理の方は栄養バランスの良い食事が取れる。味が統一された
> ファースト・フードと違って，家庭料理は作る人や方法によって，味も異なるからこ
> そ，唯一無二だ。また，家庭料理は作る人の感情が感じられ，込めた愛や暖かさが
> ファースト・フードから得られないものではないだろう。<u>私にとって，ファースト・</u>
> <u>フード文化はどのように盛んでも，家庭料理は掛け替えのないものだ。</u>

　番号06の作文例は【3段落型】の3-①タイプであり，最終段落である３
段落目に結論のある尾括型である。段落構造を見てみると，まず１段落目
において「導入」として食生活の変化について述べることにより，今回の
作文課題に関する背景説明を行っている。次の２段落目においては，ファー
スト・フードの良い点について〈利便性〉と〈味〉の観点から述べた後，
〈健康面〉の観点から悪い点について述べている。そして，最終段落である

3段落目において，〈健康面〉，〈味〉，〈精神面〉の観点から家庭料理の良い点について述べ，そのまま同段落内で食生活についての意見を述べている。

　番号06の作文の問題点を指摘すると，まずは一定の話題で段落の分割がなされていないという点である。最初の1段落目と次の2段落目はそれぞれ一定の話題ごとに段落が分割されている。しかし，最後の3段落目では，本段落が2段落目に続く〈本論〉として家庭料理に言及していると予測して読み進めていくと，家庭料理の悪い点について言及しないまま唐突に〈結論〉としての「意見」が示される。

　【3段落型】を採用して作文を書くのであれば，2段落目において両食事スタイルの良い点と悪い点について，家庭料理の悪い点も含めて述べた後，段落を分割して3段落目に意見を述べるという構造を採用した方が形式的な段落の分割と一定の話題の区切りを一致させることができる。ただ，一定の話題で区切るという点を重視するのであれば，〈本論〉部分を食事スタイルごとに段落を分割した【4段落型】を採用した方がより読みやすい段落構造を実現できただろう。

4.2.2.2　【4段落型】の例

　次の番号12の学習者は大学院進学を希望する「アカデミック日本語BⅠ」受講者である。J-CATは254点であり，日本語レベルは中級である。母語は中国語（台湾）であり，当時の入国状況は未入国で，授業はオンライン出席であった。学習状況としては，母語で受けた教育において，構成と段落については大学入学前に学習しており，文体については学習していないと回答している。また，日本語クラスで受けた教育については，構成，段落，文体，「である」体全て日本語予備教育機関（留学生別科）で習ったと回答している。一方，作文作成に関しては，作成時間が2時間10分であり，総文数が17文，総文字数が654字である。また，参考サイトとして「Google翻訳」を利用したと回答している。

　人々の生活のペースがより早くなる影響で，さまざまな食生活も生まれてきた。時間を節約するため，ファースト・フードを食べる人があり，健康のため，家で料理を作る人も多い。

　現在，仕事や学校に遅刻しないように，自分で朝ごはんや弁当を準備する時間がないので，朝ごはんはコンビニで買い，昼ご飯は近くのラーメン屋で食べる人が徐々に増えている。なぜなら，ファースト・フードは注文後すぐに食べられるので，時間を節約できるからだ。また，ハンバーガーやカレーライス，ラーメンなどのファースト・フードの種類が多い。一方，よくファースト・フードを食べれば，健康に悪い影響を与える。なぜなら，ファースト・フードは野菜が少なく，栄養が不足しやすいからだ。また，カロリーが高いや，味が濃いというデメリットもある。そこで，家で食事を作る人も少なくない。

　それに対して，家庭料理は自分自ら料理をするので，栄養のバランスが取られる。お年寄りや，高血圧の人，ダイエットしている人にとって，家庭料理のほうが良いと思う。そして，外食するより，自炊するほうが安いと思われている。しかし，家庭料理は自分で料理を作る手前がかかる。材料を買いに行く時間や，片付ける時間などを考えるとさらに時間が掛かってしまう。

　以上，ファースト・フードにせよ家庭料理にせよそれぞれ良い点と悪い点がある。何より大切なことは，健康な食生活だ。もしファースト・フードを食べなければならないと，注文の際には，野菜を添え，低カロリーのメニューを選択すれば，さらに健康な食生活が迎えられるのではないだろうか。

　番号12の作文例は【4段落型】のうち4-①タイプの例であり，最終段落である4段落目に〈結論〉のある尾括型である。段落構造を見てみると，まず1段落目で二種の食事スタイルの利点に触れながら，食生活についての背景説明を行い，「導入」としている。次の2段落目ではファースト・フードの良い点について，「導入」でも触れていた時間の節約という〈利便性〉，〈種類の多さ〉といった観点から述べた後，続けて〈健康面〉の観点から悪い点について述べている。3段落目では，〈健康面〉と〈費用面〉の観点から家庭料理の良い点について述べた後，〈利便性〉の観点から悪い点について述べている。そして，最終段落である4段落目において食生活についての意見を述べ，ファースト・フードの〈健康面〉におけるデメリッ

トを解消するための改善策を書き添えている。

　番号12の作文例は両食事スタイルの良い点と悪い点についてバランスよく述べており，内容面における均衡性もさることながら，形式的な段落の分割と一定の話題での区切りも一致しており，段落構造としても好例であると言える。番号12の作文例をはじめとして，【4段落型】は形式的な段落の分割と一定の話題での区切りが一致している例が他の型よりも多かった。内容の均衡性に欠ける例，つまり両食事スタイルの良い点と悪い点について，どちらか一方の記述が欠如している場合も含めれば，1例を除きほぼ全ての作文例において一定の話題のまとまりで段落分割されていた。

　今回の課題のように，比較対象が二種あり，一定の観点から両者を比較対照した上で意見を述べるタイプの作文の場合，【4段落型】，特に4-①，4-②タイプは最も書きやすい型であり，読み手にとっても先を予測しながら読み進めやすい型である。今回収集した作文データの中で最も多く採用されたのも，このためであると考えられる。田中・阿部（2014）が提案するタイプⅠ（Block style）のように，本論部分を食事スタイルごとに段落分割し，各段落において各食事スタイルの良い点と悪い点について述べるという段落構造を採用することも可能であるが，番号21の学習者のように，田中・阿部（2014）が提案するタイプⅡ（Point-by-point style），つまり〈健康面〉や〈利便性〉のような比較観点ごとに段落を分割する構造を採用することも可能である。

　今回の課題において最も書きやすいと思われる【4段落型】の例で目立った問題点は段落ごとに示される内容上の均衡性である。今回収集した作文データの中で，番号12の作文例のように，課題に沿って両食事スタイルの良い点と悪い点を比較対照し，食生活についての意見を明確に述べている例は【4段落型】11例のうち5例であった。その他の例は内容の均衡性あるいは段落分割の一貫性において問題が指摘できる例であった。例えば，4.2.2の表4にある通り，二種の食事スタイルのうちファースト・フードにしか言及していない例が2例（番号01, 23），両食事スタイルの良い点あ

るいは悪い点どちらか一方にしか言及していない例が3例（番号04, 24, 10），家庭料理については良い点と悪い点双方について一段落にまとめて書いているものの，ファースト・フードについては良い点と悪い点で段落を分割して書いている例（番号03）が1例見られた。

　以上のように，【4段落型】の場合，内容上の均衡性において問題点を指摘できる例は多く見られたものの，段落分割において問題が見られた例は少ない。今回収集した作文データにおいて，段落分割の問題がより顕著なのは次の【5段落型】の例である。

4.2.2.3　【5段落型】の例

　次の番号13の学習者は大学院進学を希望するアカデミック日本語ＢⅠ受講者の作文である。J-CATは298点であり，日本語レベルは中級後半である。母語は中国語であり，当時の入国状況は未入国で，授業はオンライン出席であった。学習状況としては，母語で受けた教育において，段落と文体は大学入学前に学習しているが，構成についてはその他と回答しており，回答の詳細を確認することができなかった。日本語クラスで受けた教育では，構成，段落，文体，「である」体については大学入学後，そして日本語予備教育機関（留学生別科）で学習したと回答している。作文作成に関しては，作成時間が40分であり，総文数が14文で，総文字数が583字である。参考にした資料及びサイトはないと回答している。

〈13の作文例〉

　近年，わたしたちの食生活はむかしより豊富になりつつある。家庭料理の種類が多くなるにも関わらず，ファースト・フードを楽しむ人も少なくないと言われる。
　食料を自分で自由に使える家庭料理は栄養のバランスをコントロールできるという理由で，最近非常に人気がありそうだ。確かに，ファースト・フードより家庭料理の方が，健康にいいと言った専門家がいる。家庭料理は食料によって，違う料理法を使って，その食料の栄養を効率的に吸収することが一番の特徴だと思っている。また，毎日の野菜摂取量も確保できる。
　しかし，家庭料理を調理するには手数がかかることは欠点なので，仕事であまり料

理する時間がない人にとっては，やはりファースト・フードの方が便利だろう。

　特に，その中の揚げ物は若い人の中に大人気である。深夜まで働かなければならない人にとって，仕事の後，ファースト・フードに飲み物あるいは揚げ物にビール，これ以上の幸せがないと言えるだろう。しかしながら，ファースト・フードを食べ過ぎると肥満症などの病気がでるの恐れが高いである。特に，深夜の時，消化が悪いので，胃にもたれることが要注意である。

　私の意見では，健康に良い家庭料理をよく食べた方がいいと思う。なぜなら，いろいろな料理法を使って，栄養をよく取れるからだある。ファースト・フードは食生活の改善として，週に一回くらい食べた方に頑張ってください。

　番号13の作文例は【5段落型】のうち5-①タイプの例であり，〈本論〉が三分割され，〈結論〉が最終段落である5段落目にある尾括型である。段落構造を見てみると，まず1段落目において，近年の食生活における背景説明により「導入」を行い，次の2段落目で〈健康面〉の観点から家庭料理の良い点について述べている。続く3段落目では〈利便性〉の観点から家庭料理とファースト・フードを比較し，前者の悪い点と後者の良い点について言及している。次の4段落目では〈精神面〉におけるファースト・フードの良い点と〈健康面〉における悪い点について述べ，最終段落である5段落目において食生活についての意見を述べた後，その理由として再び〈健康面〉における家庭料理の良い点を挙げ，最後にファースト・フードを食べる上での助言を書き添えている。

　番号13の作文例は両食事スタイルの良い点と悪い点について満遍なく述べており，最終段落で食生活についての意見も明確に示しているため，課題からは大きく逸脱していない。しかし，食事スタイル，つまり比較対象ごとに段落を分割するタイプⅠ（Block style）なのか，〈健康面〉や〈利便性〉等の比較観点ごとに段落を分割するタイプⅡ（Point by point）なのかが定まっていない。例えば，2段落目と4段落目に限ってみれば，2段落目で家庭料理について，4段落目でファースト・フードについて述べており，食事スタイルごとに段落分割されているとも見て取れるが，3段落目も合わせて見た場合，2段落目で〈健康面〉，3段落目で〈利便性〉，4段落目で〈精

神面〉及び〈健康面〉のように，比較観点ごとに段落が分割されているとも考えられる。しかし，いずれにしろ段落分割に一貫性がなく，それが読みづらさの要因となっている。

　今回収集した作文データの中で【5段落型】を採用している例のうち，一定の話題の区切りで形式的な段落分割がなされている例は1例（番号02）のみであった。紙幅の都合上例示はできないが，当該の作文例（番号02）は，1段落目で「導入」を行い，2段落目で「ファースト・フードの良い点と悪い点」について，3段落目で「家庭料理の良い点と悪い点」について述べた後，次の4段落目で「確かに」と逆接の接続詞「しかし」を用いて，逆の立場である意見に理解を示した上で，自らの意見の正当性を支持する根拠としてファースト・フードの悪い点を別の視点から述べて反論した後，最終段落の5段落目において食生活についての意見を述べている。

　その他の作文例においては，4.2.2の表4にある通り，両食事スタイルにおける良い点あるいは悪い点の言及が一部欠如している例が1例（番号05），番号13の作文例のように，両食事スタイルの良い点と悪い点に言及しているものの，段落分割において一貫性がない例が3例（番号13, 16, 08）見られた。また，双方の問題点を含む例も2例（番号19, 11）見られた。

　今回の作文調査の課題の場合，【5段落型】は番号02の学習者のように十分な筆力があれば採用可能な段落型である。ただ，今回収集した【5段落型】の作文例の上記のような問題点を見ると，作文を作成する際に十分にアウトラインを構想せず，段落分割の基準が定まらないまま書き始めた結果，適切とは言えない段落分割により【5段落型】になった可能性が考えられる。

　今回の作文調査で収集した作文データのうち，採用の多かった【4段落型】の作文例と【5段落型】の作文例を比較すると，【4段落型】を採用した作文例はある程度形式的な段落の分割と一定の話題での区切りが一致している例が多かったのに対し，【5段落型】を採用した作文例の場合は，段落の分割に必然性がない例が多い。以上のような点から，【5段落型】を採

用した学習者の多くは，意識的に5段落に分割したのではなく，恣意的に段落分割を行った可能性が高いと言える。

5.　おわりに

　今回の作文調査で収集した学習者による作文において，課題に忠実で，かつ「改行一字下げ」による形式的な段落の分割と一定の話題での区切りが一致している例は6例しか観察されず，想定していたよりも少なかった。その多くは，形式的な段落の分割と話題としての区切りにずれが見られた他，段落ごとに示される内容上の均衡性に欠ける例であり，その両方を問題として含む例も観察された。

　また，意見表明部分の出現位置については，それが複数の段落に分散して位置する「分括型」が1例，文章中にそれが明示されていない「潜括型」が1例見られたが，多くは「尾括型」（14例）あるいは「両括型」（5例）であった。両括型であれば，作文の書き手の立場が冒頭で明確になるため，読み進めていく上でも見通しがつきやすくなる。ただ，最終段落にのみ示される尾括型であっても，今回の作文課題のように600字程度の分量であれば，冒頭部で書き手の立場がわからずとも読み手を戸惑わせるまでの問題にはならないと言える。しかし，今回のように指定字数が600字程度の作文の場合，潜括型だと文章全体を通して読み手に書き手の意見を読み取らせるには短すぎると言える。

　以上のような調査結果から，作文指導をする際に重視される点は次のように示唆することができる。まず，尾括型あるいは両括型で明確に意見を表明することである。石黒（2017）でも「超級レベルに達していない学習者には，両括型か頭括型でしっかり書けるように指導するのが望ましい」と述べており，本稿でも同様に指導すべきであると考える。

　次に，石黒（2017）でも指摘されている通り，作文課題への忠実性はもちろんのこと，一定の話題ごとに「改行一字下げ」による形式的な段落分割を行うという認識を定着させることである。内容上のまとまりを意識せ

ず，恣意的に段落分割された文章は，読み手が先を予測しながら読み進め
ていく妨げとなり，文章全体の説得力にも影響が出るためである。

　最後に，本稿で主張したいのは次の点である。前述の通り，一定の話題
のまとまりごとに段落を分割することも重要であるが，それだけでなく，
比較対象ごとに段落を分割するのか，あるいは比較観点ごとに段落を分割
するのかといった段落構造の方針を定めるということも合わせて指導する
必要があるということである。以上のような段落構造の方針が定まってい
ないと，文章全体の論理性が保証されなくなるためである。

　作文指導において，表現上のエラーを修正することも必要であるが，作
文全体の段落構造の一貫性及び内容上の均衡性を念頭においた指導を充実
させれば，汎用性のある文章表現技術を身につけさせることができると考
える。

参考文献

石黒圭(2017)「日本語学習者の作文における文章構成と説得力の関係」『一橋大学国際教
　育センター紀要　第8号』pp.3-14
佐久間まゆみ(1999)「現代日本語の文章構造類型」『日本女子大学紀要 文学部』48, pp.1-
　28, 日本女子大学
田中真理・阿部新(2014)『Good Writingへのパスポート──読み手と構成を意識した日本
　語ライティング──』くろしお出版

第7章 日本語教育における
高次能力学習型反転授業の実践
―アカデミック・リテラシー養成科目における試み―

古 川 智 樹

1. はじめに

　近年，Bergman & Sams（2012）に代表される，新たな学習内容を事前にビデオ講義で宿題としてオンラインで視聴させ，授業内では演習を中心に行う反転授業の取り組みが広まっており，日本語教育の分野でも，初級〜上級日本語学習者を対象に主に文法教育において反転授業実践がなされ，その成果報告，有効性が検証されている（古川・手塚 2016等）。しかしながら，それらの先行研究は，山内他（2015）で説明されている，基本形となる知識の定着を目的とする「完全習得学習型」の反転授業の実践であり，実践的な専門知識・スキルの育成を目的とした「高次能力学習型」の反転授業実践は，筆者の識る限り，藤本（2017）しかない。そして，藤本（2017）も大学院のアカデミック・ライティングにおける高次能力学習型の反転授業実践であるため，その他のアカデミックリテラシー（以下AL）の構成要素である，アカデミック・リスニング／プレゼンテーションにおける高次能力学習型の反転授業の実践や効果検証は行われていないのが現状である。

　そこで，本章では，筆者が所属し科目を担当している，留学生対象のアカデミック日本語（プレゼンテーション能力養成）科目において，日本語教育における高次能力学習型の反転授業が有効に機能しうるのか，その有効性を明らかにすることを目的に，高次能力学習型反転授業の実践及び効果検証を行った。

具体的には，反転授業未実施クラス（2018年度以前にデータ取得済）と実施クラス（2019年度以降にデータ取得）において，どの程度プレゼンテーションに関する自己評価（Can-do statements）に差が生まれるのか，日本語学習者（以下「学習者」）がどの程度予習動画を事前に視聴するのか，そして，学習者は反転授業をどのように捉え，評価をしているのかを明らかにする。また，反転授業において大きな役割を果たす予習動画に関して，動画視聴率が高い予習動画の内容，長さなどの特徴も明らかにする。

2. 授業設計及び調査方法

2.1　授業設計

　実践の対象となるのは，関西大学で外国人留学生科目として開講されている「日本語（アカデミック・プレゼンテーション能力養成）」科目で，留学生が初年次に受講する必修科目である。1クラスの留学生数は20-30名で，授業ではプレゼンテーションにおける日本語表現，PowerPoint（以下PPT）の使い方の他，発表に必要な情報収集力，論理的・批判的思考能力の獲得，そして，社会問題を発見し，その解決方法を考え，それを聞き手にいかにわかりやすく伝えていくかを学ぶことを目標とした演習授業を行っている。

　また，上記クラスでは，発表や他者とのインターアクション，教員による即時フィードバック等，授業対面時にしかできない活動を授業時間内に最大限できるようにするため，反転授業を取り入れ，下記図1のように「eポートフォリオ学習モデル」（森本 2012）を回している。具体的な手順としては，学習者はまず授業前に関西大学の学習支援システム（以下KU-LMS）にアクセスし，アップロードされている①10分程度の予習動画（全9回：表1参照）を視聴し，②確認問題及び発表課題を予習課題として行う。①の予習動画の内容は，PPTの使い方，課題設定・情報収集の方法等，プレゼンテーションに必要な学習内容で，同じ回の授業との連携を意識したものとなっている。そして，③授業では，グループワーク／ディスカッション，プレゼンテーションに加え，教員によるフィードバック，他者・相互

評価等，産出を中心とした活動を行い，④授業後はKU-LMSの「eポートフォリオ・コンテナ」機能を用いて，録画した自身のプレゼンテーション動画を視聴し，振り返り（自己評価）と相互評価を行う。

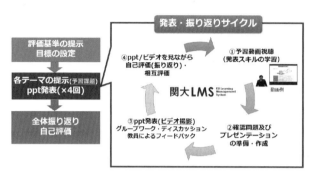

図1　本反転授業実践におけるeポートフォリオ学習モデル

表1　予習動画の概要

動画回	時間(分/秒)	タイトル	内容
1	17：00	PPTの使い方①	PPTの基本操作方法
2	15：21	PPTの使い方②	PPT作成時の注意点
3	08：48	PPTの使い方③	画像・動画の挿入の方法
4	14：41	探究活動とは？	探究思考・課題発見の方法
5	07：22	課題を設定しよう	ウェビングマップの作成方法
6	08：24	検索スキルを身につけよう	情報収集の方法
7	14：08	引用・参考文献の示し方	引用の方法・剽窃
8	10：02	論証とは？	論理的思考の方法
9	08：58	情報の整理・分析の方法	ロジックツリーの作成方法

2.2　調査方法概要

　本調査では高次能力学習型反転授業の効果を検証するため，①アカデミック Can-do Statements（以下CDS）[1]，②予習動画視聴率，③反転授業に関する質

1　CEFRにあるプレゼンテーションに関する15項目（Aレベル5項目，Bレベル6項目，Cレベル4項目）を抽出した。詳しくは章末参考資料を参照。

問紙調査，の3つの量的分析を行った。以下調査方法の概要について説明する。

まず1つ目は，アカデミックCDSによる反転授業実施クラスと未実施クラスの比較である。授業期間開始及び終了時に，CDS調査を行い，それぞれのCDS項目に関して4段階評価[2]で学習者に回答してもらった（開始時と終了時の項目は同じものを使用）。そして，そのCDSデータを基に，反転授業未実施クラス（2018年度以前にデータ取得済）と実施クラス（2019年度以降にデータ取得）においてどの程度CDSに差が生まれるのか統計的分析（t検定）を行った。

2つ目は，予習動画視聴率の分析である。2.1に挙げた授業実施手順で反転授業を実施し，授業期間終了後にKU-LMSから各学習者の動画視聴ログを取得した。また，各回の予習動画視聴時に質問紙調査を実施し，各予習動画に対して「長さ」「内容」「実用度」の3つの観点からそれぞれ5段階で学習者に評価をしてもらった。そして，授業期間終了後，全体視聴率及び質問紙調査の結果から，実際に学習者がどの程度予習動画を事前に視聴するのか，さらにどのような内容の動画視聴率が高いのか，各学習者の予習動画に対する評価と動画視聴率の相関分析を行った。また，予習動画の時間と視聴率の関係性を明らかにするため相関分析を行い，さらに，各動画の1分ごとの視聴率を出し，どの段階で視聴率が下がるのかの分析も行った。

最後に3つ目は，反転授業全体に関する質問紙調査である。毎学期末に本授業に対する満足度，有用性に関する質問紙調査を行い，その後，学習者は反転授業をどのように捉えているのか，反転授業実施クラスと未実施クラスで満足度等に差があるのか，取得したデータを基に，統計的処理を行った。

---

2 次の尺度で自己評価をしてもらった。4：できる　3：まぁまぁできる　2：あまりできない　1：できない

3. 結果と考察

3.1 反転授業実施クラスと未実施クラスの比較

　以下の表 2 は授業（学期）開始時と終了後に学習者に自己評価してもらっ
た CDS の平均値，及び授業開始時点と終了時点の差（伸び）を示したもの
である。反転授業未実施クラス（60 名）と実施クラス（66 名）の授業開始
時点と終了時点の差を比較した結果（表 2 の「伸び」の項目を参照），CEFR-
A レベル（基礎段階の言語使用者）では差はほとんど見られなかったが，CEFR-
B/C レベル（熟練した／自立した言語使用者）及び全体平均では差が見られ
た。そして，全体平均値において統計的に差が見られるかどうか t 検定を
行った結果，授業開始前においては反転授業実施クラスと未実施クラスの
間に有意差は確認されなかったが（$t = -1.870$, $df = 124$, $n.s.$），授業終了後に
関しては有意差が確認された（$t = -3.323$, $df = 124$, $p < .001$）。

表 2　授業開始時と終了後の CDS の平均値とその差

CEFRレベル	授業開始前				授業終了後				伸び（授業後−授業前）			
	A	B	C	全体平均	A	B	C	平均	A	B	C	全体平均
未実施クラス	2.90	2.43	2.08	2.49	3.09	2.72	2.39	2.76	0.20	0.29	0.31	0.27
実施クラス	3.10	2.62	2.28	2.69	3.32	2.98	2.67	3.01	0.21	0.37	0.39	0.32

　これらの結果から「身近な話題について，リハーサルをして，短い基本
的なプレゼンテーションができる（A2.1）」や「話し終えた後，限られた数
の簡単な質問に対処することができる（A2.2）」など，「プレゼンテーショ
ンの基礎的なスキル」に関する CEFR-A レベルにおいては反転授業実施／未
実施クラスで差は見られず，「事前に用意されたプレゼンテーションをはっ
きりと行うことができる（B2.1）」や「複雑な話題について，明確なきちん
とした構造を持ったプレゼンテーションができる（C1）」などの CFER-B/C
レベルにおいて反転授業実施クラスの学習者の方が未実施クラスの学習者
よりも「達成可能である」という認識である（CDS 項目内容について「でき

る」と認識している）ことがわかった。

　CEFR-Aレベルに関してはプレゼンテーションにおける基礎的なスキルであるが，CEFR-B/Cレベルに関しては，発話の正確性やプレゼンテーションの体系的な展開，聴衆からの質問への対応など高度なプレゼンテーションスキルが必要となる。本授業では講義部分を映像化し，予習動画として授業前に視聴することで，授業では反転授業未実施期間には十分な時間を取ることができなかった，学習者のプレゼンテーションに対するフィードバックや個人による振り返り（自己評価），相互評価に多くの時間を割くことができたことがCDSの結果として表れていると思われる。

3.2　予習動画視聴状況と予習動画に対する学習者の評価

　次に，反転授業実施時に用いた予習動画に関する分析結果を述べる。図2は予習動画各回の全体視聴率と視聴完遂率を示している。全体視聴率は動画を1分以上視聴している学習者の割合であり，視聴完遂率は動画を最後まで視聴した学習者の割合を示している。そして，動画視聴ログを確認した結果，予習動画全体の視聴率は79.7%であり，概ね高いことがわかった。しかしながら，図2を見てもわかるように，各回の視聴率を確認すると，回によって視聴率が異なっている。

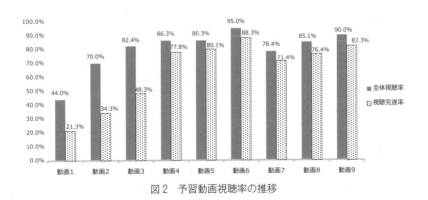

図2　予習動画視聴率の推移

　各回の視聴率と表 1 の内容を合わせてみると，第 1 回から 3 回の平均値は65.5％であり，それらの内容は，PPTの基本的な使い方など，比較的学習者にとって既有知識であると思われるものである。一方，第 4 回から 9 回の平均値は86.9％であり，情報収集の方法，引用の方法など，学習者にとっては新たな学習内容となる，高次能力・アカデミックスキルに関する内容であることがわかる。

　学習者は大学入学時までにすでにPPTの使い方や発表時の表現等については学習しており，第 1 回から 3 回の内容については多くの学習者にとって既有知識であると思われる。そのため，第 1 回から 3 回の全体視聴率及び完遂率が低くなっていると思われる。下記表 3 は各予習動画の学習者評価（5 段階評価：詳細は参考資料 2 を参照）の平均値を出したものであり，動画の長さ，内容，実用度（役に立ったか）の 3 つに分けて学習者に評価してもらった結果であるが，実際に，第 1 回から 3 回における内容，実用度の平均値はそれぞれ3.90，4.31であり，第 4 回から 9 回の平均値の4.66と4.68とは大きな差が見られる。

　また，予習動画に対する学習者評価の平均値と視聴率に関係が見られるか相関分析を行ったところ，学習者評価と予習動画視聴率の間に正の相関が認められた（$r = .695$, $p < .05$）。このことからも学習者の評価が高い動画は視聴率も高いということがわかった。

　講義動画に関する先行研究では，学習者の耐えうる視聴時間に関して，6 分以内と報告されているものもあれば（Guo, et al. 2014），その他の先行研究では10-15分以内，時間は関係がない等（Nielsen 2020, Bordes, et al. 2021等），

表 3　各予習動画の学習者評価の平均値

予習動画	第 1 回	第 2 回	第 3 回	第 4 回	第 5 回	第 6 回	第 7 回	第 8 回	第 9 回
長さ	3.16	4.01	4.09	3.66	4.23	4.68	4.14	4.11	4.49
内容	3.72	4.56	3.43	4.62	4.35	4.88	4.93	4.69	4.51
実用度	4.33	4.49	4.11	4.69	4.48	4.77	4.90	4.89	4.33
平均	3.74	4.35	3.88	4.32	4.35	4.78	4.66	4.56	4.44

様々な結果が挙げられている。そこで，本実践においても予習動画の視聴率と動画の時間に関する関係性の検証のため，予習動画視聴率と動画時間に関係が見られるか相関分析を行った。その結果，予習動画視聴率と動画時間の間に高い負の相関が認められた（$r = -.759$, $p < .05$）。このことから時間が長い予習動画は，視聴率が低いということがわかった。さらに，学習者がどの時間帯で視聴を止めるのか（離脱するのか），予習動画全体の1分ごとの平均視聴率を表したものが図3である。横軸は動画の経過時間（分）を示している。図3を見ると，動画開始6分までは80%を維持しているが，その後視聴率は徐々に下がり，9-10分の時点で72%から58%に急激に下がり，さらに15-16分の時点で54%から23%に再度急激に下がっていることがわかる。本調査の結果では，時間が経つにつれて視聴率は下がり，9分と15分の時点が動画視聴率の境界線となっており，多くの先行研究で指摘されている，学習者の耐えうる視聴時間は10-15分以内という結果と同様の結果が得られた。

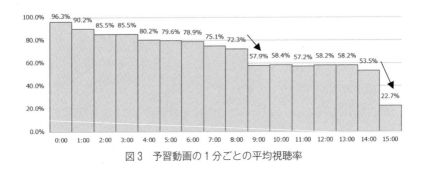

図3　予習動画の1分ごとの平均視聴率

3.3　反転授業の評価に関する質問紙調査結果

　最後に，反転授業の評価に関する質問紙調査の結果を図4-7に示す。図4を見ると，予習動画を視聴し，対面での授業時間を有効に活用する反転授業の形態を肯定的に評価していることがわかる（93%）。表4は反転授業に関する学習者の評価の自由記述に関する部分であるが，実際に上記結果

を裏付けるような記述（「授業の流れが非常に役に立つ」，「学生同士で交流も
できていい」，「通常の授業方式に比べて，反転授業の方が多くのことを学べまし
た」など）もあり，授業形態に対する肯定的意見が多く見られた。また，予
習動画に関しては，「授業前の予習があっていい」「予習ビデオを見ること
で，新たに学べることがあって，それを課題に適用することができ，良かっ
た」といった，反転授業における予習動画の有用性に関する記述も多く見
られ，全体としては72%の学習者が肯定的に評価していた（図5）。一方で，
「予習ビデオがなくても，発表の準備は問題ない」「難易度をもう少し上げ
てほしい」「予習ビデオがあることをよく忘れてしまう」といった否定的意
見も散見され，今後，主に予習動画に関する改善が必要であることがわかっ
た。具体的には，予習動画の内容及び事前課題の難易度を上げること，予
習動画を見なければ課題が達成できないなど，予習動画と課題及び授業内
容との連関を強くすることなどが挙げられる。そして，振り返り（内省）を
次に活かすことができていたかについては（図6），85%の学習者が「（強
く）そう思う」と回答しており，ほとんどの学習者が自身の発表動画を振
り返りとして視聴し，その内省を通して，次回の発表へと活かすことがで
きていると認識していることがわかった。
　また，授業の満足度に関しては，肯定的評価が88%に達しており，概ね
高い評価を得られていると思われる。反転授業未実施クラスの肯定的評価
は80%であり，実施クラスの方が高いが，反転授業未実施・実施クラスに

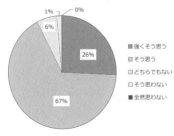

図4　質問紙調査結果1
（反転授業の授業形態はよかったか）

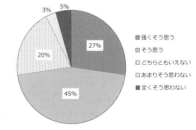

図5　質問紙調査結果2
（予習動画は内容理解・課題作成に役に立ったか）

133

おいて授業の全体評価に差異があるか t 検定によって確認したところ，有意差は確認されず（$t = -.469$, $df = 124$, $n.s.$），質問紙調査による授業の満足度に統計的な差は見られなかった（図7）。

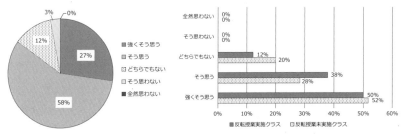

図6 質問紙調査結果3
（振り返りを次の発表に活かすことはできたか）

図7　質問紙調査結果4
（授業は満足のいくものであったか）

表4　反転授業に関する学習者の評価（自由記述：原文まま）

> 目的を設定して，発表をして，振替して反省するという授業の流れが非常に役に立つと思う。発表の後の先生のFeedbackも私の発表への反省をする時役に立った。
> 反転授業というのが面白かった。学生同士で交流もできていいと思う。
> 2学期の反転授業をやって，通常の授業方式に比べて，反転授業の方が多くのことを学べました。
> 反転授業・予習ビデオを通じて事前に予習ができ，授業が理解しやすかったです
> 初めてpptをした時，授業前の予習が手伝ってくれて，授業前の予習があっていいと思いました。
> 予習動画をみて，課題作成するときにすごく役に立ちましたのでこのままでいいと思います
> 予習ビデオを見ることで，新たに学べることがあって，それを課題に適用することができ，良かったと思います。
> 予習ビデオのおかげで，PPTの作り方や発表する時の注意点を知ることができたので，非常に勉強になりました
> 予習ビデオは早送り再生できるためにいつも早めに終わらせたいです。時間通りに見るより，効率的に見たほうがいいと思います。また，わからないところがあればゆっくり見てもいいかなと考えています。
> 予習ビデオがなくても，発表の準備は問題ないと思います。時々意識しないとやっていないという状況が結構ありました。
> 難易度をもう少し上げてほしいと思いました。
> 予習ビデオがあることをよく忘れてしまうからメールとかで通知してくれればありがたいです。

4. まとめ

　本調査では，留学生対象のアカデミック・プレゼンテーション能力の養成クラスで，高次能力学習型の反転授業を実施し，その効果検証を行った。その結果，授業開始時と終了後のCDS平均値の反転授業実施・未実施クラスの比較では，CEFR-Aレベル（基礎段階の言語使用者）では差が見られなかったが，CEFR-B/Cレベル（熟練した/自立した言語使用者）及び全体平均では反転授業実施クラスの方が有意に高いという結果が得られた。また，予習動画に関する分析では，予習動画視聴率は全体を通して概ね高いことがわかったが，各動画の視聴率を見ると，PPTの基本的な使い方など，比較的,学習者にとって既有知識である内容のものは視聴率が低く，情報収集の方法，引用の方法など，高次能力・アカデミックスキルに関する内容であるものは視聴率が高いことがわかった。そして，予習動画視聴率と動画の長さの関係においては，高い負の相関があることが確認され，予習動画の1分ごとの平均視聴率においては,，開始9分後，15分後が動画視聴率の境界線となっており，その時点で視聴率が大幅に下がることが確認された。そして最後に，反転授業に対する学習者の質問紙調査に関しては，予習動画・反転授業の授業形態に対して学習者は概ね肯定的に評価していることがわかった。以上の結果から，知識・スキルの獲得を予習動画において学習し，運用面の練習及び振り返り，教員によるフィードバックを授業時間に行うという授業形態は機能しており，高次能力学習型の反転授業の有効性が示唆された。

　一方で，学習者のプレゼンテーションに関する客観的な能力評価をどのように行い（発話量，発話速度，誤用率，スライドの構成・デザイン等），能力の伸びをどう測るかについては今回分析できていない。また，反転授業を行う上で，学習者の自己調整学習の確立が必須であると思われるが，それを実現するためには授業をどうリデザインするかも検討が必要である。それらの点については引き続き実践と調査を実施し，稿を改めて報告したい。

　そして，本稿の最後に，反転授業という教育方法について改めて考えた

い。反転授業は2010年代に急速に広まった教育方法であり，これまで多く
の実践・分析結果が報告されている。特に近年のテクノロジーの発展，コ
ロナ禍によるオンライン教育の普及によって，その実践は容易になり，今
後ますます反転授業の普及（少なくともテクノロジーを取り入れた教育）は進
むと思われる。しかしながら，教育に用いるツール，教育法など，様々な
選択肢が増えることによって，澁川（2021）は「我々は対面授業で学ぶ価
値を再考する段階にきている」と指摘する。Bergman & Sams（2014：3）は著
書の冒頭で「What is the best use of face to face time with students（学習者と対面
している時間を最大限活かす方法は何か：筆者訳責）」という問いを読者に投
げかけているが，授業を行う各教員がその問いに答えを持つべき時が来て
いると考える。反転授業の実践時には，何を授業外で学習者に提供し，何
を授業内（対面）で行うか，教員はどのように学習者と向き合うのか，様々
な選択をしなければならない。澁川（2021）が「対面授業の価値を再考さ
せる反転授業は，教師の授業への意図を明確にする装置にもなりえる」と
述べているように，反転授業はこれまでの教育を改めて振り返り，授業を
リデザインするツールともなりえる。

　今後も上記に挙げた課題に対する改善を行いながら，反転授業の取り組
みを通して，授業，教育のあり方を再考し続け，学習者主体のより良い教
育，日本語教育における反転授業モデルを構築していきたい。

参考文献

澁川幸加（2021）「ブレンド型授業との比較・従来授業における予習との比較を通した反
　　転授業の特徴と定義の検討」『日本教育工学会論文誌』Vol. 44, No. 4, pp. 561-574.
藤本かおる（2017）「学習者から見た反転授業実践：アカデミックライティングでの実践
　　から」『Global studies』vol. 1, pp. 77-84.
古川智樹，手塚まゆ子（2016）「日本語教育における反転授業実践──上級学習者対象の文
　　法教育において──」『日本語教育』164, pp. 126-141.
森本康彦（2012）「eポートフォリオの普及」小川賀代，小村道昭編『大学力を高めるeポー
　　トフォリオ──エビデンスに基づく教育の質保証を目指して』pp. 24-41. 東京電機大学出
　　版局

山内祐平，大浦弘樹，安斎勇樹，伏木田稚子(2015)「序文」『反転学習 ── 生徒の主体的参加への入り口』オデッセイコミュニケーションズ

Bergmann, J., & Sams, A.（2012）. *Flip Your Classroom: Reach Every Student in Every Class Every Day*, International Society for Technology in Education.

Bergmann, J., & Sams, A.（2014）. *Flipped Learning: Gateway to Student Engagement*. Washington: International Society for Technology in Education.

Bordes, S. J., Walker, D., Modica, L. J., Buckland, J., & Sobering, A. K.（2021）. Towards the optimal use of video recordings to support the flipped classroom in medical school basic sciences education. *Medical Education Online*, 26(1), 1841406.

Kim, J., Guo, P. J., Seaton, D. T., Mitros, P., Gajos, K. Z., & Miller, R. C.（2014）. Understanding in-video dropouts and interaction peaks inonline lecture videos. *In Proceedings of the first ACM conference on Learning@ scale conference*, pp. 31–40.

Nielsen, K. L.（2020）. Students' video viewing habits during a flipped classroom course in engineering mathematics. *Research in Learning Technology*, 28. URL: https://doi.org/10.25304/rlt.v28.2404（2023年4月17日アクセス）

付記
本研究は，文部科学省科学研究補助金・若手研究（課題番号：19K13247）の助成を受けたものである。

参考資料1：本調査で使用したアカデミック・プレゼンテーションに関する Can-do
Statements

No.	レベル	内容
1	A1	非常に短い，準備して練習した言葉を読み上げることができる。例えば，話し手の紹介や乾杯の発声など。
2	A2.1	身近な話題について，リハーサルをして，短い基本的なプレゼンテーションができる。
3	A2.1	質問を繰り返し言ってもらい，回答するのに何らかの助け船を出してくれる人がいるなら，話し終えた後から出される簡単な質問に答えることができる。
4	A2.2	話し終えた後，限られた数の簡単な質問に対処することができる。
5	A2.2	自分の毎日の生活に直接関連のある話題については，リハーサルして，短いプレゼンテーションができる。意見，計画，行動に対して，理由を挙げて，短く述べることができる。
6	B1	質問には対応できるが，そのスピードが速い場合は，もう一度繰り返すことを頼むこともある。
7	B1	自分の専門でよく知っている話題について，事前に用意された簡単なプレゼンテーションができる。ほとんどの場合，聴衆が難なく話についていける程度に，はっきりとしたプレゼンテーションをすることができ，また要点をそこそこ正確に述べることができる。
8	B2.1	事前に用意されたプレゼンテーションをはっきりと行うことができる。ある見方に賛成，反対の理由を挙げて，いくつかの選択肢の利点と不利な点を示すことができる。
9	B2.1	一連の質問に，ある程度流暢に，自然に対応ができる。話を聞く，あるいは話をする際に聴衆にも自分にも余分な負荷をかけることはない。
10	B2.2	はっきりとした，体系的に展開したプレゼンテーションができる。その際重要な要点や，関連する詳細事項を補足的に強調することができる。
11	B2.2	予め用意されたテクストから自然に離れて，聴衆が喚起した興味ある事柄に対応できる。そこで非常に流暢に，楽に表現ができる。
12	C1	聴衆からの不意の発言にも対応することができる。ほとんど苦労せずに自然に反応できる。
13	C1	複雑な話題について，明確なきちんとした構造を持ったプレゼンテーションができる。補助事項，理由，関連事例を詳しく説明し，論点を展開し，立証できる。
14	C2	難しい，あるいは敵意すら感じられる質問に対処することができる。
15	C2	話題について知識のない聴衆に対しても，自信を持ってはっきりと複雑な内容を口頭発表できる。聴衆の必要性に合わせて柔軟に話を構造化し，変えていくことができる。

出典：https://jfstandard.jp/pdf/CEFR_Cando_Category_list.pdf

参考資料 2：各予習動画に関する学習者による評価

評価基準	1	2	3	4	5
長さ	適切でなかった（長／短すぎる）	あまり適切ではなかった	どちらともいえない	まぁまぁ適切だった	適切だった
内容	よくなかった	あまりよくなかった	どちらともいえない	まぁまぁよかった	よかった
実用度	実用的でなかった	あまり実用的ではなかった	どちらともいえない	まぁまぁ実用的だった	実用的だった

第8章 非漢字圏日本語学習者に対する漢字イメージ動画の実践報告

末　吉　朋　美・津　田　真理子

1. はじめに

　近年，日本に留学する外国人のうち，非漢字圏の学習者が増加している。独立行政法人日本学生支援機構（JASSO）が行っている外国人留学生在籍状況調査の結果によると，平成27年度以降，非漢字圏出身の学習者が半数以上を占めるようになっている。特にベトナムやインドネシアは増加率も高く，今後も東南アジアからの留学生が増加することが予想される。日本語を学習する上で，漢字の習得は欠かせないが，非漢字圏の学習者にとっては特に大きな負担となっており，どのように負担を軽減し，効果的に漢字学習を進めるかが課題となっている（カイザー 1994, 1996；海保・ハットトワ 2001；小林 1998）。

　非漢字圏の日本語学習者に対する漢字学習の先行研究としては，早川・本多・庵（2019）が，外国をルーツとする非漢字圏出身のJSL（Japanese as a Second Language）児童，生徒の漢字学習困難を軽減するために，漢字の字形の視認性を高め，一字ごとに造形や構造が異なる字形学習にかかる記憶の負担を軽減することを目的とし，教育漢字1,006字を対象に小単位への構成要素分解を行った。その結果，「漢字部品」の上位30と「非漢字部品」57によって認識可能になる漢字は，教育漢字のおよそ半数の漢字の字形認識が可能だとしている。また，ヴォロビヨワ（2011）は，非漢字圏学習者が漢字を非体系的に感じることで漢字学習が制限されていることから，漢字の体系化を目指し，漢字の構成要素を24種類の書記素（漢字字体の一番細か

い要素，画）に分け，それをアルファベット・コードで表した。伊藤・中村（2021）では，ヴォロビヨワ（2011）の24種の字形の点画をコード化したものを6種の基本コードにし，さらに大きさや長さなどのサイズや終点のハネを示すオプションを付け，Kコードと呼んだ。それを，所属大学別科の非漢字圏日本語学習者の入門漢字クラスで漢字字形学習法として実践した結果，Kコードの有用性が確認できたと述べている。しかし，漢字学習のためにコードを記憶するというのは学習者にとって，大きな負担となるのではないだろうか。柳田（2018）は，非漢字圏の学習者が多い初級漢字クラスにおいて，「へん」や「つくり」という説明を使わず，「手」の意味を持つ字形パーツを使用した漢字形の導入を行ったところ，学習者に好評で，成績下位の学生でも漢字の読みよりも書きの方が試験の点数が高かった。そのため，漢字形の再生に有効である可能性があると述べている。また，加藤・紅林・髙田（2020）は，非漢字圏学習者が漢字学習上で問題となる字形の認識や記憶の保持，推測力やモチベーションの維持を重視した授業として，日本語学校の非漢字圏漢字クラスで『ストーリーで覚える漢字300』（ボイクマン・渡辺・倉持 2008）『ストーリーで覚える漢字Ⅱ 301〜500』（ボイクマン・渡辺・倉持 2012）をテキストとした漢字学習を試みた。週3回，1回45分の授業で扱う漢字数は8〜10個であり，ストーリーや漢字の意味を学習者の母語と日本語で音読させたり，部首を「部品カード」にして意味を学習者の母語と日本語で記し，随時カードテストを行ったりした。参加した35名の学習者にアンケートしたところ，「学び方，方法が面白くて楽しい」（16名），「教え方が上手，わかりやすい」（8名）といったポジティブな意見が多かったが，一方で，「つまらない」「すぐ忘れてしまう」といった否定的な意見も少数見られた。結果として，部首を「部品」として覚えることは記憶保持に有効であり，学習者が自ら漢字を構成要素に分解して考える力を身につけるのに役立つと思われるが，ストーリーによる記憶法では有効性を見出せず，ストーリーから学ぶことに抵抗がある学習者もいたと述べている。

　このように非漢字圏日本語学習者の漢字学習については，多くの先行研究があるが，彼らが積極的に漢字を学んでいけるようになるには，どのような漢字学習法が効果的だろうか。本稿では，関西大学留学生別科（以下「本別科」とする）の非漢字圏学習者に日本語能力試験（以後，JLPTと表記する）N3レベルの漢字導入として，漢字のイメージ動画の実践を行った結果を報告する。

　まず，第2節では，本別科における漢字学習環境，漢字イメージイラスト作成のきっかけ，漢字イメージイラスト授業，漢字イメージ動画作成の動機，漢字のイメージ動画のPPT作成，実践の様子の順に述べる。次に，第3節では漢字のイメージ動画の実践概要と調査方法について述べる。第4節は，漢字のイメージ動画で漢字学習を行った非漢字圏日本語学習者3名のインタビュー内容を個別にまとめる。第5節は，3名のインタビューからわかったことをまとめる。第6節は，今後の課題を述べる。

2. 関西大学留学生別科の漢字学習環境

　本別科では，来日し，日本語を学ぶ留学生のうち非漢字圏といわれる漢字を使用しない国・地域出身の留学生対象に漢字補習クラスを運営している。非漢字圏の留学生は，JLPT N3やN2レベルの漢字学習の補習が必要だと判断された場合にアカデミックアドバイザー（進路指導担当講師）やクラス担当講師から漢字補習クラスへの参加を促される。また，本別科の日本語クラスで一番低いレベルとなる初中級クラス（N3を学ぶレベル）の留学生は，基本的に漢字補習クラスを必ず受講するよう学期が始まる前に促される。とはいえ，あくまでも補習であるため単位が取れるわけでもなく，留学生たちに判断を任せている部分もあり，留学生たちは自分の学習状況と見合わせながら必要だと感じた場合に参加している状況である。これまで多くはないとはいえ，漢字補習クラスを受ける学生は毎学期存在した。日本語クラスでは，アスク出版の『日本語能力試験対策日本語総まとめ』（佐々木・松本 2015）のN3からN1の文法・語彙・漢字をテキストとして使

用しており，初中級クラスではこのテキストのN3の漢字を学んでいる。内容は1日に8個から9個の漢字を毎日学んで6週間で336個学べるようになっており，第1週から第6週の1日目から6日目までは漢字の導入，各週の7日目は復習問題となる。例えば，N3の漢字のテキスト第2週1日目は，「準・備・営・閉・案・内・予・約」を学ぶ内容となっている。本別科の初中級クラスではこのテキストの仕様通り，例えば第2週1日目の8個の漢字を今日学べば，明日は第2週2日目の漢字8個を学ぶというように，毎日新しい漢字を覚えていくことになる。漢字補習クラスは，関西大学の文学研究科の学生をティーチング・アシスタント（以下TA）として雇っている。TAの学生たちの多くは教師を目指しており，将来教職に就いた際に外国人児童を担当することを見据えて留学生の漢字指導経験を積もうと考える者もいる。これまで漢字補習クラスに携わったTAは，皆非常に熱心に留学生たちの漢字学習をサポートしている。しかしながら，漢字補習クラス以外ではTAのサポートはなく，留学生たちは基本的に自分で漢字を学ぶことが必要となる。しかし，漢字学習がうまくいかず，日本語クラスの進度についていけなくなる留学生が少なからずいるのが現状である。

2.1 漢字イメージイラスト作成のきっかけ

　本別科で漢字のイメージイラストを作成したきっかけとなったのは，2015年度秋学期に入学した留学生Kとの出会いであった。Kは日本人の母親と東南アジア出身の父親を持つ学生で，長く海外に住んでいたが日本の大学に進学したいと考えて家族で来日した。流暢な日本語で会話ができ，非常に元気で明るい学生だった。しかし，日本語クラスが始まってしばらくしてから徐々にKの様子が変化し，Kの顔からは笑顔が消えていった。しばらくするとKの母親が学校に尋ねてきて，Kが漢字学習に非常に悩んでいると相談された。Kは漢字を小学低学年レベルまでしか学んでおらず，日本語クラスで学ぶ漢字についていけずにストレスを抱えていた。漢字補習クラスだけでは漢字学習が追いつかず，精神的に追い詰められた状態であっ

たため，Kに漢字のプライベートレッスンをすることにした。以前交換留学生の日本語クラスで漢字を教えた際，欧米出身の留学生たちは皆何度も漢字を書いて練習することに嫌気がさしていた。そのため，『KANJI LOOK AND LEARN――イメージで覚えるげんきな漢字512』（板野他 2009）を参考に漢字のイメージイラストを描いてストーリーを話して教えたところ，非常に好評で，1人の学生はこの本を買って母国に持って帰ったほどだった。それを思い出し，日本語クラスで学ぶ漢字でこの本にすでにあるものはできるだけそのまま使用し，ないものは本を参考にして自分で漢字のイメージイラストを書き，それにストーリーをつけて準備した。それを授業前や昼休みに約30分，私とKとの個人レッスン時に使用した。Kは毎回興味深そうに絵やストーリーを学び，順調に覚えていった。筆ペンで漢字を書くことも宿題として出したが，ノートを見せてもらうと丁寧に漢字が書いてあった。ある程度漢字の部首やパーツのイメージが理解できたらあとは自分で学んでいけると言われて，Kとの漢字学習は2週間ほどで終わった。レッスンの後Kの許可を得てこのレッスンの感想をインタビューさせてもらった。Kは当初日本語クラスで毎日出てくる新しい漢字を覚えようと何時間もかけて繰り返し漢字を書いたが，それだとすぐに忘れてしまい，「時間をかけても残らない」と無力感を持ったため漢字学習がストレスになった。しかし，レッスンを受けて絵やストーリーとともに漢字を学んでみると漢字のイメージが頭に残りやすくなり，この漢字はこういう意味だとすぐにわかるようになった。また，筆ペンを使った練習もはねる部分や伸ばす部分などがわかりやすくなったので，漢字を覚えるのに良かったとKは話していた。

2.2　漢字イメージイラストの授業

　2016年度秋学期前半の初中級クラス（JLPTN3を学ぶレベル）は，12名中，香港の学生以外の11名は非漢字圏学生であった。彼らの出身地は，それぞれベトナム，フィリピン，アメリカ，ラトビア，インドネシア，スペイン

である。そのため，漢字習得への不安が大きく，漢字補習を拡大すること
にした。まず，前半の約2か月間の日本語クラス授業の中で，Kの時の経
験を基にした漢字授業を行った。漢字のイメージイラストのPPTを作成し，
それを見せた後，ホワイトボードに実際にその漢字のイメージイラストを
手描きしながら説明し，その上に赤の太ペンで筆順を示しながら漢字を書
いた。学生たちが漢字を正しく美しい形で書けるように，動画の筆順を見
ながら自分の漢字書き取り用冊子に筆ペンで書くように指示した。日本語
クラス修了後には，漢字補習クラスを週4回，5名のTAが担当し，毎回漢
字小クイズをした。このクラスの学生の漢字補習クラスの出席率は98％で，
漢字小クイズの平均は10点中8点であった。また，前半の日本語クラス定
期試験では漢字問題が9割以上できた。

　前半授業の後，11名の非漢字圏出身の留学生にアンケートを行った結果，
概ね漢字学習が期待通りに進んだという意見をもらった。そして漢字学習
で役に立ったこととして，「クラスでの漢字授業」と答えた学生が9名，「漢
字の書き取り練習の冊子」と答えた学生は10名だった。また，クラスでの
漢字授業を選んだ学生にその理由を聞くと，「漢字のPPTでイメージの絵を
見て説明すること」を選んだ学生は7名で，「自分が漢字を筆ペンで書くこ
と」を選んだ学生も7名だった。また，自由記述で書いた理由を抜粋する
と，「イメージがあったら覚えやすいです。筆ペンできれい漢字が書けま
す」「先生達の説明は面白かったから覚えやすいです」「筆ペンで漢字を書
いたら，漢字の勉強は楽しくなると思います。バランスについて学んで，
それに伝統的のような漢字を書けます」「はっきり覚えられるように，見て
から書くことがとても必要です。見るだけだったら覚えにくいです。漢字
の授業がなかったら授業を終わった後，怠けて練習したくないです」など
があった。このような漢字イメージイラスト授業を受ける前後での変化を
複数選択で選んでもらった結果，「前よりも漢字がわかるようになった」（8
名），「前よりも漢字の学習をするようになった」（7名），「前よりも漢字を
よく注意して見るようになった」（7名），「前よりも漢字の意味がわかるよ

うになった」（5名），「前よりも漢字が好きになった」（4名）であった。このクラスの漢字学習の成果としては，学期末に行う作文試験の際，学生たちは辞書の持ち込みができない中で漢字が書けたと喜んでいた様子が印象的であった。

　以下は，当時学内会議の場で提出したこの授業に関する報告書の抜粋である。

表1　授業に関する報告書（抜粋）

成果	課題
• ある程度の漢字学習時間の確保ができた • 漢字学習のやり方を複数提示できた • 漢字ゲームなどで楽しく漢字学習を行えた • 漢字の小テストである程度は定着が図れた • クラスの中で漢字学習の助け合いができた • 非漢字圏の学生たちだけなのでストレスが軽減できた •「漢字が好き」「漢字は面白い」という学生が増えた	• どの段階まで漢字補習が必要かを見極めることが難しい • 個人の漢字学習のスタイルの違いを把握し，対応するのは困難 • 補習で使用する漢字シートの内容の検討が必要 • TAの資質を問う学生もいるので，TAの確保が難しい • 授業と連携できない場合の学生の参加率の低下対策 • 取り出しの授業になった場合，どのレベルの漢字を対象にするのか

　このクラスを担当した教師は3名であったが，調査者以外の2名の教師に許可を得て感想をインタビューで聞いた。1人の教師は，漢字は書けて当然のものだと思っていたが，この漢字の授業を通してこのような教え方もあるのかと教師の発想が変わったと話した。最初はよくわからない漢字のパーツが，イメージイラストで説明していると徐々に「手」に見えたりするというように，学生たちが漢字のパーツが見えてくると言ってくるようになった。そして，慣れてくると学生たち自身が漢字のイメージイラストを作って，それを説明してくれるようになったと話した。一方，もう1人の教師は，漢字イメージイラストの授業は学生たちが漢字を覚えるための自分のストラテジーを作る良い機会になったのではないかと話した。ひ

たすら漢字を覚えて暗記していくというのは苦痛なので，早い段階で自分のやり方ができればその後の漢字学習が進むと話した。この授業では2週間経ったところから学生たちが各自で漢字のイメージを自由に話す様子が見られた。「イメージイラストで一語一語漢字の説明をする段階」から次の「語彙として使っていける段階」に，いつの時点で進めばいいのかについて話し合い，漢字学習に短文作成などを取り入れていくとよいのではないかなどの意見を交わした。

2.3 漢字イメージ動画作成の動機

　2016年度秋学期前半のような取り入れ的漢字補習クラスの運営は，予算などの問題もあって，その後は実施できなかった。そのため，これまでと同様に日本語クラス終了後に週1回か2回の漢字補習クラスを運営した。しかし，この形態の一番の問題点は，本別科のカリキュラムでは1日で学ぶ漢字の量が多いため，入学時に習得漢字数が少ない非漢字圏の留学生はたとえ漢字補習クラスがあっても授業に徐々についていけなくなってしまうことである。これは2.1で紹介した留学生Kが典型的な例だと言える。漢字学習は単なる漢字の授業で学ぶだけではなく，読解や聴解授業での語彙も含まれるため，最初は頑張って漢字を学ぼうとする非漢字圏の留学生もやがて挫折してしまう姿を見ることがままある。また，本別科の日本語クラスではクラス内に漢字圏の留学生と非漢字圏の留学生が混じっているため，漢字学習時間は漢字の音読が中心となり，書き方はほとんど教えていない。クラス内の漢字習得度の差が大きく，日本語クラスを担当する教師たちも何か手助けをしたいと考えてはいるが時間的な制約もあり，なかなか手を出せない状況である。そこで，2016年度秋学期前半の時のように留学生の漢字学習で何かサポートができないかと考えた結果，教室外の各自の自主学習時に動画による漢字学習の機会を設けることを思いついた。特に漢字の書き方については母国で習っていない留学生が多いため，それを学ぶ機会となるように書き方を意識した漢字のイメージ動画を作成するこ

とにした。

2.4　漢字のイメージ動画の PPT 作成

　漢字のイメージ動画で使用したPPTは，2016年度秋学期前半に初中級ク
ラスで使用したものを基に作成した。まず，漢字のイメージイラストは大
きく分けて，1)字源ベース，2)パーツベース，3)イメージベースの３つで
作成した（図1）。しかし，イメージイラストの多くはこれら３つのベース
が入り混じったものとなった（図2）。次に，PPTには導入する漢字，その
漢字をイメージしたイラストや漢字イメージを印象付けるために考えた短
い文が載せてある。導入する漢字には，部首や強調できる部分があれば赤
丸を記した。また，短文の中で導入する漢字やその漢字の部位がカタカナ
や別の漢字に見える部分があれば，そこを赤字にして強調した。次の図1
と図2で漢字のイメージイラストの作成について詳しく説明する。なお，
図の上部はN3の漢字第２週１日目で使用したPPT，下部はその際に手書き
した漢字のイメージイラストである。

　図1は漢字のイメージイラストの基本である３つのベースのそれぞれの

図1　漢字イメージイラストの３つのベース例

例である。1)の字源ベースとは漢字の成り立ちを基にして作成したものである。例えば，「準」は「流れる水」の象形と「鳥の象形」を示す文字だが，それを基にして「鳥が水浴びをする」イメージイラストを作成した。2)のパーツベースは部首と初級で学ぶ基本漢字でイメージイラストを作成したものである。例えば，「案」は部首の「うかんむり」と基本漢字の「女」と「木」の組み合わせで，「オフィスビルの中では女性が働いていて，外に街路樹がある」イメージイラストを作成した。字源ベースよりもよりパーツに重点を置いたものとなっている。3)のイメージベースは字源でもパーツでも説明しきれない漢字をイメージで捉えさせようとしたものである。例えば，「営」は字源では「燃え立つ炎」の象形と「建物の中の部屋が連なった」象形の組み合わせであるが，これを「寿司屋の屋台にいる寿司職人」のイメージイラストにした。

　このように3つのベースを考えたが，イメージイラストの多くはこれらが入り混じったものとなった。図2はその例である。

　「内」の字源は「家屋」の象形と「入り口」の象形だが，「人」という基本漢字と入れ物のイメージを組み合わせて「人がお風呂に入っている」イ

図2　3つのベースが混在する例

メージイラストを作成した。「備」の字源は「横から見た人」の象形と「矢
を入れる容器を備える」象形だが，部首の「にんべん」と倉庫のイメージ
を組み合わせて「人が倉庫の品物を確かめている」イメージイラストを作
成した。「閉」の字源は「両開きの戸の象形」と「木の象形」だが，部首の
「もんがまえ」とカギを持った人のイメージを組み合わせて「大きな門を閉
める人」のイメージイラストを作成した。いずれも一部は部首や基本漢字
で説明できるが，他の部分はイメージでしか捉えられないものとなってい
る。このように 3 つのベースとなったのは学習者の漢字理解を助ける機会
を増やすためである。日本語教育叢書「つくる」シリーズの『漢字教材を
作る』（関・土岐・平高 2011）によると，漢字学習のアプローチは，字源，
字形構造，音符（漢字で字音を表す部分），イメージ，ストーリー，唱え言
葉，意味・用法，使用場面が中心となるアプローチと生素材を使った自律
的学習法の 9 つに大きく分かれるが，漢字教材の作成では，学習の目的，
ニーズ，学習者特性，学習環境を考慮し，場合によっては 1 つのアプロー
チに固執することなく複数のアプローチを組み合わせることが提案されて
いる。漢字イメージイラストの作成においても，学習者の漢字理解に繋げ
るためには複数アプローチが必要だと考えた。

2.5　実践の様子

　作成した PPT を使用して説明する様子を Zoom でレコーディングし，それ
を関大 LMS 上の動画プラットフォーム「Panopto」を用いて配信した。漢字
のイメージイラストを書く際は 34 cm × 45 cm サイズの手で持てるホワイト
ボードと，黒と赤のマーカーペンを使用した。場所は，当初教室でレコー
ディングを試みたが，コロナ感染防止で多くの教室が窓やドアを開けて授
業をしていたために廊下に声が響き，どうしても動画内に雑音が入ってし
まうため，自宅や教室のない校舎 1 階の相談室を使用した。以下は実践の
様子を文字化したものである。N3 の漢字第 2 週 1 日目の動画の「準」の説
明を例とする。使用した PPT とイメージイラストは図 1 の 1 ）を参照のこ

ととする。なお，文中の〔　〕内は動作等音声以外の情報を表す。

S：はい　皆さん　N3の漢字を勉強しましょう　今日は　第2週の1日目です　はい　見てください　〔PPTで第2週1日目で学ぶ漢字8個提示〕　これね　勉強しますよ　はい　まず準備の準という漢字〔「準」のページを提示〕　ここですね　〔「準」の「さんずい」にアニメーションで赤丸がつく〕　これはカタカナのシになりますが　水を表しています　水ね　はいそしてこの横　〔カーソルの矢印で示しながら〕　これね　ここは鳥を表します　はいですから　〔鳥の水浴びのイラスト提示〕　シャワーを浴びて十分に準備します　そしてお出かけします　はいここ　〔「準」の下部をカーソルの矢印で示しながら〕　漢字の十に見えるね　〔「準」の各部分をカーソルの矢印で示しながら〕　鳥がシャワーを浴びて　十分に準備します　はい　じゃ　このイメージで書いてみましょう　〔カメラに切り替わる〕　じゃまず　これを見てください　〔カメラの前にホワイトボードが写る〕　はい　まずですね鳥がシャワーを浴びますよね　〔ホワイトボードに黒のペンで氵を書く〕　鳥さんです　〔鳥を描きながら〕　はいシャワー　気持ちいいですね　はい　そして水の中にいますから　〔鳥の足と水面を描いて完成する〕　こんな感じかな　では書きますよ　〔赤の太いペンを手に取る〕はい　まず　カタカナのシ　いちにいさん　〔「さんずい」を書く〕　そして鳥　〔「準」で「さんずい」の隣の部分を書く〕　いちに　さんしごろくなな　最後は十ですね　〔「準」の下部の十を書く〕　漢字の十はいこれ準備の準　〔完成したイメージイラストを見せる〕　はいもう一度　〔書いた赤い線をなぞりながら〕　いちにさん　しごろく　ななはちきゅうじゅう　準備の準はいいかな

　動画では，PPTとカメラの切り替えをしながらまずはPPTで説明し，その後にホワイトボードに実際に漢字のイメージイラストを描いてその上か

ら赤い太ペンで漢字を書いた。学生が動画を見ながら漢字の書き取り練習
ができるように、「いち，に，さん」と書き順を声に出しながら漢字を書い
た。また、漢字のイメージを説明する際は部首やカタカナなどに注目して
もらえるようにカーソルの矢印を動かしたり、アニメーションで赤丸を付
けたりした。

3. 実践概要と調査方法

　実践の対象者は、2022年度秋学期入学の初中級クラスに在籍する非漢字
圏日本語学習者6名で、それぞれの出身国はベトナム、フィリピン、イン
ドネシア、メキシコである。まずは事前準備として、基本漢字やパーツの
紹介をしたものと授業で扱う10回分の動画を学内LMSの「留学生別科漢字
クラス」コース内にアップロードし、コース利用者が視聴できるようにし
た。次に彼らを学期開始前日に集め、オリエンテーション（以後、オリエン
と称す）をした。オリエンでは、漢字補習クラスが週2回あることをアナ
ウンスし、漢字学習のやり方を説明するために漢字イメージ動画のN3漢字
第2週1日目を見せて動画へのアクセス方法と視聴の仕方を教えた。その
際、漢字の書き取り用冊子（2016年度秋学期前半で使用したもの）を渡し、冊
子内の漢字練習は筆ペンで書き込むように伝えた。また、実践参加承諾書
を提示し、その内容をできるだけわかりやすい日本語で説明し、署名をも
らった。

　1か月ほど後、視聴しているかどうか関大LMSのログを確認すると、残
念ながら数名以外アクセスしておらず、動画を見ていないことがわかった。
そのため、金曜日の授業後に再び集まってもらい、漢字動画をどうして見
なかったのかを質問した。対象者6名のうち、動画を全く視聴しなかった
3名の理由は、動画の漢字を学ぶ必要がないレベルであるから、日本語ク
ラスの課題や予習で忙しくて時間がないから等であった。一方、動画を視
聴して冊子を用いて漢字学習をした3名の学生はそれぞれ動画について感
想や意見があったが、その時は視聴しなかった学生たちの手前多くは話し

てもらえなかった。そのため，後日どのように動画を使って漢字学習をしたのかを聞くため，この3名の学生たちにインタビューを依頼し，承諾を得た。インタビューでの調査に協力してくれた3名の学生の概要は次の通りである。それぞれ性別，日本語のレベル，進路希望，インタビュー日（かかった時間）の順となっている。なお3名は東南アジア出身者であるが同国・地域出身者ではない。

　　A：女性，JLPTN3未取得，大学進学，11月 1 日（37分）
　　B：男性，JLPTN3取得済，大学進学，10月31日（35分）
　　C：男性，JLPTN3未取得，大学進学，11月11日（40分）

　インタビューは自由な回答が得られるように，半構造化インタビューとした。メリアム（2004）は多くの場合，質的調査におけるインタビューはよりオープンエンドでより構造化されていない形で実施されるとし，ゆるやかに構造化された形態は個々の回答者が独自の世界観を有していることを前提としているため質問はより自由な書式（open-ended）であることが求められると述べている。そして，「構造化されていない，非定型的なインタビュー」について，「調査者が，適切な質問をするほどには，ある現象に関して十分な知識がないときに，このインタビュー法は非常に役に立つ」と述べ，「インタビューに先立って質問を決定しておく必要はなく，基本的には探索的なインタビューが行われる」（p.108）と説明している。今回の調査が漢字のイメージ動画作成のための予備的なものであることを踏まえれば，構造化された質問項目を立てるよりもより自由度の高い回答が得られる方法をとる必要がある。しかしながら，動画でどのように漢字を学習したのか，どの漢字のイメージがわかりやすかったか，また，わかりにくかったか，漢字学習の際にこの動画があった方が良いと思うか等の質問事項は今後の動画作成のために必要である。そのため，それらの質問事項を念頭においたインタビューとなることを踏まえて，半構造化インタビューとし

た。また，漢字のイメージイラストの感想を聞くためにN3レベルの漢字第
2週1日目の漢字のPPTを見せながらインタビューを行った。その際でき
るだけ協力者の反応や回答に合わせた，柔軟でより対話的なインタビュー
を目指した。インタビューは日本語レベルの決して高くはない協力者に対
して日本語で行ったため，解釈的（interpretive）な質問を多く行った。解釈
的質問とは，「さらなる情報や意見，感情を明らかにする機会だけでなく，
質問者自身の理解をチェックする機会をも提供する」（メリアム，前掲，p.113）
ものであり，調査者のインタビュー内容の解釈が正しいかどうかを確認す
ることができる。例えば，「あなたの話した内容はこういう意味で合ってい
ますか」のような確認を随時行った。さらに，インタビューで協力者に脅
威やストレスを与えないために調査者は協力者の日本語クラス担当講師と
ともにインタビューを行った。担当講師は協力者たちが入学してから一番
長く時間をともにしており，協力者たちとも良い関係を築いている。その
ため，インタビューの間調査者と協力者たちがスムーズにやりとりできる
ようにサポート役として同席してもらった。

　本調査は，協力者たち3名をそれぞれ3つのケースとして分析し，考察
した。ケース・スタディは，研究者が関心を持つ出来事や現象をケース
（case）として深く理解するものであり，メリアム（前掲）は「教育におけ
るケース・スタディ調査は，実践上のある問題や課題を明らかにしたり説
明したりするために行われる」（p.50）と述べている。それは，ケース・ス
タディが，ある現象の豊かで全体論的な説明を行うものであり，読者の経
験を広げるような洞察と意味づけを提供するからである。こうした洞察は，
将来の調査を構造化する上での暫定的な仮説として解釈される（メリアム，
前掲，p.60）。そのため，ケースで見ることで，漢字イメージ動画の今後の
展開についての知見を得ることができると考えた。

4．インタビュー調査内容

　協力者A，B，Cのインタビューを基にして，それぞれのケースにおいて

漢字イメージ動画を用いた漢字学習がどのようなものであったかについて
書く。また，この動画における個別の漢字イメージイラストの印象につい
ても触れる。文中でSは調査者を示す。文中の「　」内はインタビューデー
タの重要語句の引用，（　）内は補足内容を示す。また，？は上昇イント
ネーションを表す。

4.1　Aのケース

　Aは3名の協力者の中で一番動画を多く視聴していた学生である。金曜
日の授業後に集まった際も積極的に動画の有効性をアピールしていた。冊
子にも一番多く筆ペンで漢字を書き込んでいた。インタビューの際に再び
その冊子を持ってきてもらったが，中を見てみると綺麗な字で丁寧に漢字
が書き込まれていたのが印象的だった。Aは動画の使い方を最初のオリエ
ンで説明された通りに漢字を練習していた。動画で漢字の説明や書き方を
見た後，そこで一旦動画を止めて冊子を開いて漢字を筆ペンで書き込んだ。
動画内では基本的に日本語だけで解説されているが，Aはその日本語が「全
部わかる」ので，もっと早く話しても大丈夫だと話した。また，動画内に
絵が提示されるので漢字を書く時にイメージしやすかった。Aは動画を見
て，何度も漢字を書いて練習することで覚えていた。例えば覚えにくい
「準」と「備」の漢字であれば，今日と明日の2回勉強してさらに3日後に
復習としてもう一度動画を見ることで覚えていた。動画でそれらの漢字の
イメージや筆順を見たので覚えやすくなり，もしイメージの絵がわかりに
くかったとしても漢字の筆順はわかりやすかった。Aは，以前は漢字を見
て覚えるだけだったので，例えば「準」の漢字は読めてもノートに書くこ
とはできなかった。なかなか漢字が覚えられず書き方もよくわからなかっ
たので，あまり書いて練習することはしなかった。Aは動画があるので「た
くさん字を書く」が，もし動画がなければ「ちょっと書くの嫌な感じ」に
なった。動画があれば漢字学習は「ちょっとおもしろい」と思えるが，そ
れは「先生が教えてくれ」るからであった。動画には絵も漢字の書き方や

説明もあったので，Aにとってわかりやすかった。Aは動画のなかった以前の漢字学習は少しつまらなくて眠かったが，今は動画を見るとわかりやすく漢字もイメージできるため少しおもしろくなった。漢字学習では「私のイメージも大切」で，絵があるため漢字がイメージできるので，ただ漢字を見るだけの時よりももっとわかりやすくなった。冊子だけだといつもと同様に漢字を書くだけになるが，動画を見ると「絵があるからたのし」くなった。クラスメイトのCは音楽を聴きながら漢字を書いて練習するが，Aはそのやり方は集中できなかった。しかし，静かな中で漢字を書くだけだとつまらなくなり眠たくなる。動画を見ながらの漢字学習は，Aにとって効果的だった。

> A：先生教えてから　私も勉強　もっと一緒に頑張ろう　その感じ　たぶん私　motivation がないですから　まあたぶん私はちょっと lazy そう思います　でもビデオ見る時　私も眠くないから　motivation あるから　先生教えてから　私も見て　一緒に　この漢字書きます　……中略……たぶん私　先生の話たくさん聞いて　私覚える　でも　ビデオがない書きだけ　私ちょっとつまらないと思います　先生ビデオ作ったから　私勉強できた　うん　motivation が必要ですから

　Aは，動画を見ながら漢字を練習すると，「もっと（先生と）一緒に頑張ろう」と思うことができて漢字学習に対する「motivation」（以後，モチベーションと表記する）が上がった。たぶん自分は少し「lazy」なので1人だと眠くなるが，動画を見て「先生の話たくさん聞いて」一緒に漢字を書けば覚えることができた。もし動画がなくて漢字を書くだけだったら少しつまらないと思うが，動画のおかげで漢字学習のモチベーションが上がって漢字が勉強できた。

　Aに漢字のイメージイラストについて質問してみると，「準」は鳥が水浴

びをするという漢字のイメージイラストとその漢字の実際の意味が結びつかなかったために少しイメージしにくく，Aは「鳥」の絵しか覚えていなかった。「案」はわかりやすかったが，それはAにとってオフィスビルの中に受付案内の女性がいるという漢字のイメージイラストと漢字の意味が重なっていたからだった。また，「女」や「木」といった初級レベルの漢字は書き方もわかりやすかった。「備」も「にんべん」が「人」だと覚えていたので，Aは人がいるイメージイラストを思い出したが，漢字自体はあまり覚えていなかった。「内」は人がお風呂の中に入っているイメージイラストだったが，Aはお風呂を知っていたため簡単に覚えられた。一方，漢字のパーツをカタカナに例えたものについては，Aは「これ（＝カタカナ）は関係ない」と言って漢字を覚える際にあまり意識しなかったと話した。例えば「営」にはカタカナの「ツ」が含まれることを動画内で強調して教えたが，Aはこの漢字を覚える時にカタカナを手がかりとして意識しておらず，「営」はAにとってわかりにくい漢字の1つとなった。

4.2　Bのケース

　Bは他の2名とは違ってすでにJLPTのN3に合格していたため，多くの漢字を知っていた。Bにとって漢字の動画は「時間だけが問題」で，漢字の復習で使うためできるだけ短くしてほしいと思っていた。Bの漢字の復習方法は，まずは漢字の教科書を見てなるべく教科書内に提示されている文を紙に書いて練習し，漢字の書き方は動画を見て自分で書くというものだった。最初のオリエンで紹介された筆ペンは使いにくかったのであまり使用しなかった。漢字学習の際はすでに知っている漢字もあったため，動画はまず半分見てから知っている漢字を飛ばして書きにくい漢字や知らない漢字だけを練習していた。Bは母国で初めて漢字の勉強をした時，「これ何難しい」と思って驚いた。もしこの漢字の動画がその時あれば漢字を覚えるのが早くなったと思うと話した。Bはもう自分は今かなり漢字を覚えたので，動画では書き方だけを覚えていて漢字の説明の「ストーリーがいらな

い」と思うが，わからない漢字の時はそれが「必要」で「ヒントになる」
と話した。Bは漢字を覚えるのに10分ほどあればいいが，漢字を書くのは
早くても20分かかり，「書くのは大変」だと話した。Bにとって「案」は書
きにくい漢字の１つだった。

> S：例えば案内の「案」っていう漢字は　ビデオを見た方が　わかり
> やすかった？
>
> B：はい　簡単になった　私　まずはこれ　案内の漢字　これは難し
> い　なにそれと思った　でも　ビデオ見て　あーそれか　「案」は
> これ　女　木があった　あー　ひとつひとつ　別々の漢字書けた
> ら　簡単になった　準備の「備」とか　「準」とか　まずは難しい
> でもビデオ見て簡単になった　ひとつひとつ　（先生が）説明した
> から

　Bは動画を見たことで，漢字のひとつひとつのパーツを意識することが
できて「案」が書けるようになった。同様に，「準」も「備」も最初は難し
いと思ったが，動画の説明を見てから「簡単」だと思うことができた。B
は「準」の説明のストーリーも理解していた。「準」は，「シャワーを浴び
て十分に準備しよう」という文を絵と一緒に載せてイメージイラストで説
明したが，Bはそれがイメージできていた。しかし，カタカナについては，
Bは「イメージがな」かった。それは，Bがカタカナを書くのが苦手で普段
あまり使わないため「大体忘れちゃった」からであった。Bは動画を主に
漢字の書き方を知るために使っていた。この漢字はどこから始まるのか，
どうやって書くのか，それを動画を見ることで理解していた。また，Bは
新しい漢字を理解する時に既習の漢字をヒントにしていた。例えば，「遊」
は家族の「族」と似た部分に「矢」の代わりに「子」が入っているので，B
は「遊ぶは家族と子供」のイメージでこの漢字を捉えた。さらに，「美」の
上部は「主婦」の「主」に似ていて，その下部は「大」になるというよう

にBは漢字をパーツに分けて覚える方法を使った。「パーツは一番大切」なので「ひとつひとつ説明」することで漢字を覚えることができると話した。

4.3　Cのケース

　Cは，来日後は日本語学習に忙しく「時間が足りない」状態だったので，全ての動画を見たわけではなかった。また，冊子にもほとんど漢字を書き込んでいなかった。しかし，Cに話を聞くと動画への評価は高かった。

> 　C：たぶん　あの　必要なビデオと思う　たぶんこのビデオ見たのは
> 　　　ちょっと　もっと漢字を理解できると思う　なぜなら　このビデ
> 　　　オには　この漢字の意味はあの　explain　教えているから　例える
> 　　　どうやってこれを水だ　なぜこの漢字の意味はこれとか　そして
> 　　　なぜこの漢字に女や木あるとか　パーツの理解　basicな漢字があ
> 　　　るは　覚えやすい　ビデオある方が　考えられる　あの　ビデオ
> 　　　見ているのはちょっと　書きながら　漢字の意味聞けるから　漢
> 　　　字を書いたら　意味がちょっと思い浮かぶ　たぶんビデオがない
> 　　　ちょっと漢字もっと覚えにくいと思う

　Cは漢字のイメージイラストの動画を「必要なビデオ」だと言った。動画を見ればもっと漢字が理解できると思うが，その理由は動画内で漢字をイメージに例えて説明しているからだった。動画内では，水を表す部分がなぜこの漢字の中にあるのか，そしてこの漢字の意味がどうなるのかを「パーツの理解」を通して説明しており，漢字の中に「女」や「木」のような「basicな漢字がある」と教えられると，その漢字は覚えやすくなった。Cは動画がある方が漢字について考えられると話したが，それは動画では漢字を書きながら漢字の意味を説明しているので，それを聞いた後漢字を書けば漢字の意味が思い浮かぶようになるからだった。そのため，もし動画がなければ漢字はもっと覚えにくいと思うと話した。

　Cは，母国で日本語を学んだ時に教師から基本的な漢字の書き順は教わっていたが，学習が進むにつれて漢字は読み方も形も複雑になった。新しく覚えなければならない漢字も増えたため，何度書いてもすぐに忘れてしまうCは，漢字の動画で「ヒント」をもらうことで新しく学ぶ漢字を覚えようとした。しかし，Cは動画を見た時イメージできる漢字とできない漢字があった。「内」は「人」の漢字が箱の中にある様子がすぐにイメージできた。「案」も「女」と「木」の漢字があるのでイメージがしやすかった。しかし，例えば「閉」の「オ」の部分を「カギを持った人」にイメージすることはできなかった。また，「準」の漢字の一部は鳥を示すと説明されたが，その部分は鳥に見えなかった。「備」も「basicな漢字が見つからない」ので覚えにくかった。Cにとって，JLPT N5レベルの漢字がその漢字の中に含まれていればヒントとなって覚えやすくなったが，それが見つからないような複雑な漢字の場合は，一生懸命書いて覚えた。その際筆ペンは使わなかった。Cにとって筆ペンは使いにくく，綺麗に書けない上時間がかかるものだった。また，カタカナについてはCは漢字の中にカタカナを見つけることはできるが「それだけ」で，それを漢字学習の手がかりにするようなことは特に考えなかった。

5.　まとめ

　これら3つのケースを通して，非漢字圏日本語学習者が漢字イメージ動画を使って漢字学習を行った結果をまとめる。

　まず，漢字イメージ動画による漢字の導入であるが，AとCは母国で初級レベルまでの学習が終わってN3レベルの勉強を始める段階であったため，この動画でのN3レベルの漢字導入が時期的にも合っていたと思われる。しかし，BはすでにN3に合格しており，動画の漢字はほとんどが既習漢字であった。そのため，Bにとって書きにくい漢字や覚えにくい漢字の学習に動画を積極的に利用していた。動画は漢字の導入時だけでなく既習の漢字であっても書き方や覚え方を学ぶための教材となりうると思われる。

次に，漢字イメージ動画による漢字学習への影響を見る。Aは動画のイメージイラストを見ながら漢字を学ぶと楽しくなり，動画内では知っている教師が教えているため臨場感も感じることができた。これまでは漢字を書く練習が嫌で眠くなってしまっていたのが眠くならず，モチベーションを維持したまま漢字学習を続けることができた。動画はAの漢字学習をしっかりとサポートしていたと言える。Bは動画で漢字の「ひとつひとつ」のパーツが説明されたことで，「何これ難しい」と思うような書きにくい複雑な漢字もパーツを分けると理解できることを知った。それがきっかけとなり，新しい漢字を学ぶ際，例えば「美」は「主」と「大」のように既習の漢字のパーツをヒントにして覚えるという自分の漢字の覚え方，つまり，ストラテジーを手に入れたと思われる。Cは動画を見たことで，水を表す部首のような漢字の「パーツの理解」や，「人」や「女」のような初級レベルの「basicな漢字」を見つけることで，漢字を覚えるための「ヒント」を得ることができた。それにより以前よりも漢字を覚えやすくなったと言える。しかし，「basicな漢字」を持たない複雑な漢字は動画でイメージイラストを紹介されても「見えない」，つまりイメージできないため，Cは覚えることができなかった。そのため，結局何度も書くことで覚えるしかなかった。

　実際に，動画で見たイメージイラストで漢字が覚えられるかを3人に聞いてみると，「人」や「女」，「木」といった初級レベルの漢字を含む「内」や「案」は3人ともすぐにイメージができ，すぐに覚えられたと話した。また，「準」の「さんずい」や「備」の「にんべん」，「案」の「うかんむり」，「閉」の「もんがまえ」といった基本的な部首もすぐに覚えることができた。しかし，例えば「準」は，Bは動画で説明した通りにイメージができて覚えられたが，Aは鳥の絵だけを覚えており，漢字そのものは覚えることができなかった。Cに至っては鳥さえもイメージができなかった。字源ベースやイメージベースの場合，そのパーツがイメージできないとイメージイラストで漢字を覚えるのが難しくなるため，イメージを受け入れやす

い学生でなければイメージイラストによる漢字導入方法は難しいと思われる。絵を手がかりとした漢字学習本としては，『Understanding through pictures 1000KANJI　イラストで覚える漢字1000』（上島・竹内 2017）がある。この本では，漢字の意味や形から連想される短い説明文を漢字の字形とともに組み込んで図示化した絵と関連付けることで漢字を覚えるように作られている。例えば，「案」の場合麦わら帽子をかぶって飛び跳ねる女の子の絵があり，「When the girl wearing a big hat jumps, good thoughts seem to appear.（大きな帽子をかぶった女の子がジャンプするといい考えが浮かぶようだ）」とある。確かに絵があることで学習者は楽しい気持ちで漢字学習に向き合えるかもしれない。しかし，実際に「案」の漢字を見てその女の子のイメージが浮かぶという学生はどのくらいいるのだろうか。いくら楽しそうな絵が描いてあったとしてもその絵のイメージが受け入れられない場合は，その漢字を覚えるのが逆に難しくなるのではないだろうか。漢字イメージイラストを作成する際は，やはり多くの人に受け入れられるイメージイラストを作成する必要があると言えるだろう。

　また，漢字を覚えるのにカタカナを手がかりにする試みはうまくいかなかった。Aにカタカナによる導入について聞いた際，漢字を覚える時に「これ（＝カタカナ）は関係ない」と言ってあまり意識していないと話した。動画内では，例えば「営」にはカタカナの「ツ」，「ノ」，「ロ」が含まれることを強調したが，Aはこの漢字を覚える時に全くカタカナを手がかりとしておらず，「営」はAにとってわかりにくい漢字となった。Bもカタカナを手がかりに漢字を覚えなかったが，それはBがカタカナを書くのが苦手で普段あまり使わないために忘れてしまっていたからであった。そのため，たとえカタカナが漢字の中にあったとしても，Bにはわからなかったと思われる。Cも漢字の中にカタカナを見つけることはできるが「それだけ」で，特にそれを手がかりにして漢字を覚えようとしてはいなかった。このように，3人ともカタカナに対してはかなり無関心であると言える。安（2011）は，多くの日本語教育現場ではカタカナ語が重要視されておらず，

日本語学習者も他に多くの学ぶべきものがあるため普段カタカナ語を中心に学習していないことを指摘している。また，陣内（2008）は，日本語学習者がカタカナ語を学習する際どのような点に困難を感じるかを調べるためにアンケート調査を行った。全国の主な日本語教育機関に所属する外国人日本語学習者479人から回答を得た結果，カタカナ語の難しい点は英語などの元の言葉と発音や意味が違うことや表記の困難さであり，「もっときちんと教えて欲しい」と考えている学習者が多いことがわかったと述べている。習得ができているかどうかわからないカタカナを手がかりにした漢字イメージ動画を作るのではなく，習得済の初級レベルの漢字を手がかりにした漢字イメージ動画を作成する方が，漢字を覚えるヒントとして役立つと思われる。

　また，漢字練習の際の筆ペンの使用についてはAとBは肯定的であり，冊子に筆ペンで漢字を書いて練習していた。特にAは動画で漢字の説明や書き方を見た後，そこで一旦動画を止めて冊子を開いて漢字を筆ペンで丁寧に書き込んでいたため，漢字の正しい書き方を学ぶことができたと思われる。二村他（2017）は，母語に漢字の背景を持たない非漢字圏学習者の多くは漢字を図形のようにしか見られず，複数の部分で構成されていることや，各パーツの大きさや長さ，スペース，また，上から下や左から右といった書き順についての基本となる認識がないため，モデルとなる漢字を見ながらその形を写すことさえも困難であると述べ，筆順が大切であることを学習者に指導する必要があると指摘している。Aは動画を見て，教師が「いち，に，さん」と言いながらイメージイラストの上に漢字を書いていくのを真似ることで正しい漢字の書き方を学ぶことができたと言える。一方，Cは筆ペンが使いにくく，綺麗に書けない上時間がかかるので全く使っていないと話したが，すでに漢字の書き方の基礎を母国で学んでいたため，書き方を学ぶよりは多くの漢字を書くことを優先していたと思われる。2016年度秋学期前半の初中級クラスの実践結果から，漢字の字形を正しく学ぶには筆ペンで丁寧にゆっくりと書いていくのが効果的ではないかと思って

いたが，今回はその効果を明らかにすることはできなかった。

6. 今後の課題

　現状では漢字補習クラスの運営のみで非漢字圏日本語学習者をサポートするのは限界があるが，本別科での漢字学習環境を早急に改善することは現実問題として難しい。漢字学習の多くを彼らの自主学習に頼らざるを得ないのであれば，本稿のように漢字イメージイラストを使った動画を作成し，彼らの漢字学習をサポートする教材を作成することが有効な手段であると思われる。今後はさらにイメージイラストの内容を精査し，書く方面だけではなく，読みの部分や語彙にも注目し，より多くの漢字を覚えられるような動画作りをするつもりである。また，将来的には中級や上級レベルの漢字習得へ発展していけるような，橋渡しとなる教材作りを目指したいと考えている。

参考文献

安榮花（2011）「日本語学習者に対するカタカナ語教育の問題と提案」『玉藻』46号，55-66.

板野永理・池田庸子・品川恭子・田嶋香織・渡嘉敷恭子（2009）『KANJI LOOK AND LEARN―イメージで覚えるげんきな漢字512』The Japan Times

伊藤江美・中村かおり（2021）「Kanji in 6 & 4の点画コードを用いた漢字字形学習の実践―Kコードの共通言語機能と実用性についての考察―」『拓殖大学日本語教育研究』第6号，211-233.

上島史子・竹内夕美子（2017）『Understanding through pictures 1000 KANJI イラストで覚える漢字1000』ナツメ社

カイザー，シュテファン（1994）「漢字神話と漢字学習―非漢字系学習者における漢字先入観について―」『筑波大学留学生センター日本語教育論集』9, 61-71.

カイザー，シュテファン（1996）「漢字学習と押韻―非漢字圏学習者に対する漢字教育を考える」『筑波大学留学生センター日本語教育論集』11, 99-112.

海保博之・ハットトワ，ガマゲ ガヤトゥリ ギータンジャリ（2001）「非漢字圏日本語学習者に対する効果的な漢字学習についての認知心理学からの提言」『筑波大学心理学研究』23, 53-57.

加藤薫・紅林吉雄・髙田恭子（2020）「非漢字圏漢字クラスにおける漢字授業の試み―『ストーリーで覚える漢字300』『ストーリーで覚える漢字Ⅱ301～500』をテキストとして

　　──」『JSL漢字学習研究会誌』(12), 52-61.

小林由子(1998)「漢字授業における学習活動──認知心理学的モデルによる検討──」『北
　　海道大学留学生センター紀要』第2号, 88-102.

佐々木仁子・松本紀子(2015)『日本語能力試験対策　日本語総まとめN3漢字』アスク出
　　版

陣内正敬(2008)「日本語学習者のカタカナ語意識とカタカナ語教育」『言語と文化』11, 47-
　　60.

関正昭・土岐哲・平高史也(編)(2011)『日本語教育叢書「つくる」漢字教材を作る』スリー
　　エーネットワーク

独立行政法人日本学生支援機構(JASSO)「平成26年度～令和3年度外国人留学生在籍状
　　況調査」　URL: https://www.studyinjapan.go.jp/ja/statistics/zaiseki/index.html (2023年1月
　　29日アクセス)

二村年哉・阿部仁美・市川明美・須藤むつ子・富田麻知子(2017)「非漢字圏漢字クラス・
　　漢字圏漢字クラスの特徴に配慮した授業実践」北海道大学国際教育研究センター紀要
　　21, 34-47.

早川杏子・本多由美子・庵功雄(2019)「漢字教育改革のための基礎的研究：漢字字形の
　　複雑さの定量化」『人文・自然研究』第13号, 116-131.

ボイクマン総子・渡辺陽子・倉持和菜(2008)『ストーリーで覚える漢字300英語・インド
　　ネシア語・タイ語・ベトナム語版』くろしお出版

ボイクマン総子・渡辺陽子・倉持和菜(2012)『ストーリーで覚える漢字Ⅱ301～500』くろ
　　しお出版

ヴォロビヨワ　ガリーナ(2011)「構造分析とコード化に基づく漢字字体情報処理システム
　　の開発」『日本語教育』149巻, 16-30.

メリアム, S. B. (2004)『質的調査法入門──教育における調査法とケース・スタディ』堀
　　薫夫・久保真人・成島美弥(訳)ミネルヴァ書房

柳田しのぶ(2018)「初級漢字クラスにおける漢字形の導入──手の意味を持つ字形パーツ
　　を手がかりとして──」『筑波大学グローバルコミュニケーション教育センター日本語
　　教育論集』第33巻, 75-80.

第9章 帰国留学生会に参加する会員たちにとっての グループ内利益に関する調査研究

坪 田 珠 里

1. はじめに

　日本において留学生の受入れは，戦後一貫して人材の育成と高等教育の国際化のための重要な施策と位置づけられてきた。「留学生30万人計画」は2020年度に目標年度を迎え，卒業・修了者に占める国内就職者の割合も2008年時点の25.3％から2019年には36.9％にまで増加したことなどから，一定の目標を達成したとの評価がなされている[1]。日本国内で就職あるいは定住する「元留学生」は徐々に増加しているが，多くの元留学生は母国に帰国してそれぞれの道を歩んでいる。そのような元留学生に対するフォローアップは，「留学生30万人計画」の具体的方策の一事業とされてきた。

　帰国した元日本留学生は引き続き日本との架け橋となることを期待されており，政府によっても「対日理解・友好関係増進へ貢献する貴重な人材」[2]として位置づけられている。そのため，元留学生に対しては，海外の在外公館を通じて帰国留学生会の組織化支援や各種同窓会活動に対する支援などが実施されており，また元日本留学生アセアン評議会（ASCOJA）のような帰国留学生会相互間による交流活動も行われている。帰国留学生会は，2021年末の時点で把握されているだけでも世界118カ国に219の組織があ

　文部科学省HP「留学生30万人計画」骨子・検証結果報告 ＜https://www.mext.go.jp/content/20220914-mxt_gakushi02-000025000_1.pdf＞（2023年1月30日）
2　外務省HP 留学生交流 ＜https://www.mofa.go.jp/mofaj/gaiko/culture/hito/ryu/＞（2023年1月30日）

るが[3]，この数はあくまで在外公館の調査により把握されている数であり，その他にも「○○大学元留学生会」や「○○県元留学生会」等の組織が作られている[4]。

　筆者は，2018年，ベトナムのハノイ市とホーチミン市にある帰国留学生会の執行委員に帰国留学生の活動や意義についてインタビュー調査を行う機会を得た。そのインタビューでは，「会員同士だと親しみやすい」や「仕事上の人脈が得られる」などという，会が持つ価値に関する興味深い話を聞いた。本研究はそれに端を発し，帰国留学生会に所属する会員たちが会に対して持っている思いを詳しく掘り下げるために調査を行うものである。

2. 先行研究の検討

　本稿は，いわゆる帰国留学生会として登録のある会を対象としたものである。留学生が母国に帰国した後，帰国留学生のような会に参加するかしないかは任意であり，そのような組織にあえて入らない人も多い。SNSが発達し，距離的に離れていてもプライベートで連絡を取り合うことが容易になった現在，対面の活動が行われる帰国留学生会に参加するのにはどんな理由があるのだろうか。

　帰国留学生会についての学術研究の数はあまり多くないが，これまで行われた研究の中で多くの割合を占めているテーマは，日本の大学が組織する帰国留学生会についての調査である。例えば，大学における帰国留学生会への具体的な取り組みについて紹介するとともに課題について論じたもの（上條（2005），山本（2005），吉田（2005）等）や，帰国留学生のフォローアップとして大学の元留学生に対してインタビュー調査を行った結果をまとめ，大学としてのネットワークの組織化やさらなるフォローアップの必

3　同上
4　例えば台湾には「関西大学台湾留学生会」がある。同会はOB会としての役割も担っており，台湾に住む関大出身の日本人も参加する関大の海外校友会として活動している。また，この日本側組織は台湾弁事処や華僑会とも緊密な連絡関係があるとのことである（2022年11月25日，別科卒業生T.Pへの聞き取り調査より）。

要性について説いたもの（松本（2009），佐藤（2004），中島（2011）等）があ
る。しかし，本稿が対象とするような帰国留学生会として登録のある会を
対象とした調査は少なく，さらに帰国留学生会の会員にとっての会の活動
の意味づけ・役割について論じた研究は希少である。この点において永井
（2001）は，メキシコ人の元留学生 2 人に対して聞き取り調査を行い，メキ
シコの帰国留学生会での活動が彼らにとってどのような意味を持つのかに
ついて調査したところ，会員からは，文部科学省から奨学金をもらって留
学したことへの感謝から日本のために何かをしなければいけない，あるい
は，日本に関する様々な経験をメンバーと共有できる会の存在はありがた
い，というような日本への貢献意識やメンバーと経験を共有することの大
切さに関する言葉があったと論じている。しかしながら，帰国留学生会の
会員たちの会に対する考え方をより客観的に把握するには，質的な調査に
加えて量的な調査が必要である。

3.　研究の目的と研究方法

　上述の背景において，本稿の目的は，コミュニティ・ネットワークの枠
組みを用いて帰国留学生会に所属する会員たちの活動等についてアンケー
ト調査・分析を行うことで，彼らがどのようなグループ内利益（in-group
benefit）を得ているのかを明らかにすることである。研究方法は，まず帰国
留学生会の会員たちに予備調査としてインタビュー調査を行い，いくつか
の重要な概念を引き出した上で，その概念を元に仮説を立てる。そして，
その仮説を検証するためにアンケート調査を行い，結果を考察する。

　本件調査ではベトナムを事例にとって研究している。その理由は第 1 に，
前回調査（2018 年）からの継続調査であること，第 2 に，ベトナム人留学
生の数は 2022 年度にはコロナ禍の影響で減ったとはいえ，依然として中国
人留学生に次いで 2 番目に多いことから，施策的にも参考にしうる結果が
得られるのではないかと考えたからである。

　本稿に関わる予備的な質的調査（インタビュー調査）は，2018 年 12 月に

ハノイ市とホーチミン市において，それぞれの市にある帰国留学生会の執行委員に対して行った。また，量的調査に関しては，帰国留学生会の会員を対象としたオンライン・アンケートを，Microsoft Formsを利用して2022年12月28日から2023年1月28日まで実施した。

4. ベトナムの元帰国留学生会執行委員へのインタビュー調査

4.1 ベトナムの元帰国留学生会の概要と沿革

　まず，ベトナムの帰国留学生会の概要と沿革について説明する。ベトナムには，帰国留学生会として，北部のハノイ市に「ベトナム元日本留学生協会（Vietnam Association of Japan Alumni: 以下VAJA）」があり，また南部のホーチミン市に「ホーチミン市元日本留学生クラブ（Japanese Universities Alumni Club in Ho Chi Minh City: 以下JUACH）」がある。VAJAは2001年5月に設立されたもので，現在会員数は約2000人である[5]。要覧によれば，活動の概要は①日本関連の式典に参加すること，②JASSOの留学フェアに共催として参加し，通訳の手配や留学相談を行うこと，③各種日本語スピーチコンテストに審査員として参加・共催すること，などと書かれている。また，JUACHは2006年4月に設立され，現在会員数は約470名である[6]。要覧によれば，活動の概要は①ベトナム南部の元日本留学生間の交流・情報交換・ネットワーク構築，②日本での経験を生かした日越関係交流への貢献，③教育文化交流・日本留学サポート，④慈善事業，などと書かれている。両方の会とも，当初は在外公館の事務的なサポートを受けて設立され，懇親会の開催においては予算的な支援も得ながら活動を行っていた。年月を経て帰国留学生が多くなるにつれ，現在では両帰国留学生会とも独自の事務室を持ち，複数の執行委員が会の運営をする組織的な会に成長し，自律的に様々な活動

5　Study in Japan HP「令和3年度帰国留学生会要覧 VAJA」
　　＜https://www.studyinjapan.go.jp/ja/_mt/2022/04/3601.pdf＞（2023年1月10日）
6　Study in Japan HP「令和3年度帰国留学生会要覧 JUACH」
　　＜https://www.studyinjapan.go.jp/ja/_mt/2022/04/3701.pdf＞（2023年1月10日）

を行っている。

4.2　予備調査としてのインタビュー調査の概要と結果

　筆者は，2018年，VAJAとJUACHの執行委員に対し，帰国留学生の活動や意義についてインタビュー調査を行った[7]。インタビューにあたっては，調査が任意であること，個人に不利益になる情報は収集しないこと，調査の結果は研究以外には公表しないことに関し同意を得てから行った。会話はベトナム語で行い，筆者が訳出した。

　まずVAJAに関し，執行委員のP氏に対するインタビュー調査を要約すると以下の通りである。大学の教員であるP氏によれば，執行委員としては2～3か月に1回くらい活動のために会うとのことである。活動は定期的な交流会の他，日本企業の奨学金授与の窓口になったり，JENESYS（筆者注：外務省の対日理解促進交流プログラム）で学生を日本に送る際の人選について在外公館から相談されたりすることもある。ベトナムの病院や日本の被災地への募金などの慈善活動も行われている。活動はHPに逐次掲載されている。

　P氏自身は，元々日本留学から帰国した後，N県元留学生会の幹部をしていた。そのような都道府県レベルの元留学生会の中では，現在は熊本，金沢，福岡，京都，神戸などの会が比較的連絡が密であり活動も頻繁に行っているということだった。お互いに繋がってグループを作るだけでなく，仕事上での助け合いやお互いの相談，親族の病気の際にはお見舞いをし合ったりするそうで，また時には日本から恩師が来越する際，皆に声をかけて食事会の機会を作ったりもするとのことである。P氏曰く，そのような小さい会は，お互いがとても親しいので活動が盛んだと言う。

　帰国した元留学生のうちどれくらいの割合が帰国留学生会に入るのか，

7　VAJAに関しては，2018年12月18日にハノイ市においてP氏の職場にてインタビューを行った。またJUACHに関しては，2018年12月27日にホーチミン市においてX氏指定のカフェにてインタビューを行った。

と聞くと，帰国してもそれぞれ忙しいため，皆が会に入るわけではなくむしろ少数派だ，と言う。しかし，比較的規模が小さい「○○県元留学生会」や「○○大学元留学生会」というようなグループに関しては，集まりやすく活動も行われやすいのでは，とのことだった。ではどんな人が帰国留学生会に入るのか，と聞くと，P氏は以下のように答えた。

「熱心な人。だってこの会って，何の金銭的な利益もないから（笑）。ただこういう活動が好き，仕事以外の活動が。……外向きっていうのか，交流が好きなんだろう。2つ目は，この会に入っている人には，大学や県とかそういう小さい会を主催している人も多い。そういう人たちはより責任感，意識がある。要はこの帰国留学生会は「中央会」みたいなもの。この会に入っている人の中には，組織で管理職の地位にいる人も多い。社長とか。彼らの影響力っていうのも結構大きい[8]。ここでは人間関係が幅広い。」（筆者注：下線は筆者が引いたもの）

さらに，帰国留学生内でそのような幅広い繋がりができることの良い点は何か，と聞くと，「それぞれ専門分野を持っているから『どこの誰かを紹介して』と頼まれることがある。日本から帰ってきたっていう経験でお互い共感しやすい。親しく感じやすい。だから，日本に留学したことがある人にとってはとても好ましいと思う」と答えた。さらに，「今，技能実習生の問題があるが，今後そういうことに対して会として提言していかれればと思っている。」との言及もあった。

次に，JUACHの執行委員であるX氏に対するインタビューの内容を要約すると以下の通りである。会員に関しては，教員や公務員，会社員が多いVAJAの事情と少し異なり，自営でビジネスを行っている人や日本語翻訳・

8　例えばVAJA会員には，大学学長・学部長経験者や国会議員等が含まれている（VAJA HP「VAJA 20 năm xây dựng và phát triển（VAJA 20年の建設と発展）」＜https://drive.google.com/file/d/1IS6R pSGOxllSOBueJQVrT6wzhpTVPAgn/view＞（2023年1月10日アクセス）

通訳関係のフリーランサーが比較的多いと言う。X氏曰く「割と高い地位
にいる人が多い」そうだ。活動としては，定期的な懇親会，忘年会や新年
会などを行ったり，会員たちがお金を出し合って，地方の学生に対して独
自の奨学金授与を行ったりする活動もある。また，ホーチミン市にも，帰
国留学生会以外に大学や都道府県レベルの元留学生会があるとのことで
あった。

　X氏自身は自分の会社や子供の学習クラブを経営しているが，日本語教
師や通訳の経験もある。日本留学で得た経験や，仕事上で得た多様な経験
を，帰国留学生会で企画される講演会や留学相談会などの機会において伝
えることにやりがいを感じているという。さらにX氏は以下のように話し
た。

　　「JUACHは日本語関係の仕事で上手な人が多い。例えば自分は話すの
　　はできるけど，書くのは苦手。もしもっと上手な人が必要だったら
　　JUACH経由で依頼する。私（筆者注：執行委員）はコーディネーターみ
　　たいなもの。いろんな分野で上手な人がいて，みんな付き合いが広く
　　て仲が良い。JUACHのおかげで，ベトナムでも日本でも，たくさんの
　　日本人に出会えている。」

　上述した帰国留学生会の執行委員2人に対するインタビュー調査からは，
帰国留学生の活動は，会員同士の懇親を深める行事だけでなく，後続とな
る日本留学希望者への経験や知識の共有，また，それ以外の人々に向けて
の社会活動も多く行われていることがわかった。また，帰国留学生会に参
加する元留学生は全体からすればむしろ少数派とも言えるが，参加する人
の中には比較的社会的地位が高い人も含まれているということを知ること
ができた。そして，同じ大学や同じ都道府県に留学経験のある人たちが集
まり，規模的には小さくとも活動実態がしっかりあるような，よりプライ
ベートな組織が作られていることと，帰国留学生会自体は，その規模感に

より中央会のような位置づけがなされていることがわかった。さらに，インタビューテキストのうち筆者が下線を引いた部分からは，個人が会から得られている共通の価値として「親近感の持ちやすさ」「親しい付き合い」「人間関係」「仕事上の人脈」という概念が導き出された。

5. 分析の枠組み

　本項では，まず帰国留学生会という組織が持つ性格を整理する。そして，インタビュー調査から得られた概念と先行研究の概念を参考にしながら分析の枠組みを設定し，アンケート調査の設問の作成に繋げる。

　そもそも帰国留学生とはどのような性格を持つ会なのだろうか。両会の英語名とベトナム語名を見てみると，VAJAの英語正式名称はVietnam Association of Japan Alumniであるが，ベトナム語名には「協会」ではなく「クラブ（câu lạc bộ）」という名称が使われている。また，JUACHの英語正式名称はJapanese Universities Alumni Club in Ho Chi Minh Cityであり，ベトナム語名でも「クラブ」の語が使われている。ベトナム語名で「クラブ」の語が使われている理由は，ベトナムでは結社の自由が認められておらず，政府系の組織の下部組織として設立の許可を取らなければいけないため，ベトナム語名称では「協会」という語を公に使いにくいという複雑な事情があるものと推察される[9]。ベトナムの帰国留学生会は元々，在外公館のサポートによって結成されたという経緯があり，当初は「帰国留学生と日本との繋がりを維持することを目指し」[10]で設立されたものである。また，VAJAのHPには設立の目的の一番目として「日本に留学・研究した元留学生同士の交流，会合の開催，協力関係を促進する。日本の教師や母校との交流を強化し，学術活動を組織し，業界内及び業界間で交流する。また，会員間及び

9　VAJAに関しては，日越友好協会という政府系組織に属する会として許可を取り組織化された。

10　外務省HP「帰国留学生への支援」　＜https://www.mofa.go.jp/mofaj/gaiko/culture/hito/ryu/index.html＞（2022年12月3日アクセス）

日越の関係機関の間で学際的かつ多分野の協力の機会を確立し促進する」
と書かれている[11]。実体に関しては，帰国留学生会は，会長以下複数名の副
会長や事務局長，財務班長等の執行委員がいて会の運営を行っている。こ
のような実務的な側面を見ると，帰国留学生会は経営学に基づく組織，あ
る特定の目的を持って結成されたアソシエーションと捉えられるだろう。

　しかし一方で，会に参加する目的は人それぞれであり，元来，旧友との
交流・懇親を楽しむ社交の場としての意味合いが強い。また帰国留学生会
は，ある程度の参加可能な距離に住む人たちが参加する会ではあるが，活
動に頻繁に参加できなくても会員としての登録は可能であり特定の地域性
を持つものではないため，Wellman（1979）の言うところのコミュニティ，
つまり地域性（空間）という条件に縛られない，会員同士が緩い繋がりを
持った共同体であるとも言える。さらに帰国留学生会はインターネット上
にHPを持っており，SNSやメーリングリストでも繋がっているため，非対
面でも繋がりを持ち情報の交換が行われるネットワークとしての性質も持
つ。このような会の設立の沿革と特徴に鑑みると，ベトナムの帰国留学生
会は，共通の目的を持って活動しながらも地域性や空間に制限されずICT
も活用するというコミュニティ・ネットワーク（天野 2005）の性格が強い
のではないかと考える。天野（2005）は，コミュニティ・ネットワークを
「地域社会に整備されたハード的なICT環境と，情報ネットワークによって
結びつけられる様々な資源と，一定の戦略を持って問題解決を行うリーダー
（層）からなる，問題解決のプロセスの総体」（天野 2005：71）と定義づけ，
「ネットワークの範囲」と「ネットワークの特性」という2つの軸を用いて
コミュニティ・ネットワークを類型化した。それによれば，ベトナムの帰
国留学生会のような組織は，既存のボランティアやクラブ，サークルなど
と同様の特徴があるアソシエーション型のコミュニティ・ネットワークで
あり，「対面接触型コミュニケーションを通じた信頼関係に基づく人間関係

11　VAJA HP「会員登録」　＜http://vaja.vn/dang-ky-thanh-vien/＞（2022年11月23日アクセス）

の上に展開する，バーチャルとリアルが融合した形での知縁および関心縁コミュニティ」（天野 2005：76）であると捉えられるものである。

　では，帰国留学生のようなコミュニティ・ネットワークは，なぜ任意団体であるにも関わらず自発的な協力関係を保持し会としての成長を続けられるのであろうか。この点において天野（2004）は，コミュニティ・ネットワークの理論には，会の活動プロセスの基盤としてソーシャル・キャピタルの視点を取り入れる必要があると論じている。ソーシャル・キャピタルとは，人々の協調行動を活発にすることによって，社会の効率性を高めることのできる「信頼」，「規範」，「ネットワーク」といった社会組織の特徴であり，ソーシャル・キャピタルが豊かならば，市民活動への参加が促進される可能性があると解釈されている[12]。天野（2004）によれば，「規範」とは互酬性の規範，つまり利益交換であり，また「ネットワーク」とは社会的交流を指すが，それにより共感と情報の共有がなされるという。ベトナムの帰国留学生が，結成から15年から20年を経て現在のような自律的で多様な活動を行う会に成長したのは，会員の数がただ増えたからというだけではなく，そのような会員同士の信頼関係の構築，利益交換，そして情報の共有というものが絶えず行われてきたからこそ会員の協調活動が活発化し続けられているからなのではないだろうか。

6. アンケート調査の概要と設問の設定

　上述の分析枠組みとインタビュー調査で導き出された概念を合わせ，会員が帰国留学生会から得られるグループ内利益（in-group benefit）を「情報の交換」，「信頼感」，「親近感の持ちやすさ」，「親しい付き合い」「人間関係」，「仕事上の人脈」の概念に分類し設問を作成した。また，帰国留学生会では，講演会，奨学金授与や募金活動など，帰国留学生会の外に作用する社会貢献活動が行われており，インタビュー調査中にもそれらへの言及があっ

12　厚生労働省HP「ソーシャルキャピタル」 ＜https://www.mhlw.go.jp/stf/shingi/2r98520000011w0l-att/2r98520000011w95.pdf＞（2022年10月25日アクセス）

たことから，「社会貢献活動」という会員の志向性についても設問項目を設定した。したがって，本研究の仮説は，①帰国留学生の会員は会に参加していることで何らかのグループ内利益を得ている，②会員は会にだけではなく社会に貢献したいという意識を持っている，である。

　なお，「その他」のラベルをつけた設問は，概念以外に筆者が追加的に調査したかった項目である。アンケートの設問は，表1の通り，基本属性（1「年齢」，2「帰国留学生会への参加歴」）及び参加理由・活動状況に関する質問（3から7）を含む全18問とした。設問7から18までは5件法で回答を求めた。

　ベトナムに住んでいる元留学生を対象としてアンケート調査を行うために，調査はMicrosoft Formsを利用した。倫理的配慮としてアンケート調査

表1　アンケートの設問

no. 設問	概念ラベル
1 年齢	／
2 会への参加歴	／
3 これまで会のどんな活動に参加したことがあるか。（自由記述）	／
4 会のイベントの中で最も好きな活動は何か。（自由記述）	／
5 あなたが会に参加した理由は何か。（複数選択。「その他」があれば自由記述）	／
6 他の元留学生会（大学や都道府県等）にも参加しているか。（単一選択）	／
7 私は会の活動にこれからも参加したいと思っている。（単一選択）	／
8 私は会の活動を通じて何か社会の人々に貢献する活動をしたいと思っている。	社会貢献活動
9 私は会のメンバーから情報を得ることを期待している。	情報の交換
10 私にとって会のメンバー内で交換する情報は重要である。	情報の交換
11 会に所属しているメンバーに対して同じ日本留学経験者として信頼感を持っている。	信頼感
12 会に所属しているメンバーに対して同じ日本留学経験者として親近感を持っている。	親近感の持ちやすさ
13 会のメンバーとは会の活動以外にも個人的なつきあいがある。	人間関係（深さ）
14 会のメンバーであることでお互いが親密になりやすいと感じる。	親しい付き合い
15 私は会の活動のおかげで人間関係が広がったと感じる。	人間関係（幅）
16 会での人間関係は自分のキャリアによい影響を与えている。	仕事上の人脈
17 私は自分が留学していた大学の情報を今でもよくフォローしている。	その他
18 同じ大学の卒業者とは他の大学の卒業者より交流が多い。	その他

は無記名とし，個人が特定できるような情報は収集しなかった。アンケートフォームの上部には研究目的を明記し，研究目的以外でデータを使用しないことを説明した。この Microsoft Forms のリンクは，両帰国留学生会の執行委員の協力を得て，VAJA では会のメーリングリストによる一斉送付，JUACH では会の Facebook への掲示によって回答協力者を募った。それに加え，筆者自身が個人的な付き合いのある帰国留学生会の会員に連絡を取り，他の会員に対して Forms のリンクを拡散してもらえるように依頼した。その結果，VAJA から 31 人，JUACH から 21 人の回答を得た。有効回答率は100％であった。回答の合計数 52 は，回答比率を 30％とした場合，許容誤差 10％及び信頼度 90％と設定した時に必要なサンプル数 56 に近いものである。以下，調査によって明らかになったことを記述する。

7. 調査結果

7.1 年齢と元留学生会への参加歴について

　アンケート回答者の年齢と会への参加歴は図 1 と図 2 の通りである。アンケート回答者の年齢は 2 つの会とも 40 歳代がボリューム層であるが，VAJAの方が比較的高めであり 60 歳代以上も 22％いた。また，参加歴は 10 年から 14 年と答えた人が最も多く，VAJA に関しては 20 年以上会に参加している人も少なくなかった（19％）。

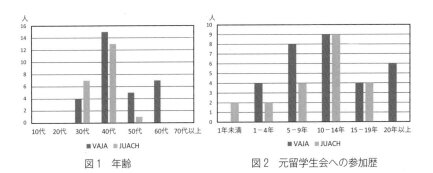

図 1　年齢　　　　　　　　図 2　元留学生会への参加歴

7.2　活動内容について

　「これまで会のどんな活動に参加したことがあるか（設問3）」について自由記述を求めたところ，VAJA及びJUACHともに様々な活動の名称が出た。例えば，忘年会，新年会，留学フェア（留学相談会），日本文化紹介事業，児童映画会，交流会，もったいないフェア，ボランティア事業等というものである。これによれば，会員たちは定期的な懇親会の他，多様な活動に参加していることがわかる。また，「会のイベントの中で最も好きな活動は何か（設問4）」についても自由記述で回答を求めたところ，忘年会，新年会，日越交流イベント（企業関係者との交流含む），ボランティア活動，留学フェアへの参加，アセアン元留学生会への参加，奨学金授与の会等という回答があった。会員たちの中には，親睦を深める活動だけでなく，留学相談や奨学金授与の会など自分の経験を後続の人たちに伝えたり役立てたりすることに関心を持っている人がいることがわかる。

7.3　元留学生会へ参加した理由

　元留学生会へ参加した理由については複数選択可として回答を求めた。その結果をまとめたのが表2である。VAJAでは，選んだ人が最も多かった割合の上から順に「日本に関する思い出を共有できるから」，「友達との連

表2　元留学生会へ参加した理由

元留学生会へ参加した理由	VAJA（n = 31）	JUACH（n = 21）	計（n = 52）
親しくしている仲間がたくさんいるから	18人（58%）	14人（67%）	32人（61%）
新しい人と知り合えるから	12人（38%）	14人（67%）	26人（50%）
楽しいイベントがたくさんあるから	11人（35%）	9人（42%）	20人（38%）
社会に貢献できるような行事があるから	14人（45%）	12人（57%）	26人（50%）
友達との連絡関係を維持したいから	21人（67%）	9人（42%）	30人（57%）
日本に関する思い出を共有できるから	25人（80%）	10人（47%）	35人（67%）
自分の仕事にポジティブな影響があるから	11人（35%）	7人（33%）	18人（34%）
価値ある情報を得たいから	23人（74%）	7人（55%）	30人（57%）
その他	3人（0.1%）	0人（0%）	3人（0.05%）

絡関係を維持したいから」、「価値ある情報を得たいから」であった。一方でJUACHでは「親しくしている仲間がたくさんいるから」、「新しい人と知り合えるから」、「社会に貢献できるような行事があるから」であった。VAJAとJUACHで対照的な結果が出た要因は不明だが、少なくとも両方の会において「楽しいイベントがたくさんあるから」や「自分の仕事にポジティブな影響があるから」という理由で会に参加している人は比較的少数であることがわかる。

7.4 群間比較

これまで見た結果により、VAJAとJUACHでは会員の年齢層・参加歴と留学生会への参加意識に違いがあることがわかった。したがって、設問7から18までの分析を行う前に、まずそれらの設問に対する回答においてJUACHとVAJAにどのような差があるのかを調べる。2群間での回答スコアをStudentの t 検定を使用して比較した結果は表3の通りである。

比較の結果、「私は会の活動のおかげで人間関係が広がったと感じる（設問15）」に関してはJUACHが有意に高値であった。また、「私は自分が留学

表3　VAJA と JUACH 間の平均値（標準偏差）の比較と p 値

Factor	Group		p 値
	VAJA 31	JUACH 21	
7 私は会の活動にこれからも参加したいと思っている。	4.13(1.09)	4.48(0.60)	0.190
8 私は会の活動を通じて何か社会の人々に貢献する活動をしたいと思っている。	4.10(1.16)	4.52(0.98)	0.174
9 私は会のメンバーから情報を得ることを期待している。	4.13(1.23)	4.62(0.67)	0.103
10 私にとって会のメンバー内で交換する情報は重要である。	4.35(0.95)	4.29(0.90)	0.794
11 会に所属しているメンバーに対して同じ日本留学経験者として信頼感を持っている。	4.19(1.14)	4.29(0.85)	0.753
12 会に所属しているメンバーに対して同じ日本留学経験者として親近感を持っている。	4.06(1.26)	4.33(0.80)	0.391
13 会のメンバーとは会の活動以外にも個人的なつきあいがある。	4.03(1.38)	4.67(0.73)	0.059
14 会のメンバーであることでお互いが親密になりやすいと感じる。	3.74(1.37)	4.33(0.97)	0.093
15 私は会の活動のおかげで人間関係が広がったと感じる。	3.52(1.39)	4.29(0.96)	0.032
16 会での人間関係は自分のキャリア形成によい影響を与えている。	3.16(1.29)	3.10(1.14)	0.850
17 私は自分が留学していた大学の情報を今でもよくフォローしている。	4.32(1.05)	3.62(1.20)	0.030
18 同じ大学の卒業者とは他の大学の卒業者よりも多く交流している。	3.35(1.25)	2.57(1.25)	0.031

※表中の数値は平均値（標準偏差）

していた大学の情報を今でもよくフォローしている（設問17）」に関しては
VAJAが有意に高値であった。さらに，「同じ大学の卒業者とは他の大学の
卒業者よりも多く交流している（設問18）」に関してはVAJAが有意に高値
であった。あくまで推測であるが，VAJAの方が自分の出身大学に愛着を感
じている人が多いようだ。一方で，その他の多くの設問（設問7から設問
14，及び設問16）に関しては2群間の回答スコアに差はなかった。したがっ
て，それらの設問に関しては，ベトナム南部と北部にある2つの元留学生
会の地域的な差や会の性格の差を考慮せず，サンプル数1として分析を行
う。

7.5　相関関係

　上述の通り，設問15，17，18以外はVAJAとJUACH間の回答スコアに差が
なかったため，次に両群を合わせた形で設問間の相関を見てみる（ただし，
表中には分析の便宜上設問15，17，18も含んでいる）。正規分布ではない連続変
数の相関を評価するために，各設問についてSpearmanの順位相関係数を算
出した。結果は表4の通りである。

　その結果，相関係数0.7以上の強い正の相関を認めたデータは以下の通
りである。設問14と設問15（相関係数0.860，$p < 0.01$），次に設問13と設問
14（相関係数0.849，$p < 0.01$），さらに設問13と設問15（相関係数0.804，$p < 0.01$），最後に設問12と設問14（相関係数0.749，$p < 0.01$）である。しか
し，設問15に関しては，7.4の群間比較によりVAJAとJUACHの回答間に大
きな差がある設問であったことがわかったため，ここでは分析の対象から
外す。

　上述の結果からVAJAとJUACH，2つの元留学生会の回答を合わせた形で
設問の相関関係を評価すると，まず，「会のメンバーとは会の活動以外にも
個人的な付き合いがある（設問13）」と「会のメンバーであることでお互い
が親密になりやすいと感じる（設問14）」に強い相関があること，そして，
「会に所属しているメンバーに対して同じ日本留学経験者として親近感を

表4　設問間の相関係数

相関係数	7私は	8私は	9私は	10私に	11会に	12会に	13会の	14会の	15私は	16会で	17私は	18同
7私は会の活動にこれか	1.000											
8私は会の活動を通じて	0.576**	1.000										
9私は会のメンバーから	0.623**	0.392**	1.000									
10私にとって会のメン	0.443**	0.470**	0.492**	1.000								
11会に所属しているメ	0.696**	0.413**	0.580**	0.418**	1.000							
12会に所属しているメ	0.567**	0.608**	0.388**	0.408**	0.663**	1.000						
13会のメンバーとは会	0.440**	0.550**	0.528**	0.269	0.362**	0.620**	1.000					
14会のメンバーであ	0.546**	0.617**	0.584**	0.347*	0.497**	0.749**	0.849**	1.000				
15私は会の活動のおか	0.550**	0.519**	0.519**	0.248	0.391**	0.636**	0.804**	0.860**	1.000			
16会での人間関係は	0.433**	0.452**	0.313*	0.134	0.226	0.348*	0.524**	0.595**	0.693**	1.000		
17私は自分が留学し	0.446**	0.453**	0.246	0.448**	0.458**	0.304*	0.163	0.246	0.098	0.135	1.000	
18同じ大学の卒業者	-0.009	0.211	0.119	0.251	0.156	0.298*	0.296*	0.328*	0.217	0.318*	0.483**	1.000

** $p < 0.01$, * $p < 0.05$

持っている（設問12）」と「会のメンバーであることでお互いが親密になり
やすいと感じる（設問14）」にも強い相関があることがわかった。一方で，
「信頼感」はどの概念とも繋がっていなかった。このことから，同じ会の会
員に対しては，同じ日本留学経験者としての「親近感」を持っており，同
じ会の会員であることは会員同士の絆をより「親密」にさせ，その絆はプ
ライベートな「人間関係」にも及んでいる，という議論が導き出せる。

7.6　目標値・標準値

　次に，回答の標準値を3とした場合と，回答の目標値を4とした場合に
おいて，平均値の推定を行い，どの設問に対して評価が高かったのかを調
べた（表5）。

　また，図3は，各設問に対する回答の平均値に最大値と最小値を表した
グラフである。

　表5と図3を見ると，「会での人間関係は自分のキャリア形成によい影響
を与えている（設問16）」（平均値3.135）と「同じ大学の卒業者とは他の大
学の卒業者よりも多く交流している（設問18）」（平均値3.038）以外は，回
答の標準値を3とした場合より有意に高いと言える。

　また，「私は会の活動にこれからも参加したいと考えている（設問7）」（平

均値4.269），「私は会のメンバーから情報を得ることを期待している（設問9）」（平均値4.327），「私にとって会のメンバー内で交換する情報は重要である（設問10）」（平均値4.327）は，回答の目標値を4とした場合より有意に高いと言える。なお，「会での人間関係は自分のキャリア形成によい影響を与えている（設問16）」（平均値3.135）と「同じ大学の卒業者とは他の大学の卒業者よりも多く交流している（設問18）」（平均値3.038）は，回答の目標値を4とした場合より有意に低いと言える。これらのことから，帰国留学生の会員たちは，「仕事上の人脈」への好ましい影響はそれほど認めておらず，それよりも会に参加することで得られる「情報」の交換を特に重

表5　平均値の推定

変数名	平均値	信頼区間			標準値3のp値	目標値4のp値
		95%下限	95%上限	95%精度		
7 私は会の活動にこれからも参加したいと思っている。	4.269	4.010	4.528	0.259	0.000	0.042
8 私は会の活動を通じて何か社会の人々に貢献する活動をしたいと思っている。	4.269	3.962	4.577	0.308	0.000	0.085
9 私は会のメンバーから情報を得ることを期待している。	4.327	4.031	4.622	0.295	0.000	0.031
10 私にとって会のメンバー内で交換する情報は重要である。	4.327	4.070	4.584	0.257	0.000	0.014
11 会に所属しているメンバーに対して同じ日本留学経験者として信頼感を持っている。	4.231	3.946	4.515	0.284	0.000	0.110
12 会に所属しているメンバーに対して同じ日本留学経験者として親近感を持っている。	4.173	3.867	4.479	0.306	0.000	0.261
13 会のメンバーとは会の活動以外にも個人的なつきあいがある。	4.288	3.956	4.621	0.332	0.000	0.087
14 会のメンバーであることでお互いが親密になりやすいと感じる。	3.981	3.634	4.327	0.346	0.000	0.912
15 私は会の活動のおかげで人間関係が広がったと感じる。	3.827	3.471	4.183	0.356	0.000	0.334
16 会での人間関係は自分のキャリア形成によい影響を与えている。	3.135	2.795	3.475	0.340	0.430	0.000
17 私は自分が留学していた大学の情報を今でもよくフォローしている。	4.038	3.717	4.360	0.321	0.000	0.811
18 同じ大学の卒業者とは他の大学の卒業者よりも多く交流している。	3.038	2.677	3.400	0.361	0.832	0.000

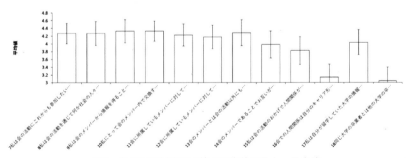

図3　各設問に対する回答の平均値と最大・最小値

視している，という議論が導き出される。

8. 考察

　本調査では，多くの設問（設問7から設問14及び設問16）に関しては2群
間の回答スコアに有意な差がなかった。そのため，2つの仮説に関わる設
問に関しては，VAJAとJUACHの回答を合わせて分析でき，ベトナムの帰国
留学生会全体として仮説の検証を行うことができた。

　分析の結果によると，「楽しいイベントがたくさんあるから」や「自分の
仕事にポジティブな影響があるから」という理由で会に参加している人は
比較的少数であった。このことから会員は，それ以外の何らかのグループ
内利益が得られているから会への参加を続けている，と言うことができる。
つまり仮説の①は支持される。しかし，グループ内利益として予測した「仕
事上の利益」については，本件調査からは否定された。

　また，同じ会の会員に対しては同じ日本留学経験者としての「親近感」
を持っており，同じ会の会員であることは会員同士の絆をより「親密」に
させ，その絆はプライベートな「人間関係」にも及んでいる，という議論
が導き出されたことからは，同じ大学の同窓生同士と言うよりは，広く日
本留学経験者としての親密のサークルが形成されていることがわかる。こ
れは，齋藤（2000）が議論する「親密圏」に当てはまるものと考えられる。
「親密圏」とは，複数の価値や意見の＜間＞の差異が払拭されている共同体
の側面を持つと同時に，他者との差異を認めながら対話の親密性によって
他者の生や感情への配慮を維持するものとされる。「日本での思い出を共有
できる」会員同士だからこそ持てる関係で作られた「親密圏」にいられる
ということは，差異のある他者との親しい関係を維持するのに役立ち，「こ
れからも会に参加したい」という考え方に繋がっているのではないだろう
か。

　さらに，会に参加することでの情報の入手への期待と情報の交換につい
ても目標平均値4より有意に高かったことから，会は大切な「情報交換の

場」となっていることがわかった。この「情報」とは具体的に何かについて2人の会員に対してメールを送りフォローアップ調査を行ったところ，「社会活動や職業に関する活動，仕事の機会に関するもの，ということではないか」（JUACHのV氏），そして，「単純に，近況とかそういうことではないか」（JUACHのN氏）という回答を得た[13]。この「情報」が具体的に何を指しているのかを知るにはさらなる調査が必要だが，お互いの近況を尋ねるという意味の情報から，より自分の仕事に関わってくる情報まで含まれているものと予想される。

　最後に，「社会貢献」に関しては，目標平均値4よりは高かったが，その他の項目と比較して特に高いわけではなかった。したがって，「仕事上の利益」と「社会貢献」に関しては，他の概念と比較すると特に重視されてはいないという結論になるが，その理由として考えられることは，この2つの概念は会の運営に積極的な執行委員に対するインタビューから出てきたものであり，普通の会員（もちろん，アンケート調査には執行委員の回答も含まれているが）は，その意識をあまり持っていないということなのかもしれない。ただ，これらの点についてはいくつかの先行研究の示唆が興味深い。例えば，大学の同窓会組織に関して調査したアメリカの研究では，スタートアップを試みる起業家を追ったところ，その人が同窓会との繋がりが多ければ多いほど起業が成功しやすかったという研究結果がある（Nann, et. al 2010）。また，中国の研究では，Covid-19のパンデミック中に中国の大学の同窓会が医療従事者に対して医療用マスクや移動病院を寄贈したという事実から，同窓会組織は公共政策にも影響を与えうるものだと論じている（Ding & Riccucci 2020）。このように，同窓生の繋がりは，グループ内利益にとどまらない創発性を持つものとして重視され始めている。

　小田（2004）は，「親密圏」は，従来の家族や村落共同体とは異なりプライバシーの理念とは切り離されているために，対話の親密性を起点として

13　JUACHの40代の会員であるV氏とN氏に対するメールインタビュー（2023年2月1日に回答を得たもの）。

公共圏の側面を持つ両義性のあるものと指摘している。実際にVAJAでは2011年の東日本大震災の際に募金を行ったり，JUACHでも地方の学生への奨学金授与を行ったりするなど公共性の高い活動も行われている[14]。世界にいくつもある日本の帰国留学生会は，それぞれが今後，公共圏にも作用するような役割を持つ会に発展する可能性を有している。今後は帰国留学生会の，そのようなより広範な一般市民社会への潜在的な有用性について追跡していくことが課題である。

9. まとめと関西大学留学生別科への提言

　本稿の目的は，コミュニティ・ネットワークの枠組みを用いて帰国留学生会に所属する会員たちの活動等についてアンケート調査・分析を行い，彼らがどのようなグループ内利益を得ているのかを明らかにすることであった。その結果，仮説①「帰国留学生の会員は会に参加していることで何らかのグループ内利益を得ている」が支持され，具体的には「親密圏」と「情報交換の場」という利益を得ていることがわかった。反面，仮説②「会員は会にだけではなく社会に貢献したいという意識を持っている」は，本調査では支持されるに十分な結果は得られなかった。

　本研究は推測統計であり，かつ事例研究であるため必ずしも一般化はできないが，この調査の結果からはいくつかの施策的な示唆が見られると考える。1つ目は公的な支援についてである。帰国留学生会の中には，自律的に運営できている会と，設立からまだ年月が浅い等の理由で在外公館が幹事役にならないと活動がおぼつかない会があるだろうが，いずれにしても公的なサポートが継続して望まれるところである。後者に関しては，ベトナムの帰国留学生会がかつてそうであったように，当初は公的機関で予算的・事務的なサポートを続けていたとしても，その後会員たちが会への参加に他では得られない価値を見出すことによって将来的に大きな組織に

14　VAJA HP「VAJA 20 năm xây dựng và phát triển（VAJA 20年の建設と発展）」＜https://drive.google.com/file/d/1IS6RpSGOxllSOBueJQVrT6wzhpTVPAgn/view＞（2023年1月10日アクセス）

育っていく可能性がある。また前者に関しても，公的行事に積極的に参加
してもらったり交流の場を多く設けたりすることによって，より幅広い「親
密圏」と多様な「情報交換の場」の提供に資することができると考える。
2つ目は，大学レベルの取り組みである。本別科は設立10周年を迎え，今
後も引き続き多くの卒業生を輩出していくだろう。したがって，今後は別
科卒業生のネットワーク作りを強化することだけでなく，それを関西大学
校友会等の同窓生組織とも積極的に繋げていくことが必要なのではないだ
ろうか。本調査では「留学していた大学の情報を今でもフォローしている」
と回答した人の平均値は目標値4よりも高い4.038だったことからも，多
くの元留学生は自分が在籍していた学校に関心を持っていることがわかる。
毎日，本別科で集中的に勉強し人間関係を築いた卒業生も同様に学校への
関心を保持していると想像できる。実務上の制限はあるかもしれないが，
関西大学校友会の行事にも別科卒業生を参加させて頂くことで，別科卒業
生の「親密圏」と「情報交換の場」の形成のサポートを行うことができる
のではないかと考える。

参考文献

天野徹(2004)「コミュニティ・ネットワーク研究のパースペクティブ──ICTによる地域
　社会の具体的な問題解決に向けて──」『日本社会情報学会学会誌』第17巻1号，67-83.

天野徹(2005)「コミュニティ・ネットワークとソーシャル・キャピタル」『日本社会情報
　学会全国大会研究発表論文集』第20回大会，17-20.

小田亮(2004)「共同体という概念の脱/再構築：序にかえて(<特集>共同体という概念
　の脱/再構築)」『文化人類学』第69巻2号，236-246.

上條武雄(2005)「事例紹介 東海大学における帰国留学生との交流ネットワークとその強
　化」『留学交流/日本学生支援機構編』第17巻2号，14-17.

齋藤純一(2000)『公共性』岩波書店

佐藤進(2004)「社会発展に役立つ留学生教育──帰国留学生を現地に訪ねて──」『松本大
　学研究紀要』第2号，21-32.

中島清(2011)「留学生同窓会の活動，その役割と方向性について」『福井大学留学生セン
　ター紀要』第6号，1-9.

永井智香子(2001)「帰国留学生の活動の一例──メキシコの元留学生の会の場合──」『長

崎大学留学生センター紀要』第 9 号，107-111.

松本久美子(2009)「帰国留学生に対するフォローアップ──カンボジアにおける訪問調査──」『長崎大学留学生センター紀要』第17号，17-32.

山本進一(2005)「名古屋大学における帰国留学生会への取組」『留学交流/日本学生支援機構編』第17巻2号，2-5.

吉田規雄(2005)「事例紹介 広島大学における最近の帰国留学生フォローアップ支援」『留学交流/日本学生支援機構編』第17巻2号，18-21.

Ding, F., & Riccucci, N. M. (2020). The value of alumni networks in responding to the public administration theory and practice: Evidence from the COVID-19 pandemic in China. *Administrative Theory & Praxis*, 42(4): 588-603.

Nann, S., Krauss, J., Schober, M., Gloor, P. A., Fishbach, K., & Fuhres, H. (2010). The Power of Alumni Networks - Success of Startup Companies Correlates with Online Social Network Structure of Its Founders. *Journal MIT Sloan Research Paper*, 1: 1-28.

Wellman, B. (1979). The Community Question: The Intimate, Networks of East Yorkers. *American Journal of Sociology*, 84: 1201-1231.

付記

　本件調査は，在ベトナム日本国大使館の Huỳnh Vũ Hiến さん，そしてホーチミン市貿易大学の Nguyễn Thu Hằng さんのご協力なしには実現できませんでした。ここに改めて御礼申し上げるとともに，アンケート調査にご協力頂いた方々にも感謝致します。

第三部

教育実践編 2：日本語教師養成

第10章　日本語教育実習の実施体制構築と実践

高　梨　信　乃・日　高　水　穂
嶋　津　百　代・森　　　勇　太

1.　はじめに

　近年，社会における日本語教育の必要性が高まり，より高い専門性を持つ日本語教育人材をより多く育成していくためのシステム作りが国レベルで検討されている。そのような社会的要請を受け，本学では，2019年度より文学部・外国語学部・国際部・留学生別科（以下「本別科」とする）が連携し，日本語教師養成講座の拡充・改善のための取り組みを行ってきた。

　取り組みの中心となったのは，学部レベルの日本語教育実習の整備，具体的には，教育実習のプロセスの仕上げに位置づけられる教壇実習を学内で実施する体制の構築である。2019〜2020年度の2年間の取り組みにより実施体制が整い，新規科目「日本語教育実習」が2021年度に文学部で，2022年度に外国語学部で開講された。以来，上記の取り組み以前から行われている大学院レベルの日本語教育実習と合わせ，学内での部局を超えた連携のもとに実習を実施している。

　他大学での日本語教育実習（特に，教壇実習の部分）は日本語学校など学外の教育機関で実施されている場合が多く，本学のように学内での実施体制を持っている例は希少だと思われる。

　本章では，このような日本語教育実習の学内実施の体制の構築と現状を振り返るとともに，問題点と課題を明らかにすることにより，本学における日本語教育人材育成のさらなる改善に繋げていきたい。

　以下では，まず2.で日本語教育実習の実施体制構築の社会的背景を述べ

た後，3.で本学の日本語教師養成講座を紹介し，4.で実習の実施体制構築の経緯を述べる。続いて，5.で実習の実施体制について述べた上で，6.と7.で2022年度春学期の実施状況を見た後，問題点と課題を述べる。

2. 日本語教育実習の実施体制構築の社会的背景

　昨今の様々な外国人受入れ政策の施行に伴い，日本語教育に関わる新たな施策も急速に実現しつつある。2019年6月の「日本語教育の推進に関する法律」の施行を皮切りに，現在（2023年1月）まで，対象別の日本語教育の整備や日本語教育の参照枠の作成など，日本語教育政策が一気に展開している。その中で，文化庁文化審議会国語分科会による『日本語教育人材の養成・研修の在り方について（報告）』（2018, 2019）が，大学などの教育機関における日本語教員養成課程にとって最も重要な指針となっている。この報告に，日本語教師の養成段階における必須の教育項目の1つとして「教育実習」が明記されている。これ以降，大学の日本語教員養成課程の修了要件に「教育実習」が義務づけられた。2023年1月現在，日本語教師の公的資格である「登録日本語教員」の制度創設に向けて議論が進行中であるが，この「登録日本語教員」認定にも「教育実習」の必須化が検討されている。

　この背景には，日本語教育界における日本語教師の質の担保という課題が窺える。多くの日本語学校では教育現場の即戦力となる人材の不足という問題を常に抱えている。大学・大学院の日本語教員養成課程の役割の1つは，そのような人材を輩出することであり，十分な専門的な知識と技能を獲得するための機会を与えることである。その点において，養成課程における「教育実習」は非常に重要な意味を持ち，実習生への影響力も少なくない。

　このような社会的要請を受け，本学でも日本語教育実習を安定的に実施できる体制構築の取り組みを進めることとなった。ただ，本学の日本語教師養成講座そのものは取り組み以前から開講されており，本学の日本語教

師養成の基盤を成している。3.で簡単に紹介する。

3. 関西大学における日本語教師養成講座

　本学では，文学部（以下，文（学部）），外国語学部（以下，外（学部）），文学研究科・東アジア文化研究科（以下，文・東ア（院）），外国語教育学研究科（以下，外（院））に計 4 つの日本語教師養成講座が設けられている。

3.1　文（学部）及び文・東ア（院）カリキュラムの概略

　文（学部）の日本語教師養成講座は2013年度に，文・東ア（院）の日本語教師養成講座〈大学院コース〉は2016年度に開講した。文（学部）及び文・東ア（院）は，人文学諸分野の多様な専門領域（文（学部）・文（院）では「専修」に下位区分される）によって構成されているが，日本語教師養成講座は，そうした各分野の専門科目の履修と並行して履修することにより，学部・研究科の学び全体を有機的に結びつけ，日本語と他言語，日本と他地域の社会・文化への理解を深めていくことに主眼を置いている。

3.1.1　文（学部）

　文（学部）の日本語教師養成講座は，1 年次配当の「*言語学研究」「*国語学概論a」「国語学概論b」，2 年次配当の「日本語学Ⅰa」「日本語学Ⅰb」「日本語学Ⅱa」「日本語学Ⅱb」「日本語表現論a」「日本語表現論b」といった言語分野科目を充実させているところに特長がある。また，2 年次配当の「*日本語教育概論」「*日本語教授法」，3 年次配当の「*日本語教育方法論」「*日本語教育授業分析」といった教育分野科目をバランスよく配置し，基礎から積み上げながら「*日本語教育実習」での実践に結びつくように，カリキュラムを構成している（*を付した科目は必修）。上記の必修 7 科目14単位と選択必修14単位の計28単位の修得により講座修了となり，卒業時に日本語教師養成講座修了証が発行される。講座の科目を全て履修することができるのは，早ければ 3 年次であるが，4 年次までに日本語教育能力検

定試験（日本国際教育支援協会，毎年10月に実施）に合格する者もおり，講座の修了生のうち，国内外の日本語教育機関で日本語教師としての職に就く学生が毎年若干名いる。また，日本語教師としてのより高度な専門性を身につけるために，大学院に進学する学生もいる。

3.1.2 文・東ア（院）

　文・東ア（院）の日本語教師養成講座は，両研究科の学問領域，人材養成の目的を鑑み，広く人文学研究に携わる大学院生が，自らの専門性を生かせる場を広げるために，日本語教育の基礎的な知識・技能・実践経験を得ることのできるプログラムとして設置したものである。文（学部）の日本語教師養成講座の中の「日本語教育実習」を除く教育分野の4科目と，文（院）で開講する「M日本語教育実践研究A」「M日本語教育実践研究B」（学部の「日本語教育実習」に代えてより実践的な実習を体験する科目）2科目を必修とする計26単位の修得により講座修了となり，在籍課程修了時に日本語教師養成講座〈大学院コース〉修了証が発行される。本別科で教壇実習を行う上記2科目に加えて，台湾・世新大学での日本語教育実習にも任意で参加することができる。

　文（学部）の日本語教師養成講座科目を修得した内部進学者（講座修了者及び一部の科目の単位を既修得の者）については，学部開講の科目の単位は既修得単位として認定し，未修得の科目の修得により，本講座の修了認定を行う。こうした学部・大学院共通プログラムとしての設定は，学部からの進学者にはより効率的に専門性が高い技能の修得を促し，学外からの進学者（及び学部の本講座科目を未修得であった内部進学者）には基礎から学べるカリキュラムとして構築したものである。

　学部からの進学者の中には，大学院在籍中に民間の日本語学校等で非常勤講師として日本語教育の現場経験を積む者もおり，修了生のうち，毎年数名が日本語教育に従事している。

3.2　外（学部・院）カリキュラムの概略

　外（学部）の日本語教師養成講座は2013年度に，外（院）の日本語教育専門家養成講座は2016年度に開講した。外（学部・院）の養成講座の特長の1つは，受講生が，日本語学・日本語教育学関連の授業だけでなく，英語教育や中国語教育など他の言語教育関連の授業科目を履修して単位を修得できる点である。受講生は，日本語教育を「外国語教育」の1つとして，包括的かつ多角的な視点から学んでいる。外（学部）は，前述の本別科で教壇実習を行う「日本語教育実習」を2022年度春学期より開講した。それに先立ち，外（院）の「日本語教育特別実習」は，国際部が提供しているサマー／ウィンタースクールで教壇実習を行ってきたが，2021年度春学期より本別科に実習の場を移している。

3.2.1　外（学部）

　外（学部）の学生の大多数は，英語あるいは中国語を主専攻言語とする学生である。2年次での海外留学がカリキュラム上，必須であるため，学生はアメリカ・イギリス・カナダ・オーストラリア・ニュージーランド・中国・台湾・韓国などでの1年間の留学を経た後，3年次より日本語教師養成講座の主要な科目を履修することとなる。他に，若干名の外国人留学生を対象とする3年次編転入の日本語主専攻があり，これらの学生も日本語教師養成講座を履修できる。主専攻言語に関わらず外（学部）の学生全般に見られる特徴として，外国語学習や異文化理解に対する関心の高さが挙げられる。

　外（学部）では，所定の28単位を修得すれば，日本語教師養成講座の修了が認められる。養成講座の必修科目は，「言語教育学（日本語）」「日本語教育演習」「言語分析研究（日本語）」「日本文化論」「日本語教育実習」である。日本語教師養成講座の修了生のうち，国内外の日本語教育機関で日本語教師としての職に就く学生が毎年若干名いる。

3.2.2　外 (院)

　外 (院) には，外国語教育学領域・異文化コミュニケーション学領域・通訳翻訳学領域の 3 つの領域があり，日本語を含む 5 つの言語が専攻できる。日本語教育専門家養成講座は，専攻する領域や言語に関わらず誰でも受講することができる。将来，日本語教育に関わる職に就く可能性を視野に入れ，日本語教育の専門知識を学び，実践に必要なスキルを身につけることを希望する大学院生のための講座として位置づけられている。

　日本語教育専門家養成講座を受講し，所定の単位を修得して修了する大学院生は毎年 10 名程度いる。専攻言語は日本語の他，英語・中国語・朝鮮語と多様である。また，日本人学生と留学生が混在しているのが特徴である。修了者のうち，毎年数名が日本語教育に従事している。

　養成講座の指定科目は，「言語と教育」分野 31 科目，「言語」分野 19 科目，「社会・文化・地域」分野 9 科目，「言語と社会」分野 6 科目，「言語と心理」分野 7 科目，「その他」分野 3 科目の計 75 科目である。これらの科目から，必修科目を含めて 26 単位を修得することを修了要件としている。必修科目は，「M外国語教授方法論 (日本語)」「M外国語分析論 (日本語)」「M外国語教育論 (文法) (日本語)」「M外国語教育教材論 (日本語)」「M日本語教育特別実習」の 5 科目である。本別科での教壇実習に加え，台湾・淡江大学での日本語教育実習も任意で参加することができる。

4.　日本語教育実習の実施体制の構築

　3.で見たように，日本語教師養成講座のカリキュラムは，文 (学部)／文・東ア (院) と外 (学部)／外 (院) の間で，内容や性格が異なったものになっている。それは学部・研究科ごとの独自性を保持するという点で望ましいことであり，一大学において複数の日本語教師養成講座を設置していることの意義であるとも言えるだろう。

　その一方，養成講座の仕上げ段階にあたる日本語教育実習は，教壇実習の場所や実習の相手となる学習者の確保をはじめ，多くの準備や対応が必

要な特別な科目であり，その実施について，文（学部）／文・東ア（院）と外
（学部）／外（院）は共通の課題を抱えていた。特に，前述の文化庁文化審議
会国語分科会（2018, 2019）で求められている，学部レベルにおいて実際の
日本語学習者を教える教壇実習を含んだ日本語教育実習を実施する体制を
作ることは，単独の学部・研究科では極めて困難であった。

　こうした状況から，上記のようなそれぞれの学部・研究科の特色や強み
を活かした養成講座を維持しつつ，日本語教育実習については，ともに安
定的に実施の場を確保し，内容の質と量を担保するために，連携・協力し
て実施するというのが，2019年度以降の取り組みで構築してきた体制であ
る。

5.　日本語教育実習の実施体制
　ここから，本学の日本語教育実習の実施体制について概略を述べる。

5.1　授業の設定
　表1に各学部・研究科に設置されている日本語教育実習の科目名と教壇
実習の場を示す。

表1　日本語教育実習の科目名と教壇実習の場

	科目名（開講時期）	教壇実習の場
文（学部）	「日本語教育実習」（春・秋各1クラス）	留学生別科生に対する
外（学部）	「日本語教育実習」（春・秋各1クラス）	補習授業（原則，対面）
文・東ア （院）	「M日本語教育実践研究A」（春学期） 「M日本語教育実践研究B」（秋学期）	留学生別科入学予定者に対する 入学前教育（オンライン）
外（院）	「M日本語教育特別実習」（春・秋各1クラス）	

　以上の5科目は，教壇実習も含め別々に実施されており，受講生が交じ
り合って活動する機会はない。ただし，文（学部）・外（学部）の「日本語教
育実習」は同一の教員（非常勤講師）が担当している。表1が示すように，

学部レベルの教壇実習は，別科生を対象とする補習授業として設定されて
いる。一方，院レベルの教壇実習は，本別科入学予定者に対するオンライ
ンの入学前教育として行われている。詳しくは，6.及び7.で述べる。また，
いずれの科目についても，教壇実習に先立ち，授業見学も本別科において
行われている。

5.2　運営のための体制 ── 連携とそれぞれの役割 ──

　日本語教育実習の運営には，上記の科目を提供する文（学部）/文・東ア
（院），外（学部）/外（院）と，実習を受け入れる本別科との間の緊密な連絡・
協力が必須である。そのため，文外両学部の教員，実習の授業担当教員（学
部レベルについては非常勤講師），本別科とその上部組織である国際部の教
員・職員をメンバーとする連絡会議が組織されている。

　連絡会議ではZoomを用いたオンライン・ミーティングが年に数回開かれ
ている（2022年度は3月から9月にかけて計7回実施）。教壇実習の立ち上げ
にあたっては，実施の方法，時期，回数，対象レベル，内容など設定に関
わる基本的なことから，実習参加者となる別科生・別科入学予定者への説
明や連絡の方法，録画の許諾の得方，実習生が作成した教材の保存・管理
など細部に至るまで，当ミーティングで協議・検討された。実習の実施開
始以降も，スケジュールや進め方の確認，実習生側・参加者側双方の状況
についての情報共有，事後の振り返りなど，実習を適正に維持する，または
改善するための協議を続けている。さらに，関係する教員・職員間でTeams
などのオンライン・コミュニケーションツールを共有し，連絡，情報共有，
ミーティング記録の保存などに活用している。

　以上のような連携のもと，学部・大学院，本別科それぞれが実習の運営
のための役割を担っている。学部・院においては，養成講座運営を担当す
る教員（文学部：日高・森，外国語学部：嶋津・高梨）が，授業担当の教員と
連絡を取りつつ，教務に関わる役割を担っている。特に教務上の手当てが
必要なのは，学部の日本語教育実習である。大学院の実習に比べて人数規

模が大きいため，教壇実習実施に支障が出ない適切な人数になるよう，春学期と秋学期に受講生を配分するクラス分けを行わねばならない。また，そのことに伴い，正式な履修登録以前に学生に受講希望を出させる（事前登録）とともに，受講の心構えや履修上の注意点を説明するガイダンスを実施している。

　一方，実習受入れ側である本別科においては，専任教員のうち職掌上，実習に関わる教員は2名であり，1名が学部レベル，もう1名が大学院レベルの実習に関する業務を担当している。

　以上，本学における日本語教育実習の実施体制を見た。以下では，このような体制のもとで行われている教育実習の2022年度の状況を見ていくが，学部と大学院とで，教壇実習の場や実習生の人数規模など異なる点が多いことから，両者を分け，学部については6.で，院については7.で述べることにする。

6. 日本語教育実習の実施状況 ── 学部レベル ──

　ここでは，学部レベルの実習について，前述したガイダンス・クラス分けの段階から授業までの状況を見た後，授業担当教員と本別科の担当教員からの聞き取りにより得られた内容をまとめ，最後に問題点と課題に言及する。

6.1　ガイダンスからクラス分けまで

　以下，2022年度のガイダンスからクラス分けまでの状況を，担当した森から述べる。

　まず，2021年11月30日に文（学部）・外（学部）合同のガイダンスを実施した。ガイダンスの情報は，教務センターの協力を得て，対象者にインフォメーションシステムの個人伝言で周知した。また，2年次生が履修する授業でも案内を行っている。ガイダンス当日は，「日本語教育実習」の授業の概要，本別科の概要と学習者のレベル，先修条件（文（学部）），事前登録・

クラス分けの方法について説明した。このガイダンスには文学部生28名,外国語学部生23名が出席した。また,欠席者については,別途ガイダンス動画を視聴させるなどして対応した。

　その後,2021年12月21日を締め切りとして,Formsを利用した事前登録を行い,事前登録の結果を基にクラス分けの作業を行った。クラス分けにおいては,春学期・秋学期のいずれの受講を希望するかを学生に尋ねている。文学部生は3年次生(ガイダンス実施時は2年次生)が多く,なるべく既修得事項を増やした秋学期に受講したいとする者が多かったが,人数バランスの確保のため,数名を春学期に移さざるを得なかった。3年次生・4年次生の間は教職課程の介護等体験や教育実習があり,ゼミでの活動にも力が入る時期である。またクラス分けの上では考慮しないとしたものの就職活動も学生にとっては気になる時期であり,学生が実習に集中して取り組めるよう,一定の配慮は必要である。

　その後,秋学期の成績が確定したことをもってクラスが確定した。学生への受講クラスの発表は,2022年3月下旬の,2022年度の履修登録画面で実施した。

　以上のように,ガイダンス→事前登録→クラス分けという流れを教務センターのサポートも得ながら進めたことにより,大きな混乱なくクラス分けを行うことができた。

6.2　授業の概略

　まず,表2に各科目の受講者数を示す。( )内はそのうちの留学生の数である。

表2　学部レベルの日本語教育実習の2022年度受講者数

	科目名	春学期	秋学期
文(学部)	「日本語教育実習」	10(1)	13(0)
外(学部)	「日本語教育実習」	15(0)	7(0)

　春学期の「日本語教育実習」の授業期間は，文（学部）が2022年4月11日から7月18日まで，外（学部）が4月6日から20日までであった。授業は，オリエンテーション（第1回）に始まり，本別科授業のビデオ観察・教案の作り方など（第2～6回），教案作成・教材作成など（第7～9回），模擬授業（第10～14回），振り返り（第15回）という内容で進められた。授業見学は，4月から5月にかけての授業外の時間に，本別科の対面授業を同時刻にオンラインで見学する形で行われた。

　教壇実習は，6月から7月にかけての5週間に週2回ずつ計10回設けられ，別科生を対象とする補習授業として行われた。こちらも「日本語教育実習」の授業外の時間での実施となる。補習授業は1回90分である。各科目の受講生（実習生）の人数に基づき，10回を文（学部）4回，外（学部）6回に振り分けたうえで，各回を前半45分，後半45分に分割して，それぞれを2名または3名の実習生がグループで担当する形がとられた。各グループが5週間の間に2回ずつ補習授業を担当することになる。1回目は既習文型の定着を目指したアウトプット練習を中心とする授業，2回目はCan-do目標を実習生が設定して行うアクティビティ中心の授業であった。

　なお，教壇実習の期間中は，「日本語教育実習」授業（4限）の後の5限が教壇実習の準備のための時間として設定されている。授業の第10回から設けられている模擬授業が教壇実習前のシミュレーションであるため，実施者は5限目に残り，模擬授業の録画を見て振り返り，教員，TAからの助言や他の実習生からのコメントを基に教案を改善し，本番となる教壇実習に臨んでいた。

6.3　授業担当教員への聞き取りから

　2022年9月に授業担当教員から春学期の「日本語教育実習」についての聞き取りを行った。以下に聞き取った主な内容をまとめる。

〈1〉「日本語教育実習」全体について

1）授業では実習生の気づきを大切にした。言語教育に関する知識や理論よりも，観察して何に気づいたかを発表させることに重点を置いた。

2）日本語授業についてのイメージを持たない実習生が大半であるため，授業見学は非常に意義深いものであった。

3）教えるための言語の分析が不十分な点があった。実習生の数が昨年度よりも増え（高梨他（2022）参照），言語の分析に関して1グループに割ける時間が減ったことに加え，活用形の名前など基礎的な文法知識が不十分な実習生が多かった。

4）文と外の実習生の間に，関心や得手不得手の傾向の違いが見られた。

〈2〉教壇実習について

5）別科生に混乱をきたさないことに注意を払った。実習の内容が文型の導入でなく，復習であったことは，混乱をきたしにくいという点では安心できる。一方，実習生の活動としては，本来，初級の導入をさせるのが望ましいが，現状ではそれができていない。

6）実習生の数が多いため今回はペアもしくはグループでの実習となった。協働での学びとしての意義が認められる一方，1人で教壇に立つ経験をしていないことは授業管理能力の意識化という点で弱いと感じている。

7）教壇実習2回目はアクティビティ中心であったが，別科生の側に「そんなことよりN2の文法をやりたい」というような雰囲気が感じられた時があった。

8）別科生が非常に協力的で，欠席も少ない。実習生と関大という共通の話題で会話ができるなど，別科で実習を実施しているメリットは大きい。

9）別科生に対しては，毎回の補習授業後に評価アンケートを実施し

ていたが，5 段階評価の 4 と 5 がほとんどであり，肯定的な意見
が多かった。

10) 実習生の感想は，「大変だけど面白かった」「もっとやりたい」と
いった肯定的なものが大半であった。特に，対面で教壇実習を行っ
たことから得られた気づきの大きさが感じられた。

　以上から，現行の「日本語教育実習」が本別科の協力のもとで順調に実
施され，実習生にとって得がたい気づきと学びの場として大きな役割を果
たしていることが見て取れる。一方，3)，5)，6)，7) は問題点として注目
する必要があるだろう。

6.4　留学生別科における担当教員への聞き取りから

　前述のように，本別科の専任教員のうち職掌上，実習に関わる教員は 2
名であり，1 名が学部レベル，もう 1 名が院レベルの実習に関する業務を
担当している。以下は，春学期終了後の 2022 年 9 月に行った専任教員から
の聞き取りを基に述べる。学部レベルの教壇実習は，前述のように本別科
における補習授業として行われている。また，それに先立つ授業見学も本
別科授業において行われている。これらの運営に関わるスケジュール調整・
連絡，教室の確保，機材・通信面でのサポートなどの業務を専任教員が担っ
ている。また，実習の参加者が属するクラスの担当教員とも適宜連絡を取
り合い，参加者の様子を確認している。

　聞き取りによれば，2022 年度春学期の実習受入れの状況は以下のようで
あった。

〈I〉参加者（別科生）の状況について

1) 別科生は受験に向けて厳しいスケジュールとプレッシャーの中で
勉強している。N1 取得・スコアが求められるほか，英語や数学な
どの科目もあり，時間や気持ちに余裕がない。

2）春学期入学の別科生は，7月ごろに厳しい現実に直面し，精神的
に不安定になる学生が多い。

〈2〉今回の教壇実習について

3）ゲームやレアリアを使った授業など発展的な内容のものが多く，
よかった。Can-doベースの授業などは，別科の通常の授業と異な
る活動のため，別科生にとって自分の弱点に気づくチャンスになっ
た面もある。別科生からも「役に立つ内容だった」などの声があっ
た。

4）別科生にとって，受験勉強から解放される息抜きの時間になって
いた面もある。

5）関大への親しみや帰属意識を醸成する機会としての効果は限定的
だろう。

〈3〉別科における教壇実習の実施について

6）別科生が進学目的の学生であることを踏まえ，実習が別科生にとっ
てマイナス要素にならないよう注意が必要である。

7）別科の専任教員としては，通常の忙しさに加えての実習受入れが
負担になっている点は否めない。

以上を見ると，本別科の教員の立場から，別科生にとっての教壇実習の
メリットが一定程度認められていることがわかる。一方，別科生の時間的・
精神的に余裕のない状況に注意が必要だという指摘には注目すべきである。
また，本別科の専任教員の担う負担について述べられている点も見逃して
はならないだろう。

6.5 問題点と課題

学部レベルの日本語教育実習の問題点の1つとして，実習生の一部に，
教える際に必要な活用形の名前などの基礎的な知識の不足が見られるとい
うことがある。これは日本語教育実習を履修する前の準備の不足だと言え

る。養成講座のカリキュラムに関わる問題として捉え，実習以前に履修する科目の内容の調整や，学生にそれらの科目と実習との繋がりを意識させるなどの対応が必要である。この点について補足すると，同様の問題は，高梨ほか（2022）が対象とした2021年度の文（学部）の実習生についても観察されており，それを受けて，関係する科目の担当教員に授業内容の一部調整を要請する対応がとられていた。授業担当教員によると，2022年度の文（学部）実習生については，当該知識の面での準備状況に改善がみられたといい，それは授業内容の調整が功を奏したものと考えられる。

　次に，教壇実習に関して，ペア／グループでの実習になっており，実習生が1人で教壇に立つ経験ができていないこと，実習の内容が初中級の復習であり，実習生が経験するのが望ましい初級の導入ではないということなどがある。前者は教壇実習の回数という量的な制約によるものであり，後者は，教壇実習は当然ながら別科生のレベルに合わせてデザインせねばならないという質的な制約によるものと言える。本別科に限らず，実際の学習者が学ぶコース中に入り込む形で教壇実習が組まれる以上，量的にも質的にも制約が生じるのはやむを得ないことであり，この問題点の解消は難しいだろう。授業担当教員がグループでの実習の協働学習としての意義に言及していたように，今ある実習の場の利点を最大限活かすことが重要だと思われる。

　同時に，実習の参加者である別科生の側にも目を向ける必要がある。今回，問題点という形で指摘された点はなかったが，別科生が受験に向けて時間的・精神的に厳しい状況に置かれていることには留意せねばならない。教壇実習が，実習生の学びの場であるとともに，別科生にとっても有意義な時間になれば理想的であるが，そのためには，連絡会議を中心に，学部と本別科それぞれの教員が双方の状況や問題を共有して対応していくことが重要だろう。

7. 日本語教育実習の実施状況 — 大学院レベル —

　続いて，大学院レベルの実習について，外（院）の授業担当教員（嶋津）から，授業の状況と振り返りを述べる。その後，本別科の担当教員からの聞き取りにより得られた内容をまとめ，最後に問題点と課題に言及する。

7.1 授業の概略

　表3に各科目の受講者数を示す。（　）内はそのうちの留学生の数である。

表3　院レベルの日本語教育実習の2022年度受講者数

	科目名	春学期	秋学期
文・東ア（院）	「M日本語教育実践研究A／B」	2（1）	4（1）
外（院）	「M日本語教育特別実習」	5（3）	4（3）

　ここでは，2022年度春学期の外（院）の「日本語教育特別実習」について，授業担当の嶋津が述べる。

　2022年度春学期の「日本語教育特別実習」の授業期間は，2022年4月5日から7月19日までであった。この授業は，前述の文化庁文化審議会国語分科会（2018, 2019）で示されている教育実習の教育項目に則して，1)オリエンテーション，2)授業見学，3)授業準備（教案・教材作成等），4)模擬授業，5)教壇実習，6)教育実習全体の振り返り，という順序で進む。本別科においては，3)の授業見学（オンライン参加）と5)の教壇実習を実施した。

　院レベルの教壇実習は，2022年度春学期より別科生のための入学前教育において行っている。この入学前教育は，Zoomを用いたオンラインで，2022年7月19・21・26・28日（7時限：1コマ90分）に開講された。外（院）の実習生2名が中級レベルを，実習生3名が中上級レベルを担当し（文・東ア（院）の実習生は初中級レベルを担当），各レベルの授業4回全てを，チームティーチングの形で行った。また，これら4回の授業を入学前教育という1つのプログラムとして捉え，カリキュラム作成から担当した。カリキュラム作成においては，本別科入学を前に学生の動機づけを高めることを第

一の目標に据えた。

7.2　授業担当教員による振り返り

続いて，外（院）の2022年度春学期の「日本語教育特別実習」について
授業担当の嶋津が振り返る。

〈1〉「日本語教育特別実習」全体について

例年，この科目の実習生の中には，日本語の指導経験のある大学院生や，
他言語の現職教師である大学院生などがいるため，彼らがすでに持ち合わ
せている資質・能力を活かすことのできる教育実習を試みている。その点
において，教壇実習の場である別科生の入学前教育をカリキュラムから設
計できることは，実習生にとって大きな学びとなっている。また，日本語
指導の未経験者であっても，できるだけ精神的負担のないように，チーム
ティーチングを中心に教育実習をデザインしている。さらに，外（院）の実
習生は留学生が半数を占めるため，非母語話者として日本語を教えること
の不安も，チームティーチングによって軽減されるように努めている。6.3
で，学部の「日本語教育実習」の授業担当教員が指摘しているように，「1
人で教壇に立つ経験をしていないことは授業管理能力の意識化という点で
弱い」ことはあるかもしれない。その点を補うため，院レベルの実習では，
国際部主催の「日本語会話ブラッシュアップセミナー」などで，1人で授
業を担当する機会も設け，多様な形での指導経験の場を提供している。

〈2〉教壇実習について

2022年度春学期は，初めて，大学院レベルの実習生が別科入学予定者の
ための入学前教育を担当した。入学前教育の目的は，参加者（別科入学予定
者）たちが入学前にクラスメイトと知り合いになることで，来日や本別科
入学に際しての不安感を払拭させたり，別科生活への期待度を高めたりす
ることである。そのため，7.1で述べたように，入学前教育のカリキュラ

ムの作成の第一の目標は，本別科入学を前に参加者の動機づけを高めることであった。そのような目的を教員や実習生間で共有した上で，カリキュラムを作成した。例えば，中級レベルで行った4回の授業内容は，「私のぶらり留学生活（体験版）」というテーマのもと，「滞在先である別科の施設内から別科周辺の施設，さらには別科がある大阪府内の他スポットまでを，来日前の学生が楽しみながら『体験版』的に探索する」ことであった。別科職員の方々の協力のもと，本別科内を撮影したビデオを授業で使用したり，別科卒業生をビジターとして授業に招き，参加者が卒業生に自由に質問する時間を設けたりした。4回目の最終授業では，3名ほどのグループで休日の計画を立て，全員の前で発表を行った。実習後のアンケート回答によれば，2022年度春学期の入学前教育は，参加者からの評価が高く，授業内容も好評であった。

　学部レベルの日本語教育実習同様，院レベルの教育実習も，本別科をはじめ，国際部・文・東ア（院）・外（院）の協働と連携によって充実した教育内容を提供できており，実習生も本別科の入学前教育をよりよいものにすべく努め，教壇実習の成果の一端を担っている。一方で，入学前教育はオンラインで全ての授業が行われるため，実習生は（1）ITリテラシーなどのスキルが求められること，（2）別途，対面での実習の機会も必要であること，それゆえに（3）教壇実習の準備にかなりの時間と負担を強いられていることは否めない。これらを今後の課題として挙げておく。

7.3　留学生別科における担当教員への聞き取りから

　大学院レベルの教壇実習は，本別科の入学前教育として行われていることから，本別科の入学前の連絡・諸手続きの担当である職員が，実習の運営に関わる業務の多くを担っている。具体的には，連絡会議の開催・進行・記録，実習の参加者（入学予定者）との連絡，事前資料の提示，出欠確認，欠席者への連絡などである。別科専任教員の主たる役割は，実習のための参加者のクラス分けであり，JLPTの点数と面接の評価に基づいて初中級，

中級，中上級の3クラスを編成している。その他，職員の作業状況の確認を行うとともに，必要に応じて運営業務に加わっている。

　以下，2022年度春学期の実習受入れの状況について別科専任教員から聞き取った内容をまとめる。

〈1〉参加者（入学予定者）について

　　1）入学前の学生であるため，各人の様子が把握しにくい。また，自国でまだ仕事をしているなどの理由で，参加できない人もいる。

〈2〉今回の教壇実習について

　　2）別科入学後に向けたコミュニティ形成を主目的と考えた場合，十分に達成できていた。

〈3〉入学前教育における教壇実習実施について

　　3）入学予定者の中には初級文法の知識が不足している人が少なくなく，実習が手当ての場になればという期待もあるが，回数が限られているため現実的ではないだろう。今回のようなコミュニティ形成を目的とした内容は，入学予定者にとって来日前の不安の軽減など心理面で助けになり，有意義である。

　　4）専任教員の業務について負担感はない。

　以上から，2022年度に初めての実施となった入学前教育としての教壇実習は，本別科の専任教員の立場から，本別科にとって一定の意義があるものと評価されていることが見て取れる。

7.4　問題点と課題

　大学院レベルの日本語教育実習の問題点としては，外（院）の授業担当者から，「(1)ITリテラシーなどのスキルが求められること，(2)別途，対面での実習の機会も必要であること，それゆえに (3)教壇実習の準備にかなりの時間と負担を強いられていること」の3点が挙げられている。(1)(2)

は，現体制において教壇実習の場がオンラインであることによるものであり，(3) も (1)(2) が相まった結果である。

　今後のポスト・コロナ時代，オンラインでの授業運営は教師にとって必須の技能と言え，対面での実習とともにオンラインでの実習が経験できる今の実習体制は，その意味では望ましいものとも言えよう。ただし，院生は研究活動と並行して養成講座を受講しており，特に教育実習は修士論文の忙しい時期と重なることが少なくない。研究科の教育内容全体のバランスの面から，過度な負担にならないように留意する必要はあるだろう。

8.　おわりに

　以上，関西大学の日本語教育実習の実施体制の構築と実施の状況を見てきた。構築された体制のもと，教育実習は概ね順調に実施されているが，いくつかの問題点や課題も生じている。

　それらの中には，6.5で見た，実習生の基礎知識の不足が観察されたことを受けて実習に先立って履修する科目の内容調整を行ったことなど，すでに対応を始めているものも含まれる。こうした対応は，課題を共有し，連携して改善に努める本実施体制があってこそ可能なものと言える。

　一方，問題点の中には，学部レベルの実習の回数や内容の問題に見られるように，実習を行う側（実習生側）の事情や必要と，実習生を受け入れる側（留学生側）の事情や必要がうまく合致しないことによるものも存在する。双方の利益を常に両立させることは容易ではない。しかし，そのような状況に近づける努力を続けていくことが重要だろう。そのためには，実施体制のさらなる強化が必要である。特に，本別科の専任教員にとって実習受入れが負担となっていることについては，早急な改善が望まれる。

参考文献

高梨信乃・日高水穂・アンドリュー バーク・藤田高夫・池田佳子・古川智樹・竹口智
　之・奥田純子・亀田美保(2022)「日本語教育実習における実習生の学びと変化──日本

語教師養成講座の改善にむけて ── 」『関西大学外国語学部紀要』第 26 号，89-106.

文化庁文化審議会国語分科会（2018）『日本語教育人材の養成・研修の在り方について（報告）』　URL: https://www.bunka.go.jp/koho_hodo_oshirase/hodohappyo/__icsFiles/afieldfile/2018/06/19/a1401908_03.pdf（2023 年 1 月 28 日アクセス）

文化庁文化審議会国語分科会（2019）『日本語教育人材の養成・研修の在り方について（報告）改訂版』　URL: https://www.bunka.go.jp/seisaku/bunkashingikai/kokugo/kokugo/kokugo_70/pdf/r1414272_04.pdf（2023 年 1 月 28 日アクセス）

謝辞

　本稿を成すにあたって，本学の日本語教育実習に関わる多くの方のご理解とご協力をいただきました。学部「日本語教育実習」授業担当の松浦とも子先生，本別科の末吉朋美先生，麻子軒先生，国際部の古川智樹先生，池田佳子先生，実習生，TAのみなさん，そして実習に参加した留学生のみなさんに心からお礼申し上げます。

　なお，本稿は，JSPS 科研費 19K21769（代表：川上尚恵）の助成を受けています。

第11章 教室内インターアクションにみる日本語教師の実践的コミュニケーション能力

右寄せ

嶋 津 百 代

1. はじめに

　昨今，日本語教育を巡る施策や議論が急激に展開している。その中でも，2018年に文化庁文化審議会国語分科会によって公表された『日本語教育人材の養成・研修の在り方について（報告）』[1]は，大学などの教育機関における日本語教師養成の重要な指針となった。この文化庁報告は，外国人受入れ対策に連動して，今後増加が予想される日本語を必要とする人々に対する日本語教育の充実を図り，日本語教師の量の確保と質の担保を目指すものである。文化庁報告に，これからの日本語教育者に求められる資質や能力が示されたことで，日本語教師養成カリキュラムの見直しや検討が大きく動き出した。

　日本語教師の養成段階で，実習生が獲得すべき資質や能力の１つに「学習者に対する実践的なコミュニケーション能力」がある。文化庁報告では，この「学習者に対する実践的なコミュニケーション能力を持っている」ことが，教育実践のための「技能」[2]として求められている。しかしながら，「学習者に対する実践的なコミュニケーション能力」は具体的にどのような能力なのか，文化庁報告では全く説明されていない。また，嶋津（2021）で指摘したように，これまでの先行研究にも，この実践的コミュニケーショ

1　さらに2019年には，その改訂版が公表されている。
2　文化庁報告では，日本語教師に必要とされる資質・能力が「知識」「技能」「態度」の３つに分類されている。

ン能力をどのように育成するかについて検討したものは見当たらない。

　筆者は大学・大学院で日本語教師養成課程を担当している。実習生の多くが「何をどのように教えるか」という，いわゆる「日本語の教え方」を教えてもらえることを期待して，養成課程にやってくる。もちろん，養成課程を通して，教授法や第二言語習得に関する知識を得るとともに，授業を設計したり教室活動を組み立てたりできるようになる。ところが，教壇実習を行う段階になって，実習生は「学習者からどのように発言や会話を引き出せばいいかわからない」「学習者にどのようなタイミングでどのようなフィードバックを与えればいいかわからない」と訴え始める。前述のように，教育政策的に「学習者に対する実践的コミュニケーション能力」を有することが日本語教師に求められているという理由だけでなく，実際の教師養成において多くの実習生が学習者とのコミュニケーションに不安を抱えていることからも，実践的コミュニケーション能力の解明と育成が喫緊の課題であると考えるようになった。

　本稿は，嶋津（2021）で試みた「実践的コミュニケーション能力」の定義づけを参考に，日本語教師の実践的コミュニケーション能力の考察を進める。実践的コミュニケーション能力が，教育実践に必要なコミュニケーション能力であるならば，日本語教師の仕事，つまり，教育活動の様々な場面で求められるものであると思われる（横溝 2020）。しかし，本稿では嶋津（2021）に倣い，学習者に対する実践的コミュニケーション能力が必要とされる文脈を，差し当たって，教室内あるいは授業中の場面に限定する。具体的には，嶋津（2021）で挙げられている，日本語教師の実践的コミュニケーション能力が必要とされる4つの授業場面を取り上げる。そして，大学の交換留学生対象の日本語初級クラスにおける，授業中の教師と学習者間のインターアクションに，教師の実践的コミュニケーション能力が観察できる具体的な言動を検討していく。

2. 教室内インターアクションと実践的コミュニケーション能力

　なぜ，「実践的コミュニケーション能力」が教師に必要とされるのか。まずは，この問いから考えてみたい。Walsh（2014）は，教室でのコミュニケーションが重要な理由として，教室内で行われる全ての活動を，コミュニケーションが支えていることを挙げている。指導や学習において，授業運営や教室管理において，そして授業活動を構成する様々なタスクにおいて中心的な役割を果たしているのが，コミュニケーションである。ここでWalsh（2014）が意味しているコミュニケーションとは，そのような授業の様々な場面で教師と学習者間のインターアクションが促進されることと同義である。つまり，教師には，教室でどのようにコミュニケーションが起こっているかを理解するとともに，教育目的を伴ったインターアクションを生起させ，展開させるための能力を養い，向上させることが求められているということになろう。

　前述のように，本稿では「実践的コミュニケーション能力」を，教室における授業場面に限定して考察する。その理由は，文化庁報告にある。文化庁報告には，大学などの教育機関における日本語教師養成課程で養成される日本語教師の将来的な役割が「日本語学習者に直接日本語を指導する者」であると明確に定義されている（文化庁 2018, p. 15）。つまり，対面授業であれオンライン授業であれ，日本語を教える者を指している。したがって，本稿は，研究の方法論として，教室談話や教室内インターアクションに関する先行研究を参考にし，教室内あるいは授業中のコミュニケーションに関する技能を検討していく。

　従来の教室談話研究では，教室活動の実態把握や教授方法の効果検証，授業改善や教師の省察を目的に，授業を構成するインターアクションの構造や過程が明らかにされてきた（ショードロン 2002; Chaudron 1988; Markee 2019; Rymes 2016; Seedhouse 2004; Sert 2015; Walsh 2011, 2013, 2014）。これらの研究によって，教師による訂正やフィードバックが，授業中の学習者のアウトプットやパフォーマンスに多大な影響を与えていることが認知されるよ

うになった。しかし，授業中の教師と学習者間のインターアクションの重
要性を主張しているこれらの研究成果が，言語教師教育に十分に生かされ
てきたかどうかは疑問視されている（Walsh 2014）。

　日本語教育における教室談話研究においても，教師と学習者のインター
アクションの様々な側面が明らかにされてきた（嶋津 2003, 2011; 他多数）。
しかしながら，日本語教師教育の一環として，教育実習生が教室談話の様
相を理解したり分析したり，教室内インターアクションを実践したりする
ような活動報告は，管見の限り見当たらない。日本語教師養成においては，
長期にわたり「何をどのように教えるか」といった指導技術の獲得が中心
に行われてきたことが指摘されており（岡崎・岡崎 1997; 春原・横溝 2006; 藤
原・王・加藤・倉数・小林・高木・松本 2021），教室内インターアクションを
中心に，学習者とのやりとりのあり方を具体的に指導される機会は多くな
かったことが推察される。

　Walsh（2011）は，第二言語を学ぶ教室において，教師と学習者双方が「学習
を仲介・促進するツールとして，インターアクションを活用することができ
る能力」を「教室内相互行為能力（Classroom Interactional Competence）」（p. 158）
と呼んでいる。例えば，学習者のアウトプットを注意深く観察し，学習者
の理解を確認しつつ，学習者の発話を修正したり，言い換えたり，フィー
ドバックを与えたりできることが，教師の教室内相互行為能力の例として
挙げられている。また，学習者に質問した後，学習者が答えるまで適当な
時間を与えること，つまり，沈黙をよしとして「待つ」ことも教室内相互
行為能力の現れとしている。さらに，この能力には，授業中の必要な時に
必要なだけ，新しいことばや表現を導入するなど，学習者のアウトプット
への足場がけを提供し，インターアクションの展開を支援できることも含
まれる。これらの教師の行動は，言い換えれば，授業中のインターアクショ
ンを生起させたり，展開させたりする能力である。このような能力は，教
師の「学習者に対する実践的コミュニケーション能力」の一側面を現して
いると捉えてよいであろう。

3.　日本語初級クラスにおける教室内インターアクションについて

　日本語教師の実践的コミュニケーション能力の考察のために，教室内インターアクションの事例として，日本語初級クラスにおける授業中の教師と学習者間のやりとりを取り上げる。日本語の初級クラスでの授業をデータとして取り上げるのは，学習者の日本語能力に鑑みると，教師がインターアクションを管理することが多いであろうし，教師の実践的コミュニケーション能力がより発揮されているだろうと考えられるためである。

　本稿で扱う教室内インターアクションのデータは，2017年度春学期に行われた関西大学の交換留学生対象日本語初級クラスの授業14回分の録画文字化資料から抜粋したものである。データに登場する教師は，10年以上の日本語教授経験があり，指導に関して受講生から高い評価を得ている。十分な教授経験がある教師が行う授業では，学習者とのやりとりに実践的コミュニケーション能力が観察できるであろう。また，教師以外に，1 名のTA（ティーチング・アシスタント）が授業に参加していた。履修登録をしていた交換留学生10名の出身国は，タイ・シンガポール・イギリス・ドイツ・ロシアなどである。

　以上のクラスで収集したデータを，教師と学習者間のインターアクションの事例として取り上げ，(1)授業中の様々な場面において，教師の実践的コミュニケーション能力がどのように示されているかを観察し，(2)発話が持つ機能の観点から，教師の実践的コミュニケーション能力を捉え，教師が教室内インターアクションを生起させたり展開させたりするのに，どのような発話が可能かを検討する。

4.　授業場面における教師と学習者によるインターアクション

　本稿で取り上げる授業場面は，嶋津（2021, p.74）で挙げられている (1)授業運営に関わる場面，(2)特定の活動が行われている場面，(3)学習者への対応が必要となる場面，(4)雑談が行われる場面の 4 つである。以下，これらの授業場面において，教師の実践的コミュニケーション能力がどのよ

うに示されているかを観察していく。

4.1 授業運営に関わる場面でのインターアクション

　まず，教師が主にインターアクションを管理しているであろう (1)「授業
運営に関わる場面」を取り上げる。教師が授業で行う教室活動の内容を説
明したり，活動から活動への移行を学習者に説明したりする場面（以下，会
話例中の「T」は教師，「S」は学習者を指す）である。

＜例１＞授業運営に関わる場面

1 T ： はい，誕生日はいつですか？ なになににち，です，OK？ いいで
　　　　すか？ いつ，は？

2 S ： when

3 T ： when，そうですね，いつですか，はい，誕生日はいつですか？ 10
　　　　月10日，4月10日，はい，では，ちょっと練習したいと思いま
　　　　す，えーと
　　　　（プリント配布：14秒）

4 T ： じゃあ，えーと皆さん，5人，5人，1，2，3，4，5，6，5人
　　　　あ，allですね，
　　　　はい，じゃあ，誕生日，いつですか？ 全員に聞いてください，
　　　　はい，いいですか？ 名前，名前なんですか？ 誕生日はいつです
　　　　か？ OK？ はい，じゃあ，始めて，聞いてください.

　3Tの「では，ちょっと練習したいと思います」という教師の発話は，こ
れから別の活動が始まることを伝える発話として機能している。学習者に
プリントを配布した後，4Tの「はい，じゃあ，誕生日，いつですか？ 全員
に聞いてください」を皮切りに，教師は語彙・文型コントロールに留意し
ながら，活動の手順を説明している。その際，「いいですか？」と学習者に
声をかけながら，学習者が理解しているかどうかを確認している。また，

ここまでのやりとり全体を通して，教師は「OK」「when」「all」などのように，学習者の共通語である英語を発話に交えて，インターアクションを展開している。このような教師の発話を「実践的コミュニケーション能力」の観点から見ると，授業運営に関わる場面では「学習者が活動内容や手順，目的を理解できるように説明できる，また，活動の移行を適切に伝えられる」ことが教師に求められていると言えよう。

4.2　特定の活動が行われている場面でのインターアクション

　(2)の「特定の活動が行われている場面」は，一斉授業や個人・ペア・グループ活動など，教師によって計画された教室活動が行われている場面である。この場面での教師の発話やことばがけには，教室活動の内容に関わる質問や確認がある。また，学習者のアウトプットやパフォーマンスに対するフィードバックも含まれる。他には，ペア活動やグループ活動などで，学習者同士のやりとりが活発になるように，教師が介入することも含まれる。以下の抜粋は，学習者がペア活動を行った後，活動で得た情報（ペアの相手の誕生日）を全体で共有している場面でのインターアクションである。

＜例 2 ＞ 特定の活動が行われている場面

1 T　：　じゃあ次，S2さんの誕生日は？

2 S1　：　S2さんの誕生日は，5 月

3 S2　：　5 月

4 T　：　5 月？

5 S1　：　じゅう，しちにち

6 T　：　じゅうしちにち，あー，あとちょっとだね？はい，いいですね，はい，じゃあ，S1さんの誕生日は？（3 秒）

7 S2　：　12 月

8 T　：　12 月？

9 S2 ： じゅう，じゅうくにちです
10 T ： うん，じゅう？
11 S2 ： く
12 T ： じゅうくにち，あーOKいいですね，遠いね，クリスマスに近い
ね
13 Ss ： (笑)
14 T ： はい，じゃあ，S4さんの誕生日は？
15 S3 ： 6月

　1Tや6T，14Tなどの「じゃあ，XXさんの誕生日は？」という教師の発
話は，次に発言してほしい学習者を指名しているのと同時に，互いの誕生
日を尋ねたペア活動を踏まえ，ペアの相手の誕生日を質問して，学習者か
ら発話を引き出している。このようなやりとりは，従来の教室談話研究が
明らかにしてきた典型的な教室談話であり，IRF構造やIRE構造[3]を持つ。
　このような質問の形での教師の発話は，特定の活動が行われている場面
においては，「学習者を適切に指名でき，また，適切なフィードバックを与
えることができる」という「実践的コミュニケーション能力」の1つの現
れであろう。

4.3　学習者への対応が必要となる場面でのインターアクション

　(3)の「学習者への対応が必要となる場面」では，学習者が何か問題を抱
えている時に教師が声がけし，解決に向かえるようにすることなどが挙げ
られる。前述の(1)授業運営に関わる場面や(2)特定の活動が行われている
場面とは異なり，事前に計画されていない突発的な出来事に対応する力と

3　IRF構造は，Sinclair and Coulthard (1975) によって提唱された教室談話の特徴的な構造であ
る。このIRF構造は，教師の質問や指示などによるInitiation (導入)，学習者のResponse (応
答)，そして教師からのFeedback (フィードバック) あるいはFollow-up (後続発話) を意味し
ている。また，Mehan (1979) は，IとRに続く教師の発話をEvaluation (評価) とし，これら
3つの連続した発話が循環することで成り立つ教室談話を明らかにしている。

言い換えてもよいであろう。これは，授業中のどの場面においても生じる可能性がある。以下の例3では，教師が教室活動の説明中に，眠そうにしている学習者に声をかけたのをきっかけに，その後，会話が展開している。

＜例3＞ 学習者への対応が必要となる場面

1T ： はい，じゃあ（2秒）あれ，眠い？ 眠い？

2S1： sleepy？

3T ： そうそうそう sleepy？

4S1： yeah，まあまあ

5T ： まあまあ（笑）え？

6S2： ときどき

7T ： ときどき？（笑）

8S1： 大丈夫

9S2： 大丈夫？

10T ： 大丈夫？

　1Tで，教師は，眠そうな顔をしている学習者に「あれ，眠い？ 眠い？」と声をかけている。声をかけられたS1は，教師の「眠い？」ということばに反応する。2S1に見られるように，S1は教師の質問には答えず，「眠い」ということばが英語の「sleepy」という意味かどうかを教師に尋ねる。3Tで，教師は学習者の「sleepy」ということばを自らの発話に取り入れて「そうそうそう sleepy？」と述べ，S1が眠いかどうかを再度聞いている。それに対して「yeah，まあまあ」と答えたS1の発話が，教師の笑いを誘っている。
　このやりとりの興味深い点は，6S2以降のインターアクションの展開である。ここで，教師と学習者S1のやりとりにS2が参入し，インターアクションが広がっていく。6S2の「ときどき」という発話は，教師の「sleepy？」に答えたものとなっており，このS2の応答も教師の笑いを引き起こしている。教師の笑いは，「まあまあ」や「ときどき」といった学習者の発話内容

の意外性に反応したものと言えよう。その後，S1が「大丈夫」と発話した
のを受けて，S2も教師も同じことばを自分の発話に取り込み，S1に向けて
「大丈夫？」と聞き返している。

　このように，学習者への対応が必要となる場面というのは，教師が事前
に計画している授業活動でのインターアクションから逸脱したやりとりが
生じる。したがって，学習者が何らかの支援を必要としている場合に適切
に声がけをすることができるところ，そして，そこで生じたインターアク
ションをさらに展開させることができるところに，教師の実践的コミュニ
ケーション能力を観察することができるであろう。

4.4　雑談が行われる場面でのインターアクション

　(4)「雑談が行われる場面」は，授業の開始時や終了時，もしくは授業中
などで，教師と学習者との間で何らかの交流が生じる場面である。(3)の
「学習者への対応が必要となる場面」と同様，雑談が行われる場面で起こる
インターアクションは，発話の意外性が表出される場合がある。たとえ教
師が事前に雑談を計画していたとしても，雑談がどのように展開していく
かは予測できないものである。それだけに，前述の例3のように，この雑
談が行われる場面でも，インターアクションを展開させ，学習者とのコミュ
ニケーションを図ることのできる能力が問われる。

　以下の例4は，授業開始時に生じている雑談の場面である。授業の最初
に，前回の授業で学んだ内容の復習を兼ねて，学習者に文法事項を確認し
たり，文型練習をしたりすることはよくあるだろう。以下の教師と学習者
のインターアクションも，事前に計画されたもののように思われる。しか
し，このやりとりが雑談だと捉えられるのは，この例4の最後に教師が「は
い，じゃあ，漢字からやろっか」と述べており，この後，別の教室活動が
準備されていたからである。

＜例4＞雑談が行われる場面

1T ： あ，（　　）さん来る，あと他の人，（　　）other students ？（5秒：
　　　　名簿を見る）わからない（2秒）みんないないの，<u>はい，じゃあ始</u>
　　　　<u>めましょうか</u>（5秒）今日ちょっと，じゃあ少ないからもう，机
　　　　を，机ね，ちょっとこうしましょうか，あ，おはようございます，
　　　　こう（36秒：机を移動）

2T ： <u>皆さん，ゴールデンウィーク，どこに行きますか？</u>

3S1 ： 名古屋

4T ： あ，名古屋へ行きます，名古屋へ行きます，名古屋へ行きます

5S2 ： 東京

6T ： どこ？ 東京？

7S2 ： （　　）

8T ： 東京

9S3 ： あー，和歌山

10T ： あ，そうか和歌山，え，そう東京？

11S2 ： That's travel

12T ： あーそうなんだ，へー

13S2 ： sky tree

14S3 ： yeah

15T ： （笑）わかりました，すごい（3秒）私はたぶん大阪にいます（笑）
　　　　<u>はい，じゃあ，漢字からやろっか</u>

＊（　　）は聞き取り不能だったことを示す

　1Tの「はい，じゃあ始めましょうか」という教師の発話は授業開始の宣
言であり，続く2Tの「皆さん，ゴールデンウィーク，どこに行きますか？」
という発話は，授業活動の一環として学習者とのやりとりを始めるための
教師の導入質問であると捉えられる。しかし，数人の学習者とやりとりを
行った後，15Tの最後で，教師は「はい，じゃあ，漢字からやろっか」と，

事前に計画していた活動を行うことを伝え，ここから授業を進行していく。つまり，2Tから15Tまでのやりとりは，「雑談」[4]と捉えてもよいであろう。

　1Tの教師の発話内容からわかるのは，授業の開始時間が過ぎても，数名しか学習者が教室に来ていないことである。前述のように，教師は授業の最初に漢字の活動を行うよう事前に準備していた。ところが，学習者が全員集まるまでの時間稼ぎであろうか，教師は「皆さん，ゴールデンウィーク，どこに行きますか？」と，教室にいる学習者全員に向けて質問する。この質問は，前日の授業のペア活動のトピックであった。ただし，前日の授業では，学習者間で話し合ったことを全体で確認する時間がなかったため，ペア活動の相手以外のクラスメイトがゴールデンウィークにどこに行くのかは共有されていない。

　ここに，この教師の実践的コミュニケーション能力が窺える。この教師が行ったように，時間調整などのために，事前に計画していた教室活動以外に，学習者と雑談的なやりとりを交わすことができる力である。つまり，雑談が行われる場面では，授業の開始時や終了時，あるいは授業中に，学習者と適切な雑談を展開できることが，実践的コミュニケーション能力ということになる。

　ここまで見てきたように，(1)授業運営に関する場面や(2)特定の活動が行われている場面では，教師の発話に学習者が介入することは少なく，予測可能なインターアクションが生じることの方が多い。一方で，(3)学習者への対応が必要となる場面や(4)雑談が行われる場面では，教師と学習者間のインターアクションが思わぬ方向へ展開していくことも多々ある。その意外性が，教室内に笑いを起こし，教師や学習者間のラポールの構築に役立つことにも繋がる。教師には，事前に計画した教室活動を首尾よく行うためのインターアクションを起こす力とともに，想定外の出来事に対応

4　筒井 (2012) は，雑談を「特定の達成するべき課題がない状況において，あるいは課題があってもそれを行っていない時間において，相手と共に時を過ごす活動として行う会話」(p.33) と定義している。本稿での雑談の定義は，この筒井 (2012) の定義に従う。

するためのインターアクションを展開させる力も必要なのである。

5.　発話の機能から見た実践的コミュニケーション能力

　前節では，4つの授業場面における教師と学習者間のインターアクションに，教師の実践的コミュニケーション能力がどのように示されているかを観察した。ここからは，発話が持つ機能の観点から「実践的コミュニケーション能力」を捉えていく。

　授業活動のどの場面であれ，教師の発話には教育的な機能があるとされている（ショードロン 2002）。教師の発話の教育的機能が異なれば，その結果として，授業場面でのインターアクションの様相が異なってくる。例えば，(1)の授業運営に関する場面のように，教師が授業運営のための説明や指示に時間を多く費やせば，学習者が学習言語をアウトプットする機会が減ることになるし，(2)の特定の活動が行われている場面で，教師がIRF構造やIRE構造を持つやりとりに時間をかければ，学習者にとっては，ことばを創造的に用いる機会が減ることになる（Chaudron 1988）。これらの理由から，教師の発話の教育的機能は，教師と学習者間のインターアクションの生起や展開に大きく影響を与えていることがわかる。

　本稿は，教師が教室内インターアクションを生起させたり展開させたりするのに，どのような発話が可能かを検討するものであって，発話の機能の優劣や学習効果を検証するものではないが，教師養成で扱うべき教師の発話として，以下の3つを挙げておきたい。

(1)問いかけ　　例：皆さん，ゴールデンウィーク，どこに行きますか？

(2)コメント　　例：あーOKいいですね，遠いね，クリスマスに近いね

(3)繰り返し　　例：S1：yeah，まあまあ

　　　　　　　　　　T ：まあまあ（笑）え？

　　　　　　　　　　S2：ときどき

　　　　　　　　　　T ：ときどき？（笑）

まず，(1)の「問いかけ」には，質問の形で学習者から発話を引き出す機能がある。教室内で教師に問いかけられた学習者は，どうにかして応答しようと試みるであろう。たとえ学習者が教師の質問の意味がわからず沈黙することになっても，言いたいことがうまく言語化できず支離滅裂になってしまっても，「質問・提示に応答・反応する」というコミュニケーションの基本的な前提を持つ教師と学習者の間には，何らかのやりとりが生じるであろう。

　一方で，通常の授業の枠組みの中では，授業中に学習者が自由に会話を展開しようとしても，学習者の自発的な発話が制限されてしまう場合がある。学習者は教室活動の目的を理解して，それ以上のやりとりを放棄してしまうことも多々ある。そのような場面においても，教師が学習者の意図を後押しし，こうした「問いかけ」によって学習者の発話を引き出すことができることは，教師の「実践的コミュニケーション能力」を構成する重要な要素だと言えよう。

　(2)の「コメント」は，本稿で扱った日本語初級クラスの教師の発話に多く観察できた。前述のIRF構造やIRE構造のF（フィードバック，後続発話）やE（評価）に一言添えた発話が，ここで意味している「コメント」である。前述の例で言えば，教師は「あーOKいいですね」と，学習者の発話にフィードバックを与えた後に，学習者の誕生日が12月中旬であることに対して「遠いね，クリスマスに近いね」というコメントを与えている。このような教師のコメントは，教室内インターアクションにおける教育的な機能を超えて，よりパーソナルなコミュニケーションを生じさせていると捉えてもよいのではないだろうか。教室談話に特有のやりとりであっても，学習者の発話へのフィードバックや評価だけでなく，教師の人となりを窺わせるコメントを与え，コミュニケーションをいかに生じさせるかという点にも，教師の実践的コミュニケーション能力が示されるところであろう。

　最後の(3)の「繰り返し」は，学習者の発したことばを拾って繰り返す発話である。(2)のコメントと同様，この「繰り返し」の発話も，本稿で分

析したデータに数多く見られた。しかし，教師は学習者の発話を単に繰り返しているだけではない。談話分析研究では，「繰り返し」の発話には，互いの理解を促し，関わり合いを築く機能があることが指摘されている（Tannen 1984）。

　以下の例5には，この(3)の「繰り返し」と(1)の「問いかけ」が共起した教師の発話が見られる。教師が学習者の発したことばを拾って自らの発話に取り込み，同じことばで学習者に問いかけることで，インターアクションが展開している例である。

＜例5＞ 教師による「繰り返し」と「問いかけ」の発話
 1 S1 ：　私は，うーん，ロシアにいません
 2 T ：　ロシアにいません？ あ，そうなの？
 3 S1 ：　はい，大学ない，大丈夫
 4 T ：　大丈夫なの？ え？ シンガポールは？
 5 S2 ：　（3秒）わからない
 6 T ：　わからない？ えーっと，ないってこと
 7 S2 ：　（2秒）ない
 8 T ：　ドイツは？
 9 S3 ：　同じ，日本と
10 T ：　日本と，同じ？

　1S1の「ロシアにいません」と2Tの「ロシアにいません？」，3S1の「大丈夫」と4Tの「大丈夫なの？」，そして5S2の「わからない」と6Tの「わからない？」，9S3の「同じ，日本と」と10Tの「日本と，同じ？」のように，学習者の発話に続いて，教師は学習者が用いたことばを掬い取り繰り返している。これは，Tannen (1984) が主張するように，学習者の発話を理解したことを示していると捉えられる。同時に，教師は同じことばを質問として学習者に投げ返し，次に応答を求める新たな発話を生み出している

のである。このようにして，学習者が発したことばを教師が自らの発話に
取り込み，インターアクションを展開させていくことも，実践的コミュニ
ケーション能力として捉えてよいであろう。

　ここまで，大学の交換留学生対象の日本語初級クラスにおける教師と学
習者間のインターアクションを例に，日本語教師の実践的コミュニケーショ
ン能力について考察してきた。学習者に対する実践的コミュニケーション
能力は，冒頭で説明したように，日本語教師に求められる資質・能力のう
ちの「技能」に位置づけられており，日本語教師の専門性として涵養され
るべきであると考える。

　日本語教師の専門性については，多くの先行研究で議論されているが（大
学日本語教員養成課程研究協議会 2022; 舘岡 2021），教師の資質・能力の何に
焦点をあてるかによって，専門性の捉え方が異なっている。嶋津（2021）
は，実践的コミュニケーション能力の観点から，日本語教師の専門性に触
れている。その際，実践的コミュニケーション能力を，教室内インターア
クションを生起させたり展開させたりできる力とし，その能力の育成を目
指す教師養成を念頭に置いている。日本語教師養成を検討する上で重要な
点であると考えるので，少し長くなるが，最後に引用しておきたい。

　　教師のことばがけに対する学習者の反応や応答をどのように理解する
　　のかにも教師の専門性があり，また理解したことを学習者にどのよう
　　に伝えていくのかといった点にも専門性がある。（略）そして，学習者
　　の発話がとかく評価の対象として捉えられてしまう言語教室で，教師
　　と学習者が人として交わすコミュニケーションを生じさせるかという
　　ところにも，日本語教師の専門性がある。

　　　つまり，学習者との関係性を構築する中で，コミュニケーションを
　　通じてコミュニケーションの技能を発揮していくための教育実践と，
　　そのための教師養成が必要なのである。そのようなコミュニケーショ
　　ンの専門性こそ，教師が身につけるべき「実践的コミュニケーション

能力」である。

6.　おわりに

　大学の日本語教師養成課程を履修する教育実習生のほとんどは教授経験がないため，実際に教育実習で教壇に立つ段になると，授業で生じる学習者とのインターアクションを想定することが非常に難しいようである。教育実習生は，外国人対象の日本語授業を何度か見学しても，結局，過去の記憶の中の授業イメージを頼りに，模擬授業や教壇実習に臨んでしまうことが多々ある。したがって，養成段階にある教育実習生が実践的コミュニケーション能力を獲得するには，本稿で考察してきたような教室内インターアクションの具体的な事例を学ぶことが必要となろう。また，教育実習生は，常日頃から教室内インターアクションに意識的に目を向け，教師の発話やことばがけの明示的な指導を受けることも求められるだろう。そのためにも，教室内インターアクションの事例教材の作成が望まれる。具体的なインターアクションの事例や教師発話の意味や機能などが紹介された教材を用いて，教育実習生は教室内インターアクションの過程とその教育目的を理解し，教師としての技能的な発話や声がけを疑似体験することができるだろう。そうすれば，指導経験のない養成段階にある教育実習生でも，授業中の学習者とのコミュニケーションを具体的にイメージできるよう導くことが可能になるのではないかと考える。

　最後に，日本語教師養成課程に，「実践的コミュニケーション能力」育成のためのカリキュラムを取り入れることを提案する。van Lier (1988, p. 87) は，教室内インターアクションを考慮することが，カリキュラム作成にあたって最も重要であることを指摘している。教師養成において教室内インターアクションの理解や実践を重要視するのであれば，本稿で考察してきたように，教師の実践的コミュニケーション能力の育成を目指す教師養成プログラムをデザインしていくことが必要になる。このような「実践的コ

ミュニケーション能力」のプログラム開発と実践を，今後の課題としたい。

謝辞

　本稿の内容の一部は，JSPS科学研究費（基盤研究（C））「日本語教師養成における実践的コミュニケーション能力育成プログラムの開発」（研究代表者：嶋津百代，令和 2 ～ 5 年度，課題番号20K00713）の助成を受けました。この科学研究費の課題研究メンバーである，大阪大学国際教育交流センターの義永美央子氏，立命館大学文学部の北出慶子氏，そして，関西大学国際部の古川智樹氏には，大変有益なご意見やコメントをいただきました。心より感謝いたします。

参考文献

岡崎敏雄・岡崎眸（1997）『日本語教育の実習 ── 理論と実践』アルク

嶋津百代（2003）「クラスルーム・アイデンティティの共構築 ── 教室インターアクションにおける教師と学生のアクトとスタンス ── 」日本語教育学会『日本語教育』第119号，pp. 11-20.

嶋津百代（2011）「日本語学習者の協働的な対話 ── 教室活動としてのストーリーテリングにおける学習者の交渉 ── 」東アジア日本学会『日本文化研究』第39集，pp. 349-375.

嶋津百代（2021）「日本語教師の実践的コミュニケーション能力に関する覚書」関西大学外国語学部『外国語学部紀要』第25号，pp. 69-77.

ショードロン，クレイグ（2002）『第 2 言語クラスルーム』田中春美・吉岡薫（訳），リーベル出版

大学日本語教員養成課程研究協議会（編）（2022）『社会を築くことばの教育 ── 日本語教員養成のこれまでの30年，これからの30年』ココ出版

舘岡洋子（編）（2021）『日本語教師の専門性を考える』ココ出版

筒井佐代（2012）『雑談の構造分析』くろしお出版

春原憲一郎・横溝紳一郎（編）（2006）『日本語教師の成長と自己研修 ── 新たな教師研修ストラテジーの可能性をめざして』凡人社

藤原恵美・王晶・加藤真実子・倉数綾子・小林北洋・高木萌・松本弘美（2021）「学会誌『日本語教育』に見る日本語教師養成・研修に関する言説の変遷 ── 政策・施策に照らして」舘岡洋子（編）『日本語教師の専門性を考える』(pp. 55-73)ココ出版

文化庁文化審議会国語分科会（2018）『日本語教育人材の養成・研修の在り方について（報告）』(https://www.bunka.go.jp/koho_hodo_oshirase/hodohappyo/1401908.html)（2023年 1 月15日アクセス）

横溝紳一郎（2020）「「ことば」の教師に必要なコミュニケーション能力とは何か」『日本語

学』夏号，pp.132-142.明治書院

Chaudron, C.（1988）. *Second language classroom: Research on teaching and learning.* Cambridge University Press.

Markee, N.（Ed.）（2019）. *The handbook of classroom discourse and interaction.* Wiley-Blackwell.

Mehan, H.（1979）. *Learning lessons: Social organizations in the classroom.* Harvard University Press.

Rymes, B.（2016）. *Classroom discourse analysis: A tool for critical reflection.* Routledge.

Seedhouse, P.（2004）. *The interactional architecture of the language classroom: A conversation analysis perspective.* Wiley-Blackwell.

Sert, O.（2015）. *Social interaction and L2 classroom discourse.* Edinburgh University Press.

Sinclair, L. and Coulthard, M.（1975）. *Toward an analysis of discourse.* Oxford University Press.

Tannen, D.（1984）. *Conversational style: Analyzing talk among friends.* Ablex.

van Lier, N.（1988）. *The classroom and the language learner.* Longman.

Walsh, S.（2011）. *Exploring classroom discourse: Language in action.* Routledge.

Walsh, S.（2013）. *Classroom discourse and teacher development.* Edinburgh University Press.

Walsh, S.（2014）. *Classroom interaction for language teachers.* TESOL Press.

第12章 学習記録活動における教師の支援とは何か

末 吉 朋 美・山 本 晃 彦

1. はじめに

　関西大学留学生別科（以下，「本別科」とする）では自律学習支援の一環として，「学習記録」を用いた内省力向上の活動を行っている。本稿はその活動内容の報告と，教師が「学習記録」を用いた支援にどのように関わっているかについて分析したものである。

　日本語教育において自律的な学習に関心が向けられ始めたのは1990年代に入ったころである。1989年に発表された留学生十万人計画によって留学生が増加したことをはじめ，1990年の入管法（出入国管理及び難民認定法）の改正によって日系人の配偶者や子供が定住できるようになったこと，さらにバブル経済による好景気に支えられ，ビジネスマン，技術研修生等が増加したことから，日本語学習者の多様化が急速に進んだことがきっかけであると考えられる。田中・斎藤（1993）は母国での学校教育の影響や年齢，社会経験等の「学習特性の多様性」について「自律的学習」によって対応することを提言した。「自律学習」とは学習者自身が自己の学習に主体的に関わり，学習を孤立化せず，教授者や教材や教育機関などといったリソースを利用して行う学習とされている（柳沢・石井 1998）。本稿における「自律学習」も，学習者自身が自らの意志で学習を計画づくり，どのような手段・方法で学習を行い，どのような学習リソースを利用するのかを自己決定し，自らの行動を内省，修正しながら学習を進めていくことを表す。その支援方法としては，学習者が個々の内容や学習を選択できるようなe-learning等のリソース型教材の開発や，リソースセンター運営の取り組み等

の「学習環境による働きかけ」と，自らの活動を内省し，コントロールし
ていく力を身につけていくことを目的とした「メタ認知活動」の2つのア
プローチが主流となっている（大関・遠藤 2012）。本稿で取り上げる「学習
記録活動」はこの「メタ認知活動」による自律学習支援となる。

　学習日記や学習ノート等を用いたメタ認知活動実践では，石橋・大塚・
鈴木・八若（1996）が8日間の集中日本語コースにおいて，自律的学習に
向けた自己の学習の「意識化」を組み入れたコースデザインを試みている。
その一環として，授業後に復習シートに設けられたコメント欄にその日の
学習についての内省を記述し，教師はそれに答える形でコメントを書くと
いう活動を行った。その結果，この活動は自己の責任において学習を修正・
立案し，学習の動機づけを高めることに有効であるということが明らかに
なった。また，坂本（2005）は，日本語学校において，学習目標ノートの
記録についてのアクションリサーチを行っている。1週間ごとに目標を設
定し，翌週，先週の反省とともに今週の目標を記入する活動を行った結果，
実験群の方が「学習目標が達成できた」と感じる割合が非実験群よりも高
く，目標設定，自己評価という活動を通して，学習者の意欲回復に働きか
けることができたと報告されている。桟敷（2019）は，大学における日本
語学習において，開講前に自ら立てた学習計画にもとづき学習を進め，終
了時に自らの学習状況を振り返るという学習記録レポート活動を行った結
果，メタ認知的知識が得られたと述べている。留学生以外では経済連携協
定（EPA）における看護師・介護福祉士候補者の日本語研修の場でも，ポー
トフォリオを用いた自律学習支援の一環として「振り返りシート」を活用
しているとの報告もある（登里他 2014）。

　教師の支援に関する研究では，義永（2018）が，学習者オートノミーの
育成のため，大学学部の1・2年生を対象に週1回の日本語授業で学習記
録を実施し，その際書かれた教師のコメントを梅田（2005）の「教師の役
割」表を参考にして分析している。その表は，梅田（前掲）が学部留学生
の自律性を高める教育のあり方と教師の役割について成人教育の枠組みか

ら検討した中で，クラントン（2003）が描いた３つの学習タイプに現れる
典型的な「教師の役割」を整理し，作成したものである。それによると，
学習の取り組み方は，教師が決定権を持つ「他者決定型学習」から学習者
自身が決める「自己決定型学習」，そして「相互決定型学習」へと進んでい
き，その中で教師の役割は変化していくという。「他者決定型学習」では専
門知識を教える「専門家（expert）」や，コースデザインを行ったり教材を
開発したりする「計画者（planner）」，直接教えたり指導したりする「教授
者（instructor）」となり，「自己決定型学習」においては，学習者を励まし
たり支えたりする「ファシリテーター（facilitator）」や，教材などの情報を提
供する「情報提供者（resource person）」，学習を記録したり評価したりする
「学習管理者（manager）」となる。そして，「相互決定型学習」では，個人に
助言する「メンター（mentor）」や，共に学習を計画する「共同学習者（co-
learner）」，問いを引き出したり意識を変容させたりする「改革者（reformer）」
となる。梅田（2005）は，これらの学習タイプや役割は一方向に進むので
はなく，１つの学習活動の中に複数の学習タイプや役割が現れることもあ
り，教師は様々な役割をこなすと述べている。義永（2018）は，教師が書
いたコメントを，梅田（2005）の「教師の役割」表を参考に，「質問」，「ほ
め」，「アドバイス」，「励まし」，「ねぎらい」，「情報提供」，「感想」，「回答」，
「訂正」に分類し，さらに「質問」については「具体性追求のための質問」
「学習プロセス把握のための質問」「内容確認のための質問」の３つに分け
た。これらの教師のコメントは「ファシリテーター」の役割を果たす「ほ
め」，「励まし」，「ねぎらい」，「感想」，「内容確認のための質問」のコメン
トが一番多く，全体の43.2％を占めていた。次に「専門家・教授者」とし
ての役割を果たす「訂正」が23.8％，そして「メンター」の役割である
「アドバイス」や「情報提供」が15％，「改革者」の役割の「具体的追求の
ための質問」が8.3％，「情報提供者」の役割である質問への「回答」が
5.4％，最後に「学習管理者」の役割を果たす「学習プロセス把握のための
質問」が4.3％であったという。義永（2018）は考察で，「学習者オートノ

ミーの促進を目指す学習記録上のやり取りでは，学習者との信頼関係を構築した上で，学習の進行を励まし，また必要に応じて助言を与えることが支援者としての教師の主な役割になるといえるだろう」と述べている。義永（前掲）の研究は大学学部の留学生を対象としたものであったが，大学や大学院進学を目指す別科に所属する留学生に対して行う学習記録活動においても，これら教師の役割は同様だと言えるのだろうか。

　本稿では，2021年度秋学期の学習記録活動に携わった2人の教師に対するインタビューを通して，本別科での実際の支援がどのように行われたのかを見る。次の第2節は，これまでの本別科で行った学習記録活動の概要と学生のアンケート結果のまとめを提示する。第3節では，教師の支援活動の調査方法と概要を示し，インタビューデータを基にしてこの活動でコメントを書いた2名の教師の支援の様子やそれに対する考えを述べる。第4節では，本別科で求められる教師の支援とは何か，また，今後の学習記録のあり方について考察する。第5節では今後の課題と2022年秋学期の学習記録活動について述べる。

2. 学習記録活動

　まずは学習記録活動の概要について紹介し，実際に学生らが当活動についてどのように感じていたか，アンケート結果を基に述べる。

　本別科の最上級クラスでは2016年秋学期より，大学・大学院進学後をより意識したシラバスに改訂された。「学習記録」を用いた振り返りもその際に新たに設けられた課題である。当クラスでは，大学・大学院の講義やゼミに対応していくためには「日本語能力の向上」はもとより，「自律する力」「協働する力」も求められることを想定し，「自律学習能力の向上」「協働学習能力の向上」を目標に掲げた。「自律学習能力の向上」の具体的な目標として，「自分の能力を客観的に評価する力」「自分の能力を伸ばすための計画力」「自分の能力を伸ばすための実行力」「自分の意欲を自律的にコントロールする能力」を習得していくことを学期前オリエンテーションで

説明し，その具体的な方策として「学習記録」を用いた内省活動を課題と
することを告知した。学習記録のフォーマットは毎年若干の修正を重ねて
はいるが，概ね日々の学習内容を記録し，週ごとに自己評価を行うといっ
た内容である。日々の記録には「どんなことを勉強したか後から自分で見
直した時に役に立つような内容を工夫して書く」ように指示した。そして，
週末には「今週の自己評価」として，1週間の振り返りを行い，土曜日の
夜までにLMSを介して提出することを義務づけた。なお，日本語学習は1
日90分2コマ×週5日の10コマが充てられている。当クラスは現在，常勤
講師3名＋非常勤講師1名の4名体制でクラスを担当しているが，その常
勤講師3名は学習者のアカデミック・アドバイザーも兼務しており，それ
ぞれが担当する学習者の大学や大学院進学の指導も兼ねている。常勤講師
3名は提出されたそれぞれが担当する学生の「学習記録」にコメントを記
し，週初めに返却する。例年30名ほどの学生が応用クラスを履修するため，
1人の常勤講師が10名前後の学生に毎週コメントを行うことになる。

　本別科では春学期，秋学期の2学期制をとっており，さらに日本語クラ
スの1学期は前半と後半に分かれる，いわゆるクォーター制度がとられて
いる。1クォーターで35回の授業が設定されているため，1学期中に前半，
後半ともに7～9週分の学習記録の提出が必要となる。学習記録はExcel
ファイルを用いて作成し，1枚目のワークシートに1週目，2枚目のシー
トに2週目といったように7～9週分を1つのファイルにまとめて，前週
の記録を自分で確認しやすいようにした。ファイルは前半用と後半用の2
種類を作成した。

　次に，この学習記録活動について学習者はどのように考えているかを，
アンケート結果を基に，紹介する。学習記録に対する評価について2019年
度，2020年度，2021年度秋学期に当クラスを受講した学生に質問紙調査を
行い，96名から回答を得た。表1は自律学習能力についての質問に対する
回答の割合である。回答は「1. まだぜんぜんできない」，「2. まだ足りない
と思う」，「3. どちらともいえない」，「4. まあまあできるようになった」，

「5. しっかりできるようになった」の 5 件から最もふさわしいと思うもの
を 1 つ選択してもらった。表内の数値は欠損値を除いた有効パーセントを
示している。表 1 を見ると，学期を通して，自律学習能力が高まったとい
う実感を得ている学生が多いことがわかる。

表1　自律学習能力に関する質問への回答の割合

	5	4	3	2	1
自分の能力を客観的に評価する力は身につきましたか。(N＝91)	15.4	53.8	15	16.5	－
自分の能力を伸ばすための計画力は身につきましたか。(N＝92)	20.7	50.0	20.7	8.7	－
自分の能力を伸ばすための実行力は身につきましたか。(N＝91)	16.5	48.4	24.2	11.0	－
自分の意欲を自律的にコントロールする力は身につきましたか。(N＝91)	18.7	50.5	16.5	13.2	1.1

　学習記録活動について役に立ったかという質問については，有効回答は
87 件であり，「とても役に立った（有効パーセント，26.4%）」，「役に立った
（43.7%）」，「どちらともいえない（21.8%）」，「あまり役に立たなかった
（4.6%）」，「全然役に立たなかった（3.4%）」であった。その理由について
自由記述を求めたところ，「役に立った」理由については復習するための
「ツール」となったこと，自身の欠点を理解し，学習内容を振り返って目標
設定をするなどの「メタ認知」の向上となったこと，先生とのやりとりで
励まされるなど，情意面の安定に役立ったことが挙げられている。一方で
学習記録の効果について「どちらとも言えない」，「役に立たない」と全体
の 3 割程度があまり評価していなかったが，その理由については「見直さ
ないから」，「わざわざ書かなくても自分で振り返れる」といった意見が多
く見られた。興味深いのはきちんと低評価の理由を記述した学生たちは「学
習記録」の提出率が良かったが，否定的な評価のみで自由記述欄に何も書
かなかった学生の場合，提出率が良くないケースが少なからず見られたこ
とである。つまり，低評価群には，実際に自分で活用してみた上で，この
ツールが自分に向いていないと判断する「メタ認知」を獲得していた学生
と，内省活動自体に何の意味も見出せないまま終わった学生の，2 つのタ

イプが存在したと言える。

　次に「学習の記録に先生のコメントはあったほうがいいか」という質問については，「あったほうがいい」が最も多く，全体の83％に上った。「どちらとも言えない」は12％であり，「なくてもよい」は５％であった。学習記録活動に否定的な意見であっても，教師のコメントは必要だと感じている学生たちが多かったのが印象的であった。「先生のコメントをどのように利用したか」という質問については，「先生からのコメントを見ながら，来週どのように勉強するのかを考えます」，「自分の短所をどのように改善すればいいのかわかりました」といったようにメタ認知能力向上の一助として活用している学生が最も多かった。また，「私はいつも自己評価のところに授業でまたわからないことを先生に質問したりなどするので，先生はいつも親切に答えてくれた」といったように，授業でわからなかった箇所の質問の場として利用したり，「先生のアドバイスのおかげで，様々な読解の勉強方法が見つかる」というように学習ストラテジーのバリエーションを広げるために活用したりしていた。

　また，別科生の場合，大学の学部生との最も大きな違いは，大学や大学院受験が当面の大きな目標となることである。特に，受験期である秋学期に行う学習記録活動では，受験に関するコメントが多く見られた。「先生がおっしゃった意見は入試にも活用できると思います」といった大学入試への活用はもとより，「毎回励ましにもなって，元気付けられている。自分の努力が誰かに評価されるということでもっと頑張ろうという気持ちにもなった。さらに，先生と文通しているような感じで，親しい関係になった気がしてとても嬉しかった」，「先生とのチャットルームとして使っています。自分の悩み，発見など感情的，個人的なことを交流しています」，「落ち込んでいる時，先生の言葉を見て，元気になります」といったように，心の安定のために活用している様子も見られた。この時期には「ある週に休んだら，先生から私の健康に関心をもらいました」といったように，教師が自分を見てくれていることを大きな励ましとして活用している様子が窺え

る。

一方で，学習記録の活動に否定的な意見の学生からは，「わからない。だって，実際に行動するのは一番大事だ。先生のコメントを読んだだけで，何もしないと，日本語が上手になれないと思う」といったように，支援がなくとも自律的に学習が進められる自律性を持った学習者も存在した。いずれにしろ，アンケートに何らかのコメントを残している学生は，活動自体には否定的でも，どうせやるのなら意味のあることをやろうと前向きに取り組んでいる姿が見られた。

以上のように，大部分の学生は肯定的であれ，否定的であれ，何らかの形で「学習記録」を有効に活用していたと思われる。動機づけを高めるためには「有能感」「関係性」「自律性」の3つの条件が必要である（Ryan & Deci 2004）とされるが，アンケート結果を見る限りでは，週ごとの振り返りによって「有能感」を獲得し，教師とのやりとりによって「関係性」を得，教師のアドバイスによって自身の学習計画，学習方法を検討する「自律性」を高める，といった一連の活動が行われていたようである。しかしながら，ここにはアンケートに回答していない学生の意見は反映されていない。実際に学習記録の提出率が低い学習者はアンケートの提出状況もよくないことが報告されている（山本・末吉 2021）。そのような学習者には，どのように働きかけていけばよいのだろうか。実際に学習記録活動にどれだけ自身のコメントが貢献しているかについては教師自身もなかなか把握しづらいため，教師は常にどのようなコメントを返せば良いのか，試行錯誤を繰り返している。次節では，この学習記録活動に関わった教師2名がどのような支援をしていたのかを具体的に見ていく。

3. 教師の支援活動の調査方法と概要

教師の支援活動の調査として，2021年度秋学期の学習記録のコメントを担当した2名の教師X，Yに対し，半構造化インタビューを行った。個別インタビューは，「構造化面接 structured interview」，「非構造化面接 unstructured interview」,「半構造化面接 semi-structured interview」の 3 種類に分類されるが，その中でも半構造化面接は，現在の質的研究のインタビューとしては最も多く用いられており，質問内容とその順序がある程度決まっているものの，それらに対する回答の結果を見ながら他の質問を自由に行うことができる（大谷 2022）。そのため，調査者はその場の状況や回答者の世界観，また，テーマに関する新しい着想に対応しやすくなる（メリアム 2004）。また，質的研究におけるインタビュー法をまとめた中で，やまだ（2021）は，「インタビュー行為は，それ自体が貴重なナラティヴであり，省察的に研究されるべき対象となる」（p. 171）と述べている。さらに，やまだ（2021）は，「ナラティヴ（narrative 語り・もの語り）」とは，「広義の言語によって語る行為と語られたもの」（p. 151）と定義し，インタビューを行う研究者は，インタビュー場面において相互行為する参与者と位置づけられ，インタビューイーの語りは，インタビュー状況の中でインタビュアーとの共同生成的なやりとりによって生み出される生きもの（lives）として扱われるとした。そして，「インタビューにおける質問のしかたは，情報を引き出す聞き取り技術としてではなく，ナラティヴという相互行為の一環として，根本的にとらえ直されている」（p. 171）と主張している。

　また，教師の教えるという行為には，教師がそれまでの人生で身につけてきた信念，価値観，ものの見方，経験がたっぷりしみ込んでいる（Cole & Knowles 2000, p. 2）。Aoki（2004）は，教師の実践知はナラティブであるとされていることから，「専門家としての教師を対象にした研究あるいは教師による研究は，ナラティブ型のアプローチをとる必要がある」（p. 19）と指摘している。本調査では，教師である X と Y のインタビューを通して得られたナラティブを手がかりに，学習記録活動における教師の経験を理解していくこととする。

　調査概要であるが，協力者の X は，本別科に着任する前に海外の大学で数年間日本語教育を経験した女性教師であり，Y は，本別科に着任する前に関西のいくつかの大学で長く非常勤講師として日本語を教えた経験を持

つ女性教師である。2021年度秋学期の時点で，本別科の勤務年数は，Xが2年目，Yが1年目であり，留学生のアカデミック・アドバイザーとして日本語関連の授業以外に進路指導なども担当している。用意した質問は，①学習記録活動についてどう思いましたか，②学生が学習記録を書くことに意味があると思いますか，③(学生ごとの学習記録データのまとめを一緒に見ながら) この時のようなことを考えてコメントを書いていたか教えてください，④学生の自律的な学習についてどのように考えていますか，⑤教師の学生に対する支援とはどのようなものだと思いますか，の5つである。これらのインタビューを通して，XとYの学習記録活動に対する感想，支援の仕方，教師の支援に対する考えをみていく。

3.1　学習記録活動に対する感想

　まず，①学習記録活動についてどう思いましたか，と②学生が学習記録を書くことに意味があると思いますか，の質問について，XとYは次のように話した。

> X: 正直効果があるのかどうかよくわからないままやってみた　ただ
>   アンケート結果を見ると　割とうまく活用した学生もいたし　まあ
>   学生によるけれども　なんか振り返るのにとてもよかったっていう
>   コメントもあるので　ま　学生によっては一定の効果があったのか
>   なと思うんですけれども

　Xは，学習記録活動が学生の自律学習能力を向上させる効果が出せるのか確信が持てないまま，この活動をやってみた。活動後の学生のアンケート調査結果を見ると，割とうまく活用した学生もいた上，肯定的なコメントもあったので，学生によっては一定の効果が得られたことがわかった。しかし，②の質問では，Xは，学習記録活動に意味があったかどうかは学生によると答え，学習を記録するような作業が苦手な学生には苦痛だった

かもしれないと話した。しかし，教師からのコメントが返ってきたら学生
は頑張ろうとするかもしれないと話した。

　一方，Yは初めて取り組んだ活動の感想を話した。

　　Y：うーんとまあ　私自身もこういうことをするのが初めてだったので
　　　　今まで含めて　なんかこう　週の振り返りを書かせてそれに対して
　　　　コメントを書くってことをやったことがなかったので　まあ　どう
　　　　いうものなのかなと思いながら始めたんですけども　正直　どれだ
　　　　け学生のサポートになったのかなとか　役に立ったのかなとかは
　　　　うーん　少しまだ自分自身も曖昧な感じですかね

　Yは，この学習記録活動が初めての経験であり，自分がどのくらい学生
のサポートができて役に立ったのかはまだ曖昧で自分自身でもわからない
と話した。また，②の質問にYは，学習記録データのまとめを見ると，学
生によってはしっかりと振り返りができていて，次にすることがわかって
いる者もいるので，その場合は役に立っていると思うが，中には学習記録
で何を書けば良いのかわからない学生や「やっつけ仕事」として義務的に
する学生もいるので，そのような学生にはいくらアドバイスしても変化が
見えなかったと話した。

　XもYも，アンケート結果を見る前は，この活動における学生への効果を
はっきりとは実感できていなかった。それは，この活動自体が苦手そうな
学生や，課題として義務的にしかやらない学生の存在により，自分たちが
学生たちの役に立つ「サポート」ができたのか，懐疑的であったからだと
思われる。XとYは，実際にどのように学生たちの学習記録活動を支援して
いたのだろうか。

　次の3.2と3.3で，XとYの学習記録活動での支援の様子を見る。XもYも
学習記録活動でコメントを担当した学生はそれぞれ10名ずつであったが，
ここではその中からそれぞれ4名，計8名の学生を抜粋して提示する。そ

れらの学生は文中でAからHで表し，全て大学進学希望の学生である。G
が台湾出身である以外は全員中国出身である。また，インタビューデータ
の中の？は，上昇イントネーションを表す。

3.2　Xの支援

　Xの学習記録でのコメントの仕方は，「たくさん書いてきてくれた学生に
はちゃんとそれに答えるというスタイル」であり，学習の取り組みが見え
る学生にはコメントもしやすく，書くことが増えるが，コメントに何を書
いたらいいのかわからない学生も何人かいた。あまり学習の内省が明確で
ない場合は，何か悩んでいることがあるのではないかと思って，学習の記
録に対するコメントではないものを書くこともあった。Xが担当した学生
のうち一番学習記録を活用していたのは，日本の大学進学を目指すAだっ
た。Aは課題として出された学習記録を活用し，きちんと学習の内省もで
きていた。学習記録では，授業以外にどのような勉強をしているのかも書
いてあったため，XはAの学習状況をよく理解することができ，アドバイ
スや励まし，情報提供などもしやすかった。Aは当時中国からZoomで授業
に参加していたので，Xは学習記録を通してAと受験に関するやりとりもで
きた。しかし，学習記録を毎回提出しても同じ内容だけを繰り返し書くB
に対しては，学習に関するアドバイスも書けず，Bが大学受験でかなり焦っ
ていたこともあり，学習ではなく受験に関する内容に偏ったものとなった。
Xは，受験のことに加えて小クイズの点数に触れるなどして，Bの意識を受
験から日本語学習の方へ向けさせようと努力した。それは，XがBに，Aの
ように学習記録を書くことで自律学習能力を向上させてほしいと考えてい
たからだと思われる。また，Cは大学受験で不安定だったため，「最低の一
週間だ，態度は悪くなりました」「よくないです，悪い状態で過ごした」の
ように，かなりネガティブなコメントを書いた時期があった。その時Xは，
学習記録のコメントで何か悩んでいることがあれば面談に来るように促し
たり，体調について聞いたりした。学期の後半になってからCは全く学習

記録を出さなくなったが，受験に力入れ始めたために学習記録に気が回らなくなってしまったとXは話した。

　Xの担当学生の中で提出率が目立って良くなかったのはDだった。Dは，大学受験の出願書類の作成も期限が迫ってからやっと白紙で持ってくるような学生だった。Xは，Dがまめに記録をつけるような作業が苦手なタイプではないかと話した。自分で計画を立てて，まめに記録したり締め切りを守って出したりすることができないタイプなので，学習記録もほとんどが未提出の結果になったのではないかと考えていた。Xに，④学生の自律的な学習についてどのように考えていますか，の質問をした際，Xは，大学卒業後に来日するような大学院や就職を目指す学生の場合は，最初から割と自分で勉強する習慣が身についていると思うが，高校卒業後に来日する学生たちの中には，自律学習を身につけるのが難しい学生がいるかもしれないと話し，母国で教師や親から言われたことしかできないような受け身の教育を受けてきた場合は，自分でやるという習慣を今から身につけるのは，よほど大きな目標を見つけるなどしないと難しいことなのではないかと話した。まさにDはそのような学生であり，Xにとって，Dのように依存心が強く，自律性が低い学生の自律学習を支援することは，非常に難しいことだった。

3.3　Yの支援

　Yは学習記録活動での支援の仕方について，学生が教師側のコメントをきちんと読んでいることを前提とした上でと言ってから，次のように話した。

　　Y：私のコメント読んでいるんだろうなっていう子たちに関しては　なんだろ　授業を超えたところでの日本語能力の向上というよりはその　見てるよっていう　関心持ってるよっていうところを伝えるツール？　私がコメントしたところで彼らの行動を変えられるとは

思わないんですけど　一方で　あ　先生私の書いたことに対して反
応してくれてるな　とか　そういう面でのこう　繋がりをつくる
ツールの1つだったのかなぁというのは

　Yは，学習記録活動を，学生が「授業を超えたところでの日本語能力の
向上」，つまり，受け身ではなく自らの学びをコントロールする能力の向上
のためというよりは，学生たちへ教師が関心を持って見守っていることを
伝えるツールだと捉えている。Yは，教師のコメントだけで学生たちの行
動を変えられる，つまり，自律的に学習するようになるとは思わないが，
学生が書いたことに教師がコメントして返すという行為を通して，学習記
録が教師と学生との「繋がりをつくるツールの1つ」になるのではないか
と説明している。
　Yのこのような考えは，学習記録活動でのコメントに表れている。Yは，
学生が学習記録に書いてきた内容に対してコメントを返すだけでなく，そ
の学生が授業中に発言したことに対するほめ言葉や感想を書いた。例えば
Eが授業で外来生物の駆除の話が出た時にザリガニの例を説明し，食べて
みたら美味しかったという話をした際，YはEのその発言がよかったと思っ
たが，それをその場で言うことができず，代わりに学習記録のコメントに
書いた。他にも，FがYにアルバイトを始めた話をした後，Fの学習記録へ
のコメントで，学習に対する励ましとともにアルバイトについても触れた。
Yは，授業中の出来事や授業以外の場で学生と個人的に話したことを学習
記録に書くことで，その学生に関心を持っていることを示そうとしていた。
　また，Gは大学合格後，後半の学習記録に大好きな音楽についての話ば
かりを書くようになり，URLを貼り付けてお勧めの曲を紹介していた。Y
はそれに対して拒否することなく受け入れ，「(その曲を) 聞いてみますね」
とコメントを返している。YはGとのこのやりとりについて，学習記録に
「まま (=まあまあ)」しか書かなかったHと比較して次のように説明した。
Hは第一志望の大学に不合格になって以降，すでに合格している大学があ

ることで学習にやる気を失い，学習記録にも完全に興味を失ってしまった。Yは学習記録のコメント上だけでなく口頭でも，学習の振り返りをきちんと書いて内省することが必要だと何度も伝えたが，Hは結局最後まで「まま」と書いた。これについてYはHが学習記録の「シートの役割を見出せないまま終わってしまった」と話している。しかし，このHと違って，Gは大学合格後は学習記録に自分の好きなことを書いてYとやりとりするという「文通みたいな役割」を学習記録活動に見出した。Hが学習記録を課題の成績を得るために義務的に提出するだけであったのに対し，GはそれをYとの交流に利用した。Yは「好きなことを自由に書いてね」と思ってGとやりとりしていたが，それはYが学生は興味があることは積極的に書く上，語彙もきちんと調べると考えていたからである。Gは明らかに他の学生とは違う使い方をしており，本来の自律学習能力の向上としての学習記録活動としては良いかどうかはわからないが，それでもHのように「まま」と書くよりはずっと彼の自律学習に役立っているのではないかとYは思った。

　Yに，④学生の自律的な学習についてどのように考えていますか，の質問をしたところ，自律的な学習は自分の苦手なことやできないことを自己分析して気づいたところを補強するための勉強ができることだと話し，大学が決まった後も積み重ねて頑張れる学生は自律的な学習ができる学生だと話した。そして，そのような学生は自分の弱点をわかっているので，合格した後も大学に入学するまでにその弱点をなくそうと自ら計画して勉強し続けることができるが，Hのように大学に「受かったからもういいや」と投げ出してしまうとそれができない上，大学入学までに日本語能力を向上させなければならないと本人が理解していないので，いくら教師側が伝えても自分のこととして受け止めることができないと説明した。Yは最後に結論として，自律的な学習とは「自分がやるべきことをしっかり理解して行動できる」ということだと話した。Yにとって学習記録活動は，学生が自分に必要だと思うことをきちんと理解していれば何を書いてもよいも

のであって，教師はそれをサポートすればよいのである。

3.4　教師の役割

　最後に，⑤先生の考える教師の支援とはどんなものだと思われますか，
の質問をした時，Xは，他の教師と違って，自分は「手取り足取りやるタ
イプではない」と話し，次のように答えた。

> X：んー支援ですか　必要最低限するって感じですか？　そうですね
> 個人個人ですね　できる学生はどんどんやって　なんか　これやん
> ない方がいいあれやんない方がいいみたいなことは　あまり極力言
> わずに……（中略）……なんか　ほんと　あのなんでしたっけ　馬
> 水辺に連れて行くことはできるけど　飲ませることはできないみた
> いなのありましたよね　だから　本当　飲むのは学生自身なので
> いかに飲ませるか　みたいなところですよね　ぐって首こうやって
> 水につけるわけにはいかないんで　その辺もうちょっと　うまく支
> 援できればよかったかなぁと思う学生は何人かいますね

　Xの考える教師の支援とは，学生個人個人に「必要最低限」行うもので
あり，できる学生にはどんどん進んでもらうが，極力あれこれ言わずにサ
ポートするものである。Xは教師としての自分の支援の仕方を，イギリス
のことわざの「馬を水辺に連れて行くことはできても水を飲ませることは
できない」を引用して説明した。教師は学生である馬を水辺に連れて行く
ことはできるが，無理に水を飲ませることはできない。水を飲もうとする
かどうかを決めるのは馬である学生自身の意思であり，いかに馬に水を飲
ませるかが，教師の支援の仕方である。つまり，学生が自らそれをやろう
とする方向に教師が促すことが支援であり，無理矢理馬の首をつかんで水
につけるように，その行動を強制することはできないと話している。Xは
もう少しうまく支援できれば良かったと思う学生が何人かいると話し，学

生をそのように支援することが難しかったことを伝えているが，これは3.2
で触れたB，C，Dのような学生たちのことだと思われる。
　一方，Yは，⑤の質問に対して次のように話した。

> Y: 学生の悩みに対して適格なアドバイスとかしてあげられるっていう
> のが　まあ　大きな意味でのサポートなのかなと　それはまあ学習
> 面もそうなんですけど　例えば　BJT受けたいんですけどいい参考
> 書ないですかーとか　そういうことに対してはアドバイスしやすい
> ですよね　具体的な　なんか聴解が弱いんですけどっとかっていう
> 人に対してはこうしたらいいんじゃないかーっていうような　もち
> ろんそれは1つの教師の仕事なんですけど　私　常々思ってるのが
> その　彼らが別科卒業して　ま　彼らの人生歩んでいくじゃないで
> すか　その時に　あの先生こんなこと言ってたなーとか　こんなこ
> としてくれたなっていうのを　ふと思い出すような言葉　を言えた
> らいいなっていうのを　実は常々思っていて　あの先生うるさかっ
> たけど　そういえばあんなこと言ってたなーとか　なんか　ちっ
> ちゃなことでもいいんですけど　なんかこう　その後に役に立つ言
> 葉をかけてあげられたらいいなぁとは思っていて　だから　割とこ
> う　授業中の彼らにかけるコメントとか　授業外でのたわいもない
> 話とか　なんか実はそういうのを　実は重要かなって思っていて
> そういうところも含めて　なんか　サポートかなと思っています

　Yは「学生の悩みに対して的確なアドバイスとかしてあげられる」のが
大きな意味での教師のサポートだと言っているが，それは学習面だけでは
ない。学生の具体的な勉学上の悩みに対してアドバイスをするのも確かに
教師の仕事の1つだが，Yが常々思っているのは学生たちが卒業後にふと
思い出すような言葉が言えることである。それは，学生たちの今後の人生
に役に立つような言葉であり，そのためYは，授業中に学生たちにかける

言葉や授業以外の場所での「たわいもない話」が実は重要なのではないか
と話している。そして、Yはそういう言葉を学生にかけるところも含めて
教師のサポートだと話した。Yが言う「学生の悩み」は、今の学習上の悩
みだけでなく、今後学生が人生を歩む中でぶつかる悩みをも含んでいる。
将来学生が悩んだ時に教師の言葉を思い出すことで、また前に進むことが
できるようになるため、常日頃そのような言葉を学生にかけることも教師
のサポートだとYは言っているのである。

　Yがそのように考えるのは、Y自身の経験からであった。

　　Y：正直　恩師って呼べる人って少ないですけど　でもやっぱり　そう
　　　　いう先生の言葉　ふと思い出して　ああ先生こんなこと言ってたな
　　　　じゃこうしようっていうのは　やっぱりあるので　なんか彼らに
　　　　とって　100人いる先生の１人かもしれないけど　ああ　あの先生
　　　　そういえばこんなこと言ってたよなっていうのに　なれたらいい
　　　　なーとは　思ったりはしています

　Yは、恩師と呼べる先生の言葉をふと思い出すことで、「こうしよう」と
決断できることがある。学生たちにとって自分は「100人いる先生の１人」
でしかないかもしれないが、将来学生が何かを悩んだ際に、自分のかけた
言葉を思い出して自分と同じようにその悩みが解決できればいいと思って
いる。

4．考察
　XとYの学習記録活動でのコメントには、留学生の自律学習支援のため
に、励ましやほめ、感想やアドバイスなどが見られ、その点は梅田（2005）
や義永（2018）の教師の支援と違いはない。つまり、クラントン（2003）の
いう、「自己決定型学習」における、学習者を励ましたり支えたりする「ファ
シリテーター（facilitator）」や、教材などの情報を提供する「情報提供者

(resource person)」，学習を記録したり評価したりする「学習管理者（manager）」の役割をこなしていることがわかる。しかし，予備教育機関である本別科での学習記録活動は，アカデミック・アドバイザーとしての大学や大学院への進学指導が反映され，コメントの中には受験に関するものが多く見られた。受験は学習記録活動に大きな影響を与えたと思われる。3.2と3.3のXとYの支援の中では，Bは受験で焦っていたことで学習記録に同じコメントしか書かず，学習の内省ができなかった。また，Cは受験に集中するために学習記録を提出しなくなった。そして，Hは受験がきっかけで学習に対してやる気を失い，学習記録に「まま」の一言しか書かなくなった。これらの学生たちは，大学受験のために学習記録活動が順調に進まなかったと言える。しかし，XはBの学習記録のコメントで，小クイズに触れて学習の振り返りを促したり，Cの学習記録のコメントで，何か悩んでいることがあれば面談に来るように促し，体調について聞いたりした。また，Hが学習記録に「まま」としか書かなくても，Yは毎回コメントを書いて返していた。Yは学習記録を，学生の自律学習の支援というよりは，学生たちへ教師が関心を持っていることや見守っていることを伝えるためのツールと捉え，授業内での発言や，授業外で話した内容を積極的にコメントに反映した。XとYのこのような支援を見ると，予備教育機関である留学生別科で求められる教師の役割としては，学習者を励ましたり支えたりする「ファシリテーター（facilitator）」であることが重要であると言える。

　梅田（2005）は，学習者の自律性を重視した日本語教育コースのためには，「他者決定型学習」の割合を減らす必要があり，それには教師の「ファシリテーター」としての役割が有効だと述べている。また，中田（2015）は，「学習者オートノミーの問題は，学習者だけの問題だと誤解されがちだが，教師がそのための支援をできるか，それが可能な環境を創出できるかどうかの問題でもある」（p.21）と述べ，教師が与えるべき支援について，教師は不要な支援は慎みつつも必要な支援のみを学習者に提供できるように，学習者のニーズを見極め，場面ごとに適切な対応を判断しなければな

らないと述べている。その前提として，学習者との間に信頼関係を築き，必要以上の助けを与えることのない「勇気」と「余裕」を持ちながら，学習者が自ら教師や仲間に必要な支援を求めることができるように導くべきであると主張している。別科で行う学習記録活動を通して，留学生自身が自律学習に必要な支援を教師側に積極的に求めることができるのであれば，学習記録は留学生が支援を求めるためのツールとなり，彼らの自律学習を促すだけでなく，Yが言ったように教師と学生との「繋がりをつくるツールの1つ」となりえるだろう。

　また，XとYの支援の仕方は，彼女らがそれぞれどのような教師でいたいのかという教師のアイデンティティに深く関わっていると思われる。Xは自分の支援のやり方を，馬を水辺に連れて行くことはできるが，無理に水を飲ませることはできないことに例え，学生自身の意思で進んで行けるように，必要最低限の支援をするようにしていると話している。その支援は，強引に押しつけるような強制的なものではない。学生自身が自律学習が進む方へ向かっていけるようにそっと促し，導いていくような支援である。そのような教師の支援がXの教師として思う姿であるのだろう。一方，Yは，学習面だけでなく，精神面のサポートも行おうと積極的に働きかけている。Yによると，授業中に学生たちにかける言葉や，授業以外の場所で声をかけるのも教師のサポートに含まれる。Yのその行動や考えは，将来学生が悩んだ時に教師の言葉を思い出すことで立ち直ることができるように学生たちの今後の人生に役立つ言葉をかけられるような教師になりたいという思いから来ている。このようなXやYの教師の支援に対する考えは教師の専門性と深く関わると思われる。近年，外国人材の増加とともに日本語教育の需要がさらに高まるとして，文化庁文化審議会国語分科会日本語教育小委員会において議論が行われ，2019年に公開された「日本語教育人材の養成・研修の在り方について（報告）改訂版」では，「専門家としての日本語教師に求められる資質・能力」として「日本語教育に対する専門性とその社会的意義についての自覚と情熱を有し，常に学び続ける態度を

有していること」という専門家としての日本語教師に必要であろう態度についても言及されている。『日本語教師の専門性を考える』の編者である舘岡（2021）は，「日本語教師の活動の場が拡大している中で，今後は今まで以上に日本語教師が自身の専門性に対して自覚的になる必要がある」（p.104）と述べ，「専門性の三位一体モデル」を提案している。これは，日本語教師の専門性を「どんな日本語教育を実現するのかといった自身の理念（日本語教育観）とどんな特徴を持ったフィールド（ことばの教育現場）なのかといったフィールドの固有性との間で最適な方法を編成し実現できる」（p.104）新たな枠組みであり，「理念と方法とフィールドの三者を連動した一貫性のある動態的なものとしてとらえる」（p.105）ものである。これは，日本語教師が自らの経験等を総動員し，どのようなフィールドであっても自身の理念に根ざす教育実践を行っていくことを示しており，「このようなことができることこそが専門性であり，その専門性なくして日本語教育の自律的な発展はないであろう」（p.104）と述べられている。XやYが学習記録活動の際に行った支援を見ると，彼らが留学生の支援に対して，こうあるべき，こうありたい，という自身の教師としての根本的な考えのもとで行われたものであり，また，予備教育機関である留学生別科で行う支援として，日本語学習の面だけではなく，受験に関わる精神面の支援に対しても適切な対応を試みた結果だと思われる。これは舘岡（前掲）のいう「専門性の三位一体モデル」を体現していると考えられるのではないだろうか。

　以上，考察をまとめると，予備教育機関である本別科で行われた自律学習支援のための学習記録活動は，大学などで行われたものとは違って，大学や大学院受験が大きく影響しており，そのために教師は，単なる学習面の支援だけでなく，受験に対する精神面のサポートも必要であり，「ファシリテーター（facilitator）」の役割が重要であることがわかった。また，その役割は学習者の自律性を高めるのにも有効であり，そのため，学習記録は，学生が支援を求めるツールとして，また，教師と学生との繋がりをつくるツールとして積極的に利用するべきものだと考える。さらに，学習記録活

動の支援に対する教師のナラティブからは，専門家としての日本語教師の
姿がうかがえた。

5. 今後の展開

　2021年度の学習記録活動の結果を踏まえて，2022年度の学習記録活動で
は，支援を求め，教師と繋がるツールとしての学習記録の可能性を探るこ
とも視野に入れた。教師とのラポール形成ができるように，これまでの学
習の振り返りを書く以外に，「何でも通信」欄を作成し，学生が何でも伝え
たいことを書くことができるようにした。これにより，学生が教師に対し，
より自分に必要な支援を求めやすくなり，教師はより学生のニーズに合う
支援を行えるのではないかと考えている。

参考文献

石橋玲子・大塚淳子・鈴木紀子・八若寿美子(1996)「中級日本語学習者の自律的学習に
　向けての意識化の試み」『言語文化と日本語教育』11, 62-76.

梅田康子(2005)「学習者の自律性を重視した日本語教育コースにおける教師の役割――学
　部留学生に対する自律学習コース展開の可能性を探る――」『愛知大学　言語と文化』
　No. 12, 59-77.

大関由貴・遠藤郁絵(2012)「学習者から学ぶ「自律的な学び」とその支援」『日本語教育』152,
　61-75.

大谷尚(2022)『質的研究の考え方――研究方法論からSCATによる分析まで――』名古屋大
　学出版会

クラントン. パトリシア. A,(2006)『おとなの学びを拓く――自己決定と意識変容をめざし
　て――』入江直子(訳), 鳳書房

坂本裕子(2005)「外国語学習者の学習意欲を高めるための方法に関する一考察――日本語
　を学習する中国人学習者へのアクションリサーチを通して――」『言語コミュニケーショ
　ン研究』5号, 2-10.

桟敷まゆみ(2019)「学習記録レポートによる自律学習支援――留学生の日本語指導におけ
　る取り組み――」『鈴鹿大学・鈴鹿大学短期大学部紀要』2, 83-106

舘岡洋子編(2021)『日本語教師の専門性を考える』ココ出版

田中望・斎藤里美(1993)『日本語教育の理論と実際――学習支援システムの開発――』大修
　館書店

中田賀之(2015)「学習者のオートノミーとは何か」, 中田賀之(編),『自分で学んでいける

生徒を育てる』ひつじ書房，pp. 17-54.

登里民子・山本晃彦・鈴木恵理・森美紀・齊藤智子・松島幸男・青沼国夫・飯澤展明
　（2014）「経済連携協定（EPA）に基づくインドネシア人・フィリピン人看護師・介護福祉
　士候補者を対象とする日本語予備教育事業の成果と展望」『国際交流基金日本語教育紀
　要』10, 5-69.

文化庁文化審議会国語分科会（2019）「日本語教育人材の養成・研修の在り方について（報告）」
　改訂版 URL: https://www.bunka.go.jp/seisaku/bunkashingikai/kokugo/hokoku/pdf/r1393555_
　03.pdf（2022年12月27日アクセス）

メリアム，S. B.（2004）『質的調査法入門 —— 教育における調査法とケース・スタディ』堀薫
　夫・久保真人・成島美弥（訳）ミネルヴァ書房

柳沢好昭・石井恵理子監修（1998）『日本語教育重要用語1000』バベル・プレス

やまだようこ（2021）『ナラティヴ研究 —— 語りの共同生成 ——』新曜社

山本晃彦・末吉朋美（2021）「「学習の記録」が自律的動機づけに与える影響」『日本語教育
　方法研究会誌』28（1）, 106-107.

義永美央子（2018）「自律学習支援のための日本語学習記録における教師コメントの分析」
　『多文化社会と留学生交流：大阪大学国際教育交流センター研究論集』No. 22, 33-46.

Aoki, N.（2004）Life after presentation: How we might best discuss and evaluate narrative-based
　research with/by teachers. 『阪大日本語研究』16, 19-36.

Cole, A. L., & Knowles, J. G.（2000）*Researching teaching: Exploring teacher development through reflexive
　inquiry*. Needham Heights, MA: Allyn & Bacon.

Ryan R. M., Deci E. L.（2004）An overview of self-determination theory: an organismic dialectical
　perspective. ln E. L. Deci & R. M. Ryan（Eds.）, *Handbook of self-determination research*, 3-33, The
　University of Rochester Press.

付記

本研究はJSPS科研費19K00724の助成を受けたものです。

終わりに：留学生・日本語教育の今後の展開

山　本　英　一

結び：英語教育から見えてくる日本語教育の展望

　私は英語の教員である。もう40年近く前の話になるが，母校の留学生別科で1年間だけ日本語を教えたことがある。英語の教員が何のトレーニングも受けず日本語を教えるなど，今では考えられないことだが，そのころは日本語教育を専門にしている人は少なく，外国語学を専門にしている教員が，専門領域の研究をするためにやがて日本各地の国立大学に配属されていく留学生の日本語の面倒を見ていた，そんな時代である。

　私が担当したのは中級と上級の学生で，特に後者は私がチューターとして学生と一緒に専門書を読む授業であった。今の関西大学の留学生別科を含めて，こういった日本語教育機関の良いところ（わかりやすいところ）は，日本語を学ぶ学生たちの目的がはっきりしている点であろう。つまり，彼らにとっては，大学・大学院で勉強・研究をするに十分な日本語能力を身につけること。これが最大の関心事である。教員には，そういったアカデミックな場面で学生たちが日本語を理解し使えるよう指導することが求められる。特定の目的のために英語を学習（教授）することを，英語教育ではESP（English for Specific Purposes）と呼ぶが，その日本語版・JSP（Japanese for Specific Purposes）と言えるだろう。さらに，細かく言うと，その究極の目的は専門的でアカデミックな言語の習得であるがゆえに，英語ではEnglish for Specific Academic Purposes（ESAP），日本語ではJapanese for Specific Academic

Purposes（JSAP）ということになるだろう[1]。

そんなことにも注目しながら，筆者は，（英語学の立場から）英語教育に携わってきたので，ここでは英語教育から日本語教育を眺めた時，何が見えてくるのかを述べてみたい。

日本における英語教育の目的とは

英語教員になって40年以上になる。学習歴まで含めると，50年以上，英語に関わっていることになる。日本の英語教育を半世紀余り見てきたことになるわけだが，率直な感想を述べるならば，残念ながらその成果は決して芳しいものではない。一般的には，教授法が進化していると言われるのに，どうしてそのようなことになるのか。

その理由を考える時に，いつも思い出すのが次のような50年以上前のドラマのワンシーンである[2]。当時は「モーレツ社員」という言葉が当たり前の競争社会であった。ドラマの舞台となった商社では，新人社員たちが虎視眈々と昇進の機会を狙っている。未来の部長・社長への登竜門とも言えるのが，社内で行われる留学試験であった。300人の新入社員から15人を選抜し，彼らを海外の大学に1年派遣し，現地の支店で1年勤務させる。まさにエリートへの狭き門で，そこでは英語の能力が問われる。寸暇を惜しんで，休日にも勉強をしている主人公は，（当時まだ高価だった）小型カセットテープレコーダーで繰り返し英語を聞いている。そこまでは現実味があるのだが，問題は聞いているテープの内容である。"Go straight ahead, cross the street, and turn left（まっすぐ行って，通りを渡って，左に曲がってください）"何と，道案内の勉強をしているのだ！

かりにも大学を卒業して（これまた狭き門の）商社に入社し，これから海外に留学し，やがては「1人で億単位のビジネスをやろう」と意気込む野心満々のサラリーマンを描いているのである。もう少しマシなシナリオは

1　大学英語教育の目的別区分については，田地野（2009: 131-32）を参照のこと。
2　TBS木下恵介アワー『三人家族』（1968）.

ないものか？ 少なくとも，この期に及んで，道案内の英語はないだろう。まさに鼻白む場面なのである。ただ，誤解のないように急いで付け加えておきたい。シナリオを非難しているのではない。要は「何のために英語の勉強をしているのか？」という本質的な問いなのである。前置きが長くなったが，この「何のために」がずっと置き去りになったままなのが，日本の英語教育と言える。よもや「道案内のため」などという答えは返ってこないだろうが，ではいったい「何のため」なのか？ このドラマのワンシーンは，50年前も，そして今なお目的を明確に特定できない（特定しない），日本の英語教育の深刻な実情を象徴していると言えるのである。

目的が明確な ESL 教育

　これとは対照的に，「何のために」がはっきりしている事例が，ESL（English as a Second Language）教育（「第二言語としての英語教育」）である。わかりやすい例として，関西大学の学生が夏の短期プログラム（1か月）でお世話になったアメリカの大学附属語学学校の若い女性教員を紹介しよう。学生に英語を教えようというわけなので，彼女は流暢な英語を話す。しかし，生い立ちを聞いてみると，生まれはパナマで，中学校の時に両親に連れられてアメリカに移住してきたという。今でも家庭内ではスペイン語を話しているという彼女は，移民当時は，英語で "Yes" か "No" しか答えられなくて，面談時に中学での学習は無理と判定され，小学校6年生に編入させられた。内容的には理解しているはずなのに，英語が使えないために学年を逆戻りさせられた彼女は，そこから懸命に英語を学ぶことになる。母語（第一言語）はスペイン語で，英語は第二言語ということになる。彼女にとって，英語の学習は，日常の生活を取り戻すための学習であった。このようにESL教育では，基本的に学習者が生活をするために，仕事をするために，あるいは現地で学位を取るために，といったように，明確な目的を持って学びが展開する。目的を達成しなければ，学習者にとっては文字通り死活問題となる。先のドラマの例に象徴されるように，海外留学・海外勤務を目指

しながら，なおも英語を学ぶ目的がどこかピント外れの，別の言い方をすれば目的の定まらない，日本における「外国語としての英語教育」（EFL = English as a Foreign Language 教育）とは比べものにならないほどの緊迫感と強い動機が，ESL 教育にはあると言えるだろう。

通過儀礼としての EFL 教育

それにしても，日本国内でESL教育が必要でないことは誰の目にも明らかである。どこまでも EFL 教育でしかない。だからこそ，「なぜ英語を学ぶ（教える）のか」と問われた時に，学生も教員も答えに窮するのである。「道案内ができるため」,「ペラペラ喋れるようになるため」,「海外にお友達を作るため」などなど。もう少し説得力のあるところでも，せいぜい「英語で専門分野について学び発信ができるようになるため」とか，「将来，英語を駆使して仕事ができるようになるため」程度だろう。しかし，前者についていえば，専門分野は日本語で学べるのだから，なぜあえて英語で勉強する必要性があるのかがわからない。また，後者では，英語を必要とする仕事が何なのか漠然としすぎていて，計画を立てるにも立てようがない。死活問題になるほどの緊迫感も強い動機も，どこにもないのである。そんな状況で，時間と忍耐強さが要求される言語学習が成り立つと考える方が不思議である。

それでも英語学習（教育）は粛々と続けられる。誰もが「（やはり）英語は必要だ」との思いを心の片隅に抱いているからである。それは1つの通過儀礼のようなものである[3]。目的が定まらないものだから，仕方なく「聞く・話す・書く・読む，それに加えて対話力の5技能を養う」のが英語学習（教育）の目的であるかのように，まことしやかに語られる。考えてみると（というか考えるまでもなく），言語を習得するということは5技能（4技能）の獲得が大前提であって，それらは目配りすべき「目標」ではある

---

3 同じく「通過儀礼」としての英語教育という言葉が，渡辺（2009: 182-184）にも見える。

が「目的」ではない。「健康な身体を維持するため（目的）には，バランス
よく栄養を摂ること（目配りすべき「目標」）だ」とは言うが，「バランスよ
く栄養を摂ることが私の目的だ」と言うのがおかしく聞こえるのと同じで
ある。

　「（英語学習（教育）は）5技能の習得が目的である」という言説は，「目
標」と「目的」の見事な摺り替えなのである。生徒・学生・世間に対する
ミスリードはいい加減に止めて，目的を真面目に同定した上で，（通過儀礼
ではなく）実を伴う学び（教え）を提案しなければ，英語教育の現状はこれ
までと同様に，未来永劫，変わることはない。

　ただ，その成否が死活問題にも関わるESL教育とは違って，EFL教育で
はその目的が何であるかを同定することは，やはり難しい。理由は少なく
とも2つある。1つは，先に指摘したように学習者のニーズがわからない
から。例えば，将来社会に出た時，英語を使って「ビジネス交渉がしたい」
のか，「アカデミックな発表がしたい」のか，「海外での生活に困らぬよう
準備したい」のか，（学びの段階では）ニーズは十人十色なのだ[4]。かりに，ど
れか1つのニーズに絞ることができたとしよう。そこで，もう1つ問題と
なるのが，学習者と教員の双方に，レベルを厳守する覚悟があるのかどう
かということ。つまり，絞ったニーズに応えられる一定のレベルに達しな
かった場合，どうする（なる）のか。

　ESL教育では日常の生活にも支障が出るので，学生はレベルをクリアす
るまで必要なプロセスを繰り返すことになるし，教員もまた，中途半端な
「空手形」は出せないため，説明責任を果たせるまで同じプロセスを繰り返
すことになる。また，お互いにその覚悟があるはずだ。ところが，EFL教

4　学習の段階では見えない（同定できない），いわゆる Delayed Needs の問題である。Dudley-
　Evans & St. John（1998: 145）を参照のこと。この矛盾に応えるために，大学英語教育におけ
　るESPでは，ディスコースの特徴ごとにジャンルなるもの（例えば，「学術論文」，「マニュア
　ル」，「プレゼンテーション」など）を同定し，ジャンルごとの「目的（P）」，「情報の受け手
　（A）」，「伝える情報（I）」，「言語特性（L）」を分析する手法を学生に学ばせるアプローチ
　（PAIL）もある。詳しくは，深山（2009）を参照のこと。

育でそこまでの覚悟を学習者と教員に求めることができるのか？レベルの
厳格かつ厳正なチェックには，学習者・教員ともに痛みを伴うことは間違
いない。そうだとすると，EFLとしての英語教育が，いつまでも「通過儀
礼」であり続けるのは，筆者の考えすぎかもしれないが，この痛みをお互
いに避けるための「生活の知恵」となっている，ようにも思える。しかし，
それでは困る。

言語とコンテンツの葛藤

　覚悟と言えば，ここで，もう1つ興味深い例を紹介しよう。ベトナムで
EMIのカンファレンスを開催した時のことである[5]。彼の地の英語教育の現
状を語ってもらうと，駆け出しの教員は「英語だけを教える」。その後，各
自が定めた専門分野の先生のもとで，その話題にあった英語を学び，それ
を教える手法を獲得していくのだと言う。つまり，一般の英語だけしか教
えられないのは新米教員で，専門領域の英語を教えられるようになって初
めて一人前の教員として認められるのだそうである。これを聞いた時，「と
いうことは，日本の英語教員は定年退職するまで，ずっと新米教員という
ことになりますね」と，思わず自虐的なコメントをしてしまった。そこで
は，英語教員には言語とコンテンツを連携・融合させる覚悟が必要なのだ。
　実は冗談ではなく，筆者はこのエピソードが（少なくとも）日本の英語教
員のメンタリティを浮き彫りにする一方，今の英語教育界の越えがたいハー
ドルを象徴していると思うのである。つまり，ここには言語（英語）とコ
ンテンツ（専門領域）の関係性と，教員の独立性の問題が横たわっている。
例えば，筆者が学んだ大学の英語教員は，それぞれが英語学，（英米）文学，
（英米）文化，（新聞）メディア，ビジネス（貿易），政策，法律の専門領域
を持ちながら，英語を教えていた。英語とコンテンツの「融合型教員」で

ある[6]。ところが，学問・研究の発展とともに，外国語教育そのものが1つの学問として成立するようになった。これはこれで素晴らしいことなのだが，そこでは言語とコンテンツの分離が起こってしまった。「英語プロパーの教員」誕生である。

英語プロパーの教員は，いわば「一国一城の主人」である。「英語教育」という専門領域の中で自律しているわけで，他のコンテンツとは没交渉でいられる。というか，他のコンテンツへ深く立ち入ることなど，「専門外」なのでしてはいけない。先のベトナムの例のように，専門分野の先生のもとでコンテンツと言語の関係を学ぶなど，とんでもない話である。そもそも，コンテンツが「主」で，言語が「従」であるようにも聞こえる主従関係を結ぶことは一国一城の主人としては許せない[7]。ここに英語教員のメンタリティが透けて見えてくる。

ところが，言語とコンテンツは表裏一体の関係にあるため，教育の目的を突き詰めていくと，いつかはコンテンツとの関わり方に触れざるを得ないというジレンマに陥る。だからこそ，「（英語学習（教育）は）5技能の習得が目的である」という，「目標」と「目的」の摺り替えが起こるのである。5技能に限定しておけば，コンテンツに言及することなく教員の独立性を保つことができるから。これが，筆者の考える，今の英語教育界が抱える越えがたいハードルなのである。

留学生別科と日本語教育の将来

話を留学生別科における日本語教育に戻そう。結論から言えば，私は上で述べたような過去何十年にもわたる日本における英語教育の轍を，日本における日本語教育が踏むことはないと考えている。この楽観的な見方に

6　大阪外国語大学（現・大阪大学外国語学部）英語学科をはじめ，伝統的な外国語学部系のカリキュラムの特徴である。学問と実務の両立を目指す。

7　こういった心理的コンフリクトを起こしがちな，英語教育と専門教育の役割分担を明確にした連携の試みの報告が山本（2009）である。この連携では，（理系）専門教育が正課授業に，英語教育が課外授業（e-learning）に配置されている。

は2つの理由がある。

1つは，学生が日本語を学ぶ目的がはっきりしているから。冒頭でも述べた通り，少なくとも今の留学生別科が目指すところは，進学を目指す学生のアカデミックな日本語能力の養成。つまり，JAP（Japanese for Academic Purposes）教育であることがはっきりしている。この点は，目的が同定しにくく，方向性の定まらないEFL教育と大きく異なる。しかも，学生たちには，やがて学部・研究科で学ぶに十分な日本語を身につけようという覚悟があるし，教員たちにも，実現に向けてそれをサポートすることが大きなミッションであるとの強い自覚がある。先に述べたESL教育にも似た状況が，現場にはあると言える。

楽観論のもう1つの理由は，日本における日本語教育であるがゆえに，基本的にイマージョン教育であるから。つまり，教室の中はもちろんのこと，教室の外に出ても日本語を使う（四六時中日本語のシャワーを浴び，日本語を操る）環境がある。別の言い方をすれば，学生は日本語のラーナー（学習者）としてだけではなく，ユーザー（使用者）として日本語に接することができるのである[8]。日本におけるEFL教育が中途半端な原因は，全ての活動が教室内に終わってしまう（外に出たらみんな日本語なのだから，そうならざるを得ない）ことにある。つまり，英語を学ぶ学生は常にラーナーでしかありえない。ところが，別科における日本語教育は，環境上そのようなジレンマを回避することができるのである。

ただし，楽観論ばかりではないことを付け加えておきたい。ここでは2つの局面に注目する。1つは，日本語教育の研究がさらに発展し，日本語教育学なるものが確立することが容易に予測され，実際にそうあってほしいが，そのことによって，英語の場合と同様に，言語とコンテンツが分離していく危惧である。コンテンツに蓋をして，言語を学ぶ（教える）ことそのものが目的化しないよう，細心の注意を払い続ける必要がある。「私は

---

8 一生ラーナー（学習者）として終わるのではなく，ユーザーとして自立することを学習者に促す試みについては，Okamoto, *et al.* (2007) を参照のこと。

日本語の専門家であって，○○（分野）のことは知らない」では済まされ
ない。その言い訳を断つためには，（過去の英語教員がそうであったように）
言語教員も（言語教育以外の）専門分野を持つことである。あるいは，様々
な分野の専門家との連携を厭わぬことである。ただ，この連携には次の2
点が重要だ。1つは，言語教員は，専門分野の教員にはできない，言語そ
のものと，（非言語も含む）コミュニケーションの仕組みとを説明する立派
な知見を有している存在なのだとの認識。また，両者のコラボには決して
（コンテンツが「主」で言語が「従」という）主従関係など存在しないという
確固たる信念の醸成・共有と，相互にリスペクトする関係の構築。この2
点を押さえないと連携は成り立たない。

　もう1つの局面は，留学生別科における日本語教育の目的再考という課
題である。日本語教育とともに，留学生別科の発展ということを考えた時，
目的の再考は避けて通ることができない。どういうことかというと，アカ
デミックな日本語能力の養成からの脱皮である。日本の少子高齢化の問題
が叫ばれるようになって久しく，将来にわたって，一方では大学の学生確
保の問題，他方では社会における働き手確保の問題が深刻さを増すばかり
である。そもそも，高等教育の国際化の原点には，定員の充足を睨みなが
ら，優秀な学生を海外から惹きつけ，教育の質を維持する・向上させるの
だ，という固い決意があったはずである。ただ，英語による授業の開講や，
英語で学位が取れるシステムの構築が難しいことは，日本がどこまでもEFL
教育の現場であって，ESL教育の現場にはなり得ない（つまり，「英語が日本
の第二言語になるのは絵に描いた餅」である）という言語事情から考えても，
当然の帰結とも言える。だとすれば，私たちは，日本語のできる人材を呼
び込み，そういった人材を育てるオプションを真剣に考えなければならな
い。それには，本格的な日本語教育が不可欠なのである。

　ただし，この日本語教育とは，たとえアカデミックな日本語であっても，
もっと細分化されたものでありうる。AI技術の急激な進化に伴い，デジタ
ル技術に長けた人材の育成が急務だと言われる。高等教育における「リス

キリング」などという言葉がもてはやされる時代である。方向性そのものには賛否両論があろうが[9]、ここでいう学び直しが求めるのは、おそらく理工系の知識・技術を日本語で理解し実践できる人材ということになる。そのためには、JAP（一般的アカデミックな目的の日本語）という漠たるターゲットではなく、JSAP（具体的でアカデミックな目的の日本語）の教育となる。

　さらに、10年後、20年後の高齢化社会を見据えた時、例えば介護の現場で不足するとされる働き手はもとより、生産・販売・流通分野でも海外から人材の継続的に呼び込むことは不可避とも言える。若者の数が激減する中、そうしなければ、そもそも日本の社会そのものを支えることができなくなるのだから。（英語が日本の公用語とならない限り）こういった人材にも、高度の日本語が求められるはずだ。彼らには、今でいうビジネス日本語にあたるJOP（就業を目的とする日本語）教育が必要になる[10]。

　JSP/JSAPにせよ、JOPにせよ、それを教える教員の養成が一朝一夕にはできないことも肝に銘ずべきである。出生率の低下は今に始まったことではないにも関わらず、今がこの問題解決の正念場であるかのように言い、その実、一時凌ぎの手当を給付することで、急場を取り繕うような政策が提案される昨今である。これでは、本質的な問題の解決になっていないことは誰の目にも明らかである。日本語教員の養成も、近い将来を見据えながら、今から仕込んでおかなければ、ほとんど手遅れとも思われる少子化対策の二の舞になる。留学生別科の教育の目的がこれまで通りで良いのか、あるいは将来を見据えて転換・拡大をするのか。これは日本語教育全体の問題でもある。私たちの社会の今後を占う上で、日本語教育もまた、すでに現時点で重要な岐路に立たされていることを指摘して、本稿の結びとし

9　筆者は、リスキリングの問題が、そもそも高等教育の目的とは何なのかを問い直す契機になると考えている。つまり、大学の使命は学生に「スキル」を伝授することにあるのか否か。目先のニーズに応えることも必要であるが、長期的なスパンで物事の価値を判断することの重要さも忘れてはならない。山本＆山本（2022）を参照されたい。また、パラダイムシフトをもたらすような新しい価値の発見・創造に役立つものを「価値創造型有用性」と呼ぶ吉見（2016）も参照のこと。

10　Japanese for Occupational Purposes の略。Japanese for Vocational Purposes とも言う。

たい。

参考文献

田地野彰(2009)「総合研究大学におけるEAPカリキュラム開発 —— 専門教育との有機的連携に向けて —— 」『ESP的バイリンガルを目指して 大学英語教育の再定義』大阪大学出版会，pp.130-142.

福井希一，野口ジュディ，渡辺紀子(編)(2009)『ESP的バイリンガルを目指して：大学英語教育の再定義』大阪大学出版会.

深山晶子(2009)専門教員との連携プロセスのノウハウ，『ESP的バイリンガルを目指して 大学英語教育の再定義』大阪大学出版会，pp.60-73.

山本英一(2009)「e-Learningを軸にした教員コラボレーション」『ESP的バイリンガルを目指して 大学英語教育の再定義』大阪大学出版会，pp.102-111.

山本英一，山本孟(2022)「英語・歴史教員養成の観点からアクティブラーニングを考える」『関西大学高等教育研究』第13号，pp.35-46.

吉見俊哉(2016)『「文系学部廃止」の衝撃』集英社新書.

渡辺紀子(2009)「迷える子羊からコミュティの参加者へ」『ESP的バイリンガルを目指して 大学英語教育の再定義』大阪大学出版会，pp.180-197.

Dudley-Evans, T. & St. John, M. J. (1998). *Developments in ESP: A Multi-disciplinary Approach.* Cambridge: Cambridge University Press.

Okamoto, *et al.* (2007). Consolidative ESP, *In Proceedings of the 2007 IEEE International Professional Communication Conference,* Seattle: USA (On CD-ROM).

著者紹介

編著

古川　智樹（ふるかわ　ともき）担当章：第1章・第7章
関西大学 国際部 教授・国際教育センター 副センター長
博士（文学）

専門分野は日本語教育学。留学生向けのビジネス日本語教育，ICTを活用
した日本語教育実践（反転授業，ブレンディッド・ラーニング，e-portfolio
等）を中心に研究に取り組んでいる。

著者（執筆章順）

カイト　由利子（カイト　ゆりこ）担当章：序文
関西大学 名誉教授 元国際部 教授・外国語教育学研究科 教授
Ph. D.（Linguistics）

専門分野：社会言語学・第二言語習得。その他：関西大学副学長（国際活
動担当）・国際副部長（国際教育担当）・国際教育センター長など。社会貢
献：日本私立大学連合会 国際交流委員会 委員長，（公財）大阪府国際交
流財団 理事，語学系学会連合 運営委員歴任。現在：（公財）大遊協国際
交流・援助・研究協会財団 理事，（公財）吹田市国際交流協会 評議員

池田　佳子（いけだ　けいこ）担当章：第2章
関西大学 国際部 教授・グローバル教育イノベーション推進機構
副機構長　Ph. D.（Japanese Language）

専門分野は国際教育，日本語・外国語教育，会話分析，コミュニケーショ
ン学。近年はオンライン型国際教育（COIL/Collaborative Online Interna-
tional Learning）の推進に携わる他，外国人留学生のエンプロイアビリティ
推進のためのキャリア形成支援教育モデルと産学連携スキームの構築にも
尽力している。

麻　子軒（ま　しけん）担当章：第3章
関西大学 国際部 国際教育センター 特任常勤講師　博士（文学）

専門分野はコーパス言語学，日本語学，日本語教育学。主に日本語と中国
語の大規模コーパスを統計学的アプローチで解析し，日中言語間の異同を
考察した上で，その知見を日本語教育に応用する研究をしている。近年は
テレビゲームを日本語教育に活かす研究にも取り組んでいる。

天野　裕子（あまの　ゆうこ）担当章：第4章

沖縄大学　人文学部　国際コミュニケーション学科　講師　博士（学術）
（元関西大学国際部　国際教育センター特任常勤講師）

専門分野は日本語教育，第二言語習得。認知心理学の観点から，特にベトナム語を母語とする日本語学習者の学習ストラテジー研究を行っている。また，LMSや動画プラットフォーム等のICTを用いた教育実践にも取り組んでいる。

永井　可菜（ながい　かな）担当章：第5章

元関西大学　国際部　国際教育センター　特任常勤講師　修士（文学）

専門分野は言語学，日本語学。近年は，日本語学習者を対象とした読解授業に能動的な活動を取り入れるための方法として，JiTT（Just in Time Teaching）の実践を行い，ICTを活用した日本語教育の可能性を模索している。

一色　舞子（いっしき　まいこ）担当章：第6章

日本医療大学　留学生別科　専任講師　博士（文学）
（元関西大学国際部　国際教育センター特任常勤講師）

専門分野は言語学，日本語学，日本語教育学。日本語と韓国語の対照研究のほか，日本語学習者コーパスを用いた研究に取り組んでいる。近年は，日韓補助動詞の文法化の過程における異同が韓国語母語の日本語学習者による補助動詞の習得に与える影響について研究している。

末吉　朋美（すえよし　ともみ）担当章：第8章・第12章

関西大学　国際部　国際教育センター　特任常勤講師　博士（文学）

専門分野は日本語教育学，教師教育学，第二言語習得。特に教師のナラティブやアイデンティティ，役割に関心を寄せる。近年は，動画プラットフォームやLMS等を用いて，自律学習支援のための学習記録活動や非漢字圏日本語学習者の漢字習得促進のための漢字のイメージ動画作成等の教育実践に取り組んでいる。また，留学Can-Doの作成も進めている。

津田　真理子（つだ　まりこ）担当章：第8章

関西大学　国際部　国際教育センター　特任常勤講師　修士（言語教育情報学）

専門分野は日本語教育学，第二言語習得。長く教育現場に関わってきたが，教師がどのように学習者と向き合っていくべきなのかに関心を持っている。近年は，非漢字圏日本語学習者の漢字習得促進のための教育実践に協力している。

坪田　珠里（つぼた　じゅり）　担当章：第9章
京都精華大学 共通教育機構 特別任用准教授　博士（言語文化学）
（元関西大学国際部 国際教育センター特任常勤講師）

専門分野は日本語教育学，日本語教育史，広報文化外交。日本語話者のライフストーリーとキャリアの中での日本語の意味づけを探求する取り組みとベトナムの日本語教育史の研究を中心に行っている。また，海外の日本語教育政策や広報文化外交の中の日本語教育のあり方について関心を有する。

高梨　信乃（たかなし　しの）　担当章：第10章
関西大学 外国語学部 教授　博士（言語文化学）

専門分野は日本語教育学，日本語学。文法の教育と記述の両方に関心を持っている。現在は，特に上級学習者を対象とする日本語教育文法の考察と，現代日本語のモダリティ，特に願望表現の記述に取り組んでいる。

日高　水穂（ひだか　みずほ）　担当章：第10章
関西大学 文学部 教授　博士（文学）

専門分野は現代日本語学，方言学，社会言語学。言語地理学的アプローチによる方言文法の対照研究を主軸にしつつ，現代日本語の動態に関わる諸現象を扱う研究に取り組んでいる。日本語教育に関しては，文学部の日本語教師養成講座のカリキュラム構築に取り組み，その運営に尽力している。

嶋津　百代（しまづ　ももよ）　担当章：第10章・第11章
関西大学 外国語学部 教授　博士（言語文化学）

専門分野は日本語教育学，教師教育学，ディスコース研究。特に，学習者・教師・教師教育者のナラティブやアイデンティティを中心に研究している。近年は，言説と言語教育観をキーワードに研究を進めている。

森　勇太（もり　ゆうた）　担当章：第10章
関西大学 文学部 教授　博士（文学）

専門分野は日本語文法史，歴史語用論，歴史社会言語学。敬語・待遇表現や依頼・命令などの行為指示表現を中心に，日本語における対人配慮のあり方の歴史について研究している。日本語教育に関しては，文学部日本語教師養成講座運営委員として委員会の運営に従事し，文学部の学びの多様性を活かすべく，より良い講座のあり方について検討している。

山本　晃彦（やまもと　あきひこ）担当章：第12章
流通科学大学 経済学部 特任准教授　博士（言語教育学）
（元関西大学国際部 国際教育センター特任常勤講師）

専門分野は日本語教育学，言語教育学。学習者の言語学習動機づけに関心を持っており，近年は学習者がどのように自身の動機づけを自律的にコントロールしているかについて研究を進めている。

山本　英一（やまもと　えいいち）担当章：終わりに
関西大学 国際部 教授・国際教育センター長　博士（文学）

専門分野は英語学（語用論・意味論）。著書として『ウソと欺瞞のレトリック ポスト・トゥルース時代の語用論』，『「順序づけ」と「なぞり」の意味論・語用論』。長らく英語教育に携わっており，ESP (English for Specific Purpose) の他，国際教育に関連してEMI (English Medium Instruction) の研究にも取り組んでいる。

ポスト・コロナ時代の **留学生教育**
関西大学留学生別科の挑戦と展望

2024 年 2 月 6 日 発行

編著者　古　川　智　樹

発行所　関 西 大 学 出 版 部
〒564-8680　大阪府吹田市山手町3-3-35
電話 (06)6368-1121／FAX (06)6389-5162

印刷所　株式会社 遊 文 舎
〒532-0012　大阪市淀川区木川東4-17-31
電話 (06)6304-9325／FAX (06)6304-4995

©2024 Tomoki FURUKAWA　　　　　　Printed in Japan

ISBN 978-4-87354-776-3 C3037　　　落丁・乱丁はお取り替えいたします。